iHuman

成为更好的人

# 盛世的黄昏

乾隆（1736—1757）

陈文嘉 著

GUANGXI NORMAL UNIVERSITY PRESS
广西师范大学出版社
·桂林·

盛世的黄昏：乾隆（1736-1757）
SHENGSHI DE HUANGHUN:
QIANLONG（1736-1757）

**图书在版编目（CIP）数据**

盛世的黄昏：乾隆（1736-1757）/ 陈文嘉著. —桂林：广西师范大学出版社，2018.7（2018.11 重印）
ISBN 978-7-5598-0544-7

Ⅰ. ①盛… Ⅱ. ①陈… Ⅲ. ①中国历史—清前期—通俗读物 Ⅳ. ①K249.09

中国版本图书馆 CIP 数据核字（2017）第 319349 号

广西师范大学出版社出版发行
（广西桂林市五里店路 9 号　邮政编码：541004
网址：http://www.bbtpress.com）
出版人：张艺兵
全国新华书店经销
衡阳顺地印务有限公司印刷
（湖南省衡阳市雁峰区园艺村 9 号　邮政编码：421008）
开本：880 mm × 1 240 mm　1/32
印张：8.125　　字数：203 千字
2018 年 7 月第 1 版　　2018 年 11 月第 2 次印刷
定价：40.00 元

# 目／录

## 附 / 录

# 序

## 大清有病，老天无药

腾讯《大家》主编　贾嘉

拿到陈文嘉《盛世的黄昏》的成稿时，第一个念头是，感谢出版社，没有被当下自媒体世界的浮夸之风影响，给书起个类似“乾隆王朝大案要案实录”那样的俗名。虽然这部作品，曾经在网络选载时赢得了巨大的点击量与人气，但它是一部经过严密考证的严肃历史作品，作者以外科医生般的刀功，为读者一刀刀剖开盛世的华丽包装，展示出一个个横切面里秘而不宣的细致纹路。

本书虽然取材于乾隆盛世，但与一些以乾隆帝生平或人物为主线的作品不同，作者并未着重描写这位在民间传说中颇具魅力的帝王在文治武功上的得失成败，而是截取了发生在乾隆年间的一些重要事件，包括反贪、民变、科考、谋杀，以及文字狱等，以此来展示王朝治理中无处不在的矛盾、妥协与血腥味。

在中国王朝更迭的几千年历史中，够资格被称为“盛世”的朝代屈指可数，基本取得共识的，只有三个：汉代文景之治开始到武帝昭宣，唐代贞观之治到开元盛世，清代康雍乾三朝缔造的康乾盛世。比起前两个，康乾盛世因为时间上更接近当下，无论是官方档案还是私人笔记，史料无疑更为完备，所以，作为后世的研究者，我们更容易揭开经过粉饰的帝王起居注，通过资料的对比查证，直达历史现场。

陈文嘉先生在腾讯网文化频道就职期间，我有幸作为他的同事，见证过他在众声喧哗的时代中对内容价值的坚守。他独立运营的微信号“彰考局”，其名源自“彰往考来”，这个词源自《易经·系辞·下》，原文为“彰往而察来，而微显阐幽”。

第一个将“彰考”作为志向的人，是日本历史学家、水户藩第二代藩主德川光圀。1657年，他在江户开设“彰考馆”编撰日本历史，一时学者云集，“水户学”学派由此而起。值得一提的是，虽然德川光圀是德川幕府的血缘近亲，但他在编撰《大日本史》时，其价值取向却是结合了中国儒家思想的尊皇与大一统观念。而正是水户学的传播，让“尊攘”在幕末乱世渐渐深入人心，为黑船来航前后的日本变革提供了重要的思想资源，间接促成了幕府的垮台和明治维新的成功。

“彰考馆”建立的1657年，中国刚刚进入清王朝统治的时代。又过了一百年后，在1757年（乾隆二十二年）的大清王朝，47岁的乾隆帝正在借所谓“高官私藏禁书案”打击汉官集团。此时，虽然距离著名的马戛尔尼使团来华事件还有三十余年，但盛年的皇帝的人生格局，已经被二十多年的官场争斗与权术制衡磨去了所有想象力。同时，言官们已经不会再被所谓“纳言的诚意”所欺骗，揣摩圣意成为一门最没有价值却最有用途的学问；用来选拔帝国人才的科举制度积弊深厚，但在一场激烈的争论之后，维持原状的“不折腾”成了唯一的选项，因为科举虽败坏，但无可替代……

今天有个词叫做“大公司病”，当一家公司在运作上开始科层制官僚化，那么创新会在不断的会议、汇报、揣摩、应付中被渐渐扼杀。而对于清帝国来说，“大帝国病”的症状，在乾隆盛世已经根深蒂固。虽然它的覆灭有后来的外患因素，但细读过那段历史之后，不难发现，即使没有外敌入侵，清帝国迟早也会走向末途：当集权制度发展至顶峰时，层出不穷的权术与内斗不但毫无解决可能，而且积重难返。于是，我们看到的图景是：清帝国这部老旧的国家机器，在历史的泥潭中原地打转，不但不能开辟出新的道路，还在压制着可能泛出水面的每一朵浪花。最可怕的是，所有逃离这部机器的人，如果想要回到它的领域，面临的命运只有无情绞杀。唯一一件“幸运”的事，便是“有福之人”乾隆帝直到寿终正寝，仍然能做着如日中天的美梦，却把一个烂摊子留给了继任的嘉庆帝。

“大案小案被捂住，几经美化，便成了康乾盛世”；所谓的“山河社稷袄，乾坤地理裙”，打开箱子之后，不过是“破烂溜丢一口钟”。

致敬所有打开箱子的人。

# 为先帝辟谣

雍正十三年（1735 年）的最后两个月，在一片哀号声中，乾隆帝顺利接过雍正帝留下的权力。交接仪式稳定有序，雍正帝历经十三年的苦心经营，终于让他的下一代避免了康熙朝末期的夺嫡悲剧。

尽管如此，带着争议上台的雍正帝，仍然带着巨大的争议死去。坊间，人们交口谈论着他的死因，先帝宫内豢养的道士在外传播着宫廷秘事;《大义觉迷录》事件的余波荡漾，关于清王朝统治的合法性质疑仍未散去。

这些棘手问题，是 25 岁的乾隆帝面临的首要挑战。

## 雍正帝的遗产

乾隆帝即位前，当了十多年的储君。康熙帝晚年对这个孙儿印象甚好，赞其聪慧、勇敢、多谋，认为弘历及其母亲是“有福之人”，且“福将过予”。父亲雍亲王胤禛常带着他在老皇帝跟前露脸。看上去，他注定登基。

这一情况传递至民间，导致乾隆帝的名声盖过了雍正帝，坊间甚至传言，雍正帝能继位是因康熙宠爱乾隆爱屋及乌之故。

乾隆帝是幸福的。他优秀的父亲——当时未必如此认为——留给他的遗产，远比康熙帝死后留给雍正帝的要多得多：6000 多万两白银[1]和一套较为高效清廉的官僚体系[2]。

国库丰盈归功于雍正帝有效的财政改革：火耗归公，把熔铸银两时额外的损耗银充公，官吏的灰色收入合法化；严厉惩贪，官员中饱私囊的现象得到遏制；摊丁入亩，使田赋不至于隐匿太多，滚滚财源涌入国库。官制上扩大上奏权，更多官员进入了皇权视野[3]。

但先帝留下的负面影响也不少。也许是夺嫡过程中树敌太多，他的即位引起巨大的争议。政敌及其追随者在民间广泛传播各色谜团，湖南永兴县人曾静指控其谋父、逼母、弑兄、屠弟、贪财、好杀、酗酒、淫色、诛忠、好谀任佞十大罪状[4]，这些极秘之事绝对不是居于“楚地之边”的穷秀才所能知悉的。最后审讯得知，消息来源正是八阿哥允禩的党羽[5]。

雍正帝在位十三年的时间并没有抚平这些“谣诼”，他的死又增添更多“谣言”。新君左手拿到丰厚的政治遗产，右手上则是父亲的未竟之业：《大义觉迷录》中过分暴露的帝王心迹，清朝的合法性统治危机，逍遥“法”外的曾静，还有外界对雍正之死的各种猜测。

雍正帝是 1735 年 10 月 8 日去世的，去世当晚，他最信任的大臣——

---

[1]（美）欧立德：《乾隆帝》，青石译，社会科学文献出版社，2014 年，第 25 页。

[2] 冯尔康在《雍正传》中称，雍正帝塑造了比较清明和稳定的政治，吏治得到澄清，并延续到乾隆朝前期。见《雍正传》，人民出版社，1985 年，第 649 页。

[3] 冯尔康：《雍正传》，第 300 页。

[4] 出自《大义觉迷录》，雍正帝连发两谕剖明心迹，其中第二份谕旨对曾静的指控一一驳斥。见沈云龙主编：《近代中国史料丛刊》，文海出版社，1989 年，第 30–104 页。

[5]（日）宫崎市定：《雍正帝》，孙晓莹译，社会科学文献出版社，2016 年，第 34 页。

大学士张廷玉和鄂尔泰被连夜召至圆明园。张廷玉后来回忆此事时，以"惊骇欲绝"来描述这一噩耗[1]。由于事发仓促，鄂尔泰骑着骡子入朝，屁股都磨出了血。[2]

张廷玉、鄂尔泰说，皇帝有立储的密旨。总管太监即时找出，有"着皇四子宝亲王弘历继朕登基"[3]字样。弘历等人赶到乾清宫，取下正大光明匾后的密函，印证新君之位合法有效。

太监、权臣、储君、旨意，这四类形象往往是古代书写最高权力交接场景时常见的元素。雍正帝的不同之处在于，他把储君的悬念保留到了最后一刻。

不同于父亲，乾隆帝必须依赖张廷玉、鄂尔泰等由父亲指定的辅政大臣来弥补执政经验的匮乏。但有一事显示出他日后"乾纲独断"的先兆：雍正帝去世后第三天，也就是10月11日，乾隆帝发布上谕，要求内监"凡国家政事，关系重大，不许闻风，妄行传说，恐皇太后闻之心烦"，宫内有什么事，太监不许妄议，外界有什么传说，也不许传到宫里：

> 宫禁之中，凡有外言，不过太监等得之市井传闻，多有舛误。设或妄传至皇太后前……重劳皇太后圣心，于事无益，尔等严行传谕，嗣后凡外间话，无故向内廷传说者，即为背法之人，终难逃朕之觉察，或查出或犯出，定行正法。[4]

---

[1] 张廷玉：《澄怀主人自订年谱》，卷三。

[2] 转引自《鄂尔泰传》：鄂入朝，马不及被鞍，亟跨骣马行，髀骨被磨损，流血不止。袁枚《鄂尔泰行略》称：公……捧遗诏从圆明园入禁城，深夜无马，骑煤骡而奔，拥今上登极……人惊公左绔红湿，就视之，髀血涔涔下，方知仓促时，为骡所伤，虹溃未已，公竟不知也。

[3] 张廷玉：《澄怀主人自订年谱》，卷三。

[4]《清高宗实录》，卷一，雍正十三年八月辛卯日条。

太监是宫廷内外消息的重要传递者，乾隆帝放下诸多政务不管，发布的“1号文件”竟是要他们闭嘴，显然是意识到了什么。

## 第一道谕旨

雍正带着争议上台，在十大罪状的“谣言”中执政，又背着巨大的争议死去。暴死说、自杀说、吕四娘刺杀说、被宫女勒死说、中毒而亡说等流传两百多年，衍至19世纪，演绎成诸多小说、野史。乾隆帝即位后就试图消灭可能形成这些传说的人和事。

譬如与丹药中毒说有关的道士。乾隆帝要求太监闭嘴的当天，再下谕旨驱除他们：

> 皇考万几余暇，闻外间有炉火修炼之说，圣心深知其非。聊欲试观其术，以为游戏消闲之具，因将张太虚、王定乾等数人，置于西苑空闲之地。圣心视之，如俳优人等耳，未曾听其一言，未曾用其一药，且深知其为市井无赖之徒，最好造言生事。[1]

意思是说，父亲在理政之余，听说外界有炉火修炼的法子，明知道它是不好的，召道士张太虚、王定乾等人进宫，是把他们的把戏，当作“游戏消闲”的工具。父亲知道，他们是养在宫中的闲人、市井无赖，“最好造言生事”，所以“未曾听其一言”，“未曾用其一药”。

乾隆帝认为先帝在位期间只是出于好奇所以才迷上了炼丹，然而据史载，雍正帝当亲王时就有求仙问药的喜好，登基后曾命亲信李卫等人访求道士，令其进宫开炉炼药，弘历的这一解释很难令人信服。

[1]《清高宗实录》，卷一，雍正十三年八月辛卯日条。

乾隆帝又在谕旨中说，雍正帝多次提及把道士驱逐宫外，其“平时不安本分，狂妄乖张，惑世欺民，有干法纪”，这些“久为皇考之所洞鉴”。很明显，乾隆帝是在借先帝的权威行己所欲。

弘历警告即将离开的道士，若在外“捏称在大行皇帝御前一言一字，以及在外招摇煽惑，断无不败露之理，一经访闻，定严行拿究，立即正法，决不宽贷”。

乾隆帝不放心的还有僧人。雍正帝生前佛学造诣甚高，弘历在谕旨中夸赞父亲“于性宗之理，洞悉精微，深通奥妙”[1]并非溢美之词，但其日常接见僧人之举，又让新君联想起顺治时期活跃在宫中的僧人木陈忞。这名僧人离开宫廷后著有《北游集》，披露他与顺治帝交往情形；后来者又如玉琳琇等人，写有《侍香纪略》流传坊间。雍正帝将其列为禁书。而今僧人“陆续散出于外，其间品行不一，难保无借端生事之人”。乾隆帝也预为告诫：

> 倘因偶见天颜，曾闻圣训，遂欲藉端夸耀，或造作言辞，或招摇不法，此等之人，在国典则为匪类，在佛教则为罪人，其过犯不与平人等，朕一经察出，必按国法、佛法加倍治罪，不稍宽贷者。[2]

封锁宫廷秘事向外传播的出口，应是担心道士与僧人散播雍正帝好仙道嗜丹药、佞佛迷信的一面。这番用心收效甚微。雍正帝炼丹中毒说，甚至死于春药说，仍旧扩散开来，“谣诼”附着于乾隆帝用来堵截信息的谕旨，流传后世。

[1]《清高宗实录》，卷一，雍正十三年九月壬寅日条。
[2]《清高宗实录》，卷一，雍正十三年八月辛卯日条。

## 即位“翻案”

如果担心僧道对外传播雍正帝的死因，乾隆帝何不及时杀之？一说是雍正新丧，杀戮不吉。一说是乾隆初政，有意与其父执政风格立异，他要以宽得众，而非以严待人。

从乾隆帝登基后十四个月的所作所为来看，他确实在努力推行“宽则得众”的权力实验。比如赦免八爷党（康熙第八子允禩、第九子允禟）后人之罪，准其重归宗室；减轻年羹尧案中涉案官员的刑罚，甚至释放或起用雍正帝已经定罪之人，清理文字狱冤案。

不妨说，继承雍正帝大政，猛则济之以宽，宽则济之以猛，是乾隆初政的内核。但案件若危及统治合法性，乾隆帝也决不手软，例如曾静案的处理，有意“纠正”了雍正帝的宽大。

曾静曾投书岳钟琪咒骂雍正帝十大罪状一事，众所周知。经雍正帝亲书《大义觉迷录》予以批驳后，此事更是广为流传。《大义觉迷录》强烈批驳明末清初思想家吕留良的华夷之别论，强调统治的合法性。然而由于它是出自皇帝之手，无论辩驳多么有力，满汉矛盾毕竟第一次从台下走到台前。

雍正只是将吕留良剖棺戮尸，儿子判斩立决，孙辈发配为奴。对曾静却没有动手，反而无罪释放，并留下谕旨：“朕之子孙将来亦不得以其诋毁朕躬而追求杀戮。”[1]

然而，乾隆帝即位一个多月后就翻案了：

> 曾静大逆不道，虽置之极典，不足蔽其辜，乃我皇考圣度如天，曲加宽宥。夫曾静之罪不减于吕留良，而我皇考于吕留良则

[1] 欧立德：《乾隆帝》，第 42 页。

明正典刑，于曾静则摒弃法外者，以留良谤议及于皇祖，而曾静止及于圣躬也。

今朕绍承大统，当遵皇考办理吕留良案之例，明正曾静之罪，诛叛逆之渠魁，洩臣民之公愤，著湖广督抚将曾静、张熙即行锁拿，遴选干员解京候审，毋得疏纵洩露，其嫡属交与地方官严行看守候旨。[1]

这份谕旨首先定罪名：大逆不道（咒骂皇帝实为大逆）。其次解释雍正帝为何不杀：天性宽仁（吕留良骂了我的祖宗，而曾静只骂我）。最后表达自己的理解：曾静的罪过与吕留良一样，吕留良能杀，曾静也一样能杀。至于二人之罪为何一致，乾隆帝没有明说。

乾隆帝的处理逻辑与驱逐僧道一致，都担心二者会散播对己、对父不利的信息，谁知道曾静从八爷党羽那儿获得了多少尚未公开的宫廷秘事？只是相比十大罪状级别的“秘事”、统治合法性危机之类的谈论，僧道传播的雍正之死因只是茶余饭后的政治小八卦，这也可以解释曾静与僧道的结局为何不同。

最终曾静被凌迟处死，杀掉他能够“洩臣民之公愤”，但还是没能止住民间对其统治合法性的质疑。嘉庆、道光以后各种野史纷纷冒出，《雍乾嘉三帝事记》《清宫遗闻》《满清外史》《清宫十三朝演义》几乎收纳了有关雍正帝从即位到死亡的一切“谣言”。饶有趣味的是，吕留良后人吕四娘刺杀雍正说（清史大家杨启樵认为此说纯属无稽之谈，见《雍正帝及其密折制度研究》）最为人津津乐道，乾隆帝杀曾静的翻案之举，恰是这一说法常常引用的例证之一。

如何处理已经或即将到来的“谣言”，乾隆帝的态度与其父亲截然

[1]《清高宗实录》，卷四，雍正十三年十月癸酉日条。

不同。曾静咒骂雍正帝，质疑其统治的合法性，雍正选择亲自批驳，并将观点刊行全国。乾隆则驱逐僧道，严令封口，禁毁包括《大义觉迷录》在内的所有有关宫廷、雍正死因、谈论合法性的书籍，违背雍正谕旨，诛杀曾静。从亲政初期的这些表现来看，他倾向于不惜一切代价围堵“谣言”。事实证明，围绕雍正帝身上的谜团并未散去，“谣言”非但没有堵住，反而被大肆传播。

# 短暂的言论春天

乾隆二年（1737年），乾隆帝登基满一年，暂未受到来自满洲贵族异见者的挑战，朝局一切安稳妥当。雍正帝经过十三年的整肃，留给乾隆一个较为清廉的官僚群体，这是件大礼，却也颇令人尴尬：多年的惩贪，三十几件文字狱案，让官僚办事更有效率；与此同时，言路也变得更加沉默。

这并非儒家理想中的君臣治理形态，自诩儒家正统拥趸的乾隆帝决心改变这种情形。恰好，来自新疆阿尔泰与京城的两道奏疏呈于御前，它们均强烈批评先帝钳制言官、以文字罪人。

言路顿时热闹起来。

## 求言诏

雍正十三年（1735年）九月初三，25岁的乾隆帝登基，他运用历代帝王常见的统治术，在先帝遗诏中植入自己改弦更张的意志。他借雍正之口，说之前动辄对官僚严斥、逮捕、发配、斩杀等高压政策乃是因为贪腐太重，不得已而为之。但这是暂时的，一旦情形变好，就可恢复康熙爷的宽政。

在前朝高压之下变得战战兢兢的官僚，似乎可以长舒一口气了。今上谕旨表明，他与先帝有所不同，无意继续整肃。一周之后，乾隆帝再下旨求言。

一时群言成风。乾隆帝朱批显示，官员们上折劝他节哀、报告祥瑞，要献上某某特产。但皇帝并未领情，他让官员停止上贡，也别说些无关紧要之事。

言路长期蛰伏于高压之下，官员担心言辄触怒。乾隆帝似乎看到了官员的疑虑，一个月后，他发布谕令，更明确释放修正父道的信号：治国理政要"刚柔相济"，不宽不严，走"平康正直"的路。

这回上书潮动了真格。新君即位不久，官员的批评和建议均针对前朝政务，诸如停止开荒、减轻重税等均是一反先帝之政。以至于四川巡抚王士俊直白地说，只要反对雍正的政策，就是好意见。[1]

纷纭众议中，有两份奏疏特别引人注目。

远在新疆阿尔泰服刑的前御史谢济世代建勋将军钦拜上书，劝告皇上要听到真话，必先除三个弊端[2]：

> 第一，不准私下告密，所有大臣的奏章都要公开，真正赋予监察机构（都察院御史、六科给事中）监察权。
>
> 第二，不提意见的言官要惩罚。
>
> 第三，"恕妄言之罪"，宽待说错话的言官，不搞文字狱。

三条意见看似劝告乾隆，实则均针对雍正。第一条批评雍正力推的

---

[1] 欧立德：《乾隆帝》，第 44 页。

[2] 谢济世：《论开言疏》，收录于沈粹芬等著的《清文汇》，北京出版社，1995 年，第 910–911 页。

奏折制度（这个皇帝与督抚之间的秘密通信系统是告密滋生的温床）。第二条、第三条更像有感自己的亲身经历而发。

雍正四年（1726 年），这名 40 岁才成为浙江道监察御史的进士第一次上书言事，就参奏皇帝宠臣、山西巡抚田文镜贪赃枉法，雍正帝怀疑谢济世受了“倒田派”的指使，后者已被定性为利用科举情谊结成的朋党。令他生疑的关键信息是田文镜的“密奏”。

雍正帝特别想办了谢济世，但屡次逼他说出幕后指使无果，又找不到证据，便扔下一句话：欲为忠臣？且令从军。[1] 谢济世就此被发配到新疆。后来得知，田文镜的贪污丑闻确是他听来的，奏疏属“说错话”。

谢济世来到新疆后，专为《四书》作注。不料，雍正又找上门来，说他的注释不光与官定本不合，还诽谤皇帝“拒谏饰非”。雍正自撰文字驳斥一通，本已下令杀了他，却又突然回心转意将其赦免。谢济世因著述而命悬一线，他劝告新君“除文字忌讳之禁”，应是针对此事。

另一份明着劝告新君暗地批评先帝的奏疏来自工科给事中曹一士。这名老臣奏上题为《请禁挟仇诬告疏》的折子，直指当时最敏感的文字狱案。曹一士说，自康熙、雍正朝以来，民间往往“挟睚眦之怨，借影响之词，攻讦诗文，指摘字句”[2]，断章取义，借题发挥，捕风捉影，而官府也“见事风生”，株连万端，许多人因此丧命。他觉得，述怀咏史是词人的习惯，不能一概说成借古讽今。有人写文章漏掉皇帝纪年，是粗心大意，但不一定是谋反。暗指雍正帝处理汪景祺案不当——后者因被指控攻击雍正年号被杀。

乾隆帝看了之后并没有发怒，均“嘉纳之”，并有了实际行动。他召回谢济世，委派他担任江南道监察御史。他下令取下在菜市口挂了十

[1] 陈康祺:《郎潜纪闻二笔》卷四之《谢济世弹劾田文镜》，晋石校，中华书局，1997 年，第 386 页。

[2] 赵尔巽:《清史稿·列传》卷三百〇六之《曹一士》，中华书局，1998 年。

几年的汪景祺头颅，还下谕旨禁止比附妖言、诬告他人，标榜“绝不以语言文字罪人”。

看起来乾隆帝与其父十分不同，嘉纳善言，宽待文字，新朝具有新气象。不过四川巡抚王士俊的下场告诉我们，新朝与旧朝并无本质的差别。王士俊在乾隆元年（1736 年）八月直白地说，官员上书反对雍正政策乃是翻案。乾隆帝大怒，说王士俊骂官员翻案等于是骂自己翻案，这是反对改革，意图谋反。由此，一省大员迅速被关押，判“死缓”。

面对官员批评自己，乾隆帝的反应与他父亲没有什么两样。所不同的是，乾隆仍在鼓励官员发言，这导致更多针对自己的批评之声扑面而来。皇帝开始整肃、驯服不符合自己口味的言官，1737 年只是一个开始。

## “揣摩迎合”

乾隆帝驯服言官，从求言、褒奖言官开始。

都察院御史与六科给事中负有言事、建议、检举之责，御史谢济世与给事中曹一士在乾隆元年上书批评雍正帝政务，获得皇帝善意回应，加上这一年乾隆又连下求言谕旨，一些言官受到鼓舞。

看上去，言官的春天要来了，他们连续上了几道奏疏，批评政务以及规谏皇帝。

乾隆二年二月，御史薛韫建议下限田令，抑制兼并。总理事务王大臣皆指为“悖谬之说”，万万不可行，建议把薛韫交吏部处罚。乾隆没有采纳，认为此举会让别人更不敢说话。薛韫又说，史官记录皇帝言行的《起居注》事后不应该交给皇帝看。乾隆对此否认。薛韫又说司法部门办理皇帝特意交代的案子，一般会援引重律逢迎皇帝，乾隆再次否认，他说经常看刑部奏章，没见过这种情况。三个回合下来，薛韫的劝谏均被否定，他没有逃过处分，被移交吏部“从宽察议”。

薛韫是开年第一个尝试将批评政务与批评皇帝联系起来的御史。谢济世是第二个，乾隆二年三月，他的奏疏火力凶猛[1]：他批评皇帝虽然褒奖了一些言官，但对建议不拒绝也不执行。对污点官员的处罚不够彻底，有的甚至还“带病提拔”。朝令夕改，反复无常。半年以来并不是没有可说的事，而是没有可提意见的人，所以“臣……不能已于言”[2]，必须说。

乾隆帝接到奏本后的第一反应不得而知，不过肯定高兴不起来。在当年四月发给总理事务王大臣的上谕中，他说自己“即位以来，屡下求言之诏，实冀科道诸臣，各抒忠悃，凡有见闻，即据实陈奏，俾无壅蔽”，言官多数是好的，但最近“进言诸臣，仍多揣摩迎合之习，竟有悉属浮言，毫无实际”，胡说八道，就像谢济世那样。[3]

他一一批驳谢氏的观点，“不知何所见，而为此臆度之语”“支离之语”，指谢济世“昏愚无知”，揣摩迎合，“怀观望之私，且多诡谲之意”，这种人不去批评官僚朋党、吏治之害，而“摭拾陈言，以自沽能攻君心之名”，沽名钓誉，其“居心之阴巧”，简直是“国家之大蠹”[4]。

虽然被骂得很惨，但谢济世并未受到严厉处罚。乾隆帝决意收紧言路，他指责如果再不整顿“胡说八道”的官员，则“经理庶务，每致众议纷纭，群言淆乱”，这是“明季之陋习”、亡国之患，必须防微杜渐。但话还是要说，“言路不可不开，而公私不可不辨”，如果“朕躬某事未当，能直言其失，朕必乐于听受”，“诸王大臣某事有误，能直指其非，朕亦

[1] 谢济世：《谢梅庄先生遗集》，卷一，《遵旨陈言疏》。

[2] 《清高宗实录》，卷三十九，乾隆二年三月壬子日条。

[3] 同上。

[4] 同上。

必为之奖许”[1]。言官不胡说八道，所言符合实际，还是有赏。

可言官很难知道皇帝心中“胡说八道”与“符合实际”的尺度在哪里。尺度不见明文，只在君心。在批评官员政务时，言官的指控若与皇帝从别处得来的情报不符，孰真孰假全凭皇帝判断，言官并无对质机会。言官如果批评皇帝本人，只要皇帝否认，真假就更不重要了。对于批评尺度，乾隆帝拥有很大的裁量权。

薛韫就吃了尺度隐晦不彰之苦，他或许不知道该怎样提意见。当年四月，他试着好意相劝，希望皇帝不要在宫中骑射，免得伤身。不料遭到皇帝痛斥：朕最近从未骑射，薛韫“妄行摺奏，明系诬谤”[2]。他要总理事务王大臣查问信源，薛韫供称是听来的宫中传闻。

再遭挫折，薛韫再无奏本，其他部门也是一片缄默。乾隆二年九月，乾隆帝再下旨训斥言官，不要挟私言事，不要因为私心（邀恩、沽名、窝里斗）而提意见，第一次犯错可以容忍，“然宽大之恩，不可屡邀”[3]，宽容是有限度的。

乾隆帝的要求很难实现。正如言官摸不清胡说八道与符合实际的尺度一样，何为挟私，何为公心，何为揣摩迎合，何为沽名钓誉，也是猜不透。越是摸不清就越要摸清，越要揣摩迎合皇帝的尺度。如此循环，又会加大被皇帝斥责的风险，加剧乾隆帝内心对言官挟私的猜忌。

这么高的要求，是不是意味着言官没事可做了？还是有揣摩成功的。乾隆帝谕旨下发一个月后，河南道监察御史陈其凝上奏《二欲宜克三私当省》疏，要皇帝克服心志之欲、耳目之欲、怀安之私、近佞之私、好谀之私，尽是义理，稍一涉及实政，无非颂圣。这封奏疏被

---

[1] 《清高宗实录》，卷四十，乾隆二年四月乙丑日条。

[2] 《清高宗实录》，卷四十一，乾隆二年四月辛巳日条。

[3] 《清高宗实录》，卷五十一，乾隆二年九月甲辰日条。

摘入了《清高宗实录》，乾隆帝大加赞赏："年来言官，能如此陈奏者甚少"[1]，要给陈其凝升官。

一旦揣摩成功，提意见就不是"揣摩迎合"了。有此成功案例，后来者当知如何去做。谢济世三月的奏疏不幸成为该年度最后一封批评皇帝的文本。

## 被驯服的言官

乾隆帝整饬言官之举，让人想起谢济世还在新疆服刑期间呈上的奏疏，他建议新君宽待说错话的官员。乾隆的确做到了一部分，至少在乾隆二年，皇帝没有像雍正那样苛责言官。但这只能视作初政时的政治笼络策略：宽待言官，维持表面的言路畅通，也是"刚柔相济"的手段之一。

再有原则的政治策略也敌不过政治需要。谢济世此前因疏奏受到奖赏，但很快被骂居心阴巧，国家大蠹，皇帝毫不念及昔日建言之功。一年后，谢济世被外放至湖南督粮道任职，他再次翻刻《四书》注，这部被雍正禁掉的书同样没能免于乾隆的查禁。曹一士曾劝谏乾隆勿再行文字狱，皇帝也答应语言不以文字罪人，查禁之举无异于食言。

无人再敢批评皇帝，不仅仅是因为乾隆训斥言官勿揣摩、勿沽名而造成的心理紧张，还因为当时的言官制度已失去劝谏皇帝的功能。

在明朝，都察院御史与六科给事中分立，分别监督地方官与中央六部官僚。六科给事中有权对诏令发表看法，可上疏激烈批评皇帝。到清朝，监察局面大改，谏君权与察官权逐渐合一。雍正索性将六科给事中归于都察院统御，给事中听命于都察院御史差遣，职责亦与御史一致，所有

[1] 《清高宗实录》，卷五十七，乾隆二年十月壬午日条。

言官实际上只有监督百官的权力。雍正帝在制度上把监督皇帝的可能性抹杀了。

没有监督，儒家宣扬的君臣共治理想成为泡影，国家治理视乎君主素质。君主操控之下，政治策略总是依据政治需要而定，而政治需要又往往会打破政治策略。皇帝用变化多端的威权高压来驯化言官。言官向皇帝提意见，无论针对具体政务还是皇帝本人，都是高风险的政治行为。如果不知道皇帝的真正心思，任何一项批评都可能是“沽名钓誉”，怀私结党，都可能犯“谋反”的政治罪。

# 皇太子之死

乾隆帝即位第三年（1738 年），天下太平。苗乱已定，朝廷与西北蒙古噶尔丹后裔策凌部的边界谈判仍在继续，没有动武的迹象。稍需劳心者，都是一些赈水旱灾、增减粮税、向新开垦地征银的旧事。官僚队伍内亦暂无政治风浪。

这种四平八稳的政事生活，是当年十月所不具备的。当月，乾隆正宫皇后生的儿子永琏患寒疾去世，年仅 9 岁。弘历遭遇了人生的一大挫折。

## “国　丧”

永琏之死，是自雍正帝去世三年以来乾隆帝办的第二件丧事，“朕心深为悲悼”[1]。

悲悼的不仅是骨肉之丧，还有理想的破灭。谕旨称，永琏之名是雍

[1] 《清高宗实录》，卷七十八，乾隆三年十月辛卯日条。

正帝所赐，“示以承宗器之意”[1]，隔代指定了继承人。乾隆帝即位后，就密旨立永琏为太子。

让皇帝引以为豪的是，永琏是发妻——皇后富察氏所生，如果成功即位，将是大清开国以来第一位具备嫡子身份的皇帝。乾隆帝的曾祖父顺治、祖父康熙、父亲雍正以及他自己，生母皆非皇后，都是“庶出”。前朝诸帝更不必说，继位以长为先，无论母亲是否显贵，若兄终则弟及。儒家宗法继承中的理想状态——嫡子继大宗几百年都没有再现，永琏被寄予厚望绝不仅仅因为他聪明贵重、器宇不凡。他的去世，无疑让乾隆帝实践儒家正统宗法继承理念的理想落空。

事死如事生，安排后事时，皇帝首度公开永琏的皇太子身份，决定依照皇太子礼仪举行葬礼。此前，未成年即夭折的皇子葬礼并无定制，丧礼规模均依皇帝的疼爱程度而定，亲贵疏贱，差别甚大。

顺治帝爱妃董鄂妃所生皇子不到两岁就死去，连名字都未来得及取，却被封为“和硕荣亲王”，顺治还派人写下两百余字的墓志。墓地也十分华丽，有地宫、享殿，四周围着高墙。

康熙帝规定，如果只是普通贵妃所生皇子，既无疼爱又无显贵出身，只需备一个小式牛棺，在皇家墓地旁开个口子刨个坑埋了即可，亲属可以不穿丧服。雍正朝情形稍有改观，雍正帝八岁的儿子于雍正六年死去，棺材被刷上金色，皇帝哀悼，放假三天，出殡时增加抬棺人数，也有一套致哀仪式。

以皇太子礼仪安葬生前未享受过一天太子待遇的未成年皇子，这还是大清建立以来的头一回。仪式均是新鲜的。乾隆帝决定，早朝停五天（京官不用早起了），皇帝自穿丧服七天，奉旨派出的王大臣、皇太子的侍从等人员需穿丧服，在京官员无论是在朝会现场还是办公场所都要穿丧

[1] 《清高宗实录》，卷七十八，乾隆三年十月辛卯日条。

服，摘掉官帽上的红缨，七天内不许违背。靠近金色棺椁时，更应解开红缨帽，“官员、军民人等，在京四十日，外省二十日，俱停止嫁娶作乐”[1]。与其父辈、祖辈相比，乾隆试图把钟爱的皇子之丧办成一桩“国丧”。

## 失　礼

皇太子永琏是十月十二日去世的，一个月后，各地官员的请安奏本如雪片般飞向御前。各地总督、提督、总兵、学政上《奏为皇太子薨逝恭请圣安事》，劝皇帝保重身体，节哀（措辞可参考雍正帝逝世后各地上的安慰折）。清宫档案显示，自乾隆三年十月二十四日到十二月四日近 40 天内，至少接到了 33 封请安奏本。

按常理，这是官场的虚应故事，只是走走形式，不需认真理会。《清高宗实录》中果然未见半点信息，哪怕一份劝止请安的上谕也未见得。有外省官员在奏折中表示愿意穿孝服到棺前谒拜，最终来没来乾隆帝没有追究。

一些官员在纸面上表现出对仪式的很大热情，但在践行上显得马虎。十一月十六日，大学士张廷玉收到公文，要求就工部员外郎德保在丧仪上的失礼行为拟出处理意见。

公文内称，十月十六日皇太子出殡之时，“沿途预备抛洒纸钱”，然而德保所备纸钱误了点。德保说，背纸钱的人“适值出恭”[2]，才有所耽误。调查人员不信德保的话，认为是狡辩，“这是德保之罪，有何辩处”，真正原因是“并不敬谨预备”。

[1] 《清高宗实录》，卷七十八，乾隆三年十月庚辰日条。

[2] 张廷玉：《题为遵议舁送皇太子金棺特派工部员外郎德保迟误备撒纸钱照例罚俸事》，乾隆三年十一月十六日，清宫档案。

吏部尚书张廷玉建议罚他俸禄 9 个月，比照“承办官不行谨慎承办”[1]例处理。乾隆帝接受了这项意见。

另一个失礼的主角是吏部左侍郎普泰。乾隆帝规定，官员临近皇太子棺椁需解开红缨帽，为图方便，官员准备了两顶帽子，一有红缨（缨纬帽），一没有红缨（摘缨帽），在不同场合交替佩戴。

普泰在换帽子的当口出了事。他第一次行完礼后换下摘缨帽，戴上缨纬帽，第二次去向皇帝请安时需再换回摘缨帽，这时忽然发现拿着摘缨帽的家人被赶走了，他急中生智，拿“酱色手帕”盖住了红缨[2]。

内务府事务监察御史恩特和穆瞧见此景，立行参奏。他说“普泰既系宗室，又职为大臣，转未摘缨，用手帕遮盖，殊属不合理”[3]。普泰同样有所辩驳，但都被驳回，一个礼仪失误就被解释为“故违定制”，“身为大臣，侥幸国宪有宽，岂不畏惧同列耻笑”[4]，张廷玉建议打板子，降一级调用，取消升品级抵消降级的特权。乾隆帝只准了取消特权的提议。

## 侥　幸

宫廷礼仪之事可大可小，皇帝重视则大轻视则小。处罚德保与普泰失仪，乾隆帝没有动用皇权就预示着会从轻处置。尽管二者从“违礼”到正式处理意见下发经过了三十多天，但终究有惊无险。

---

[1] 张廷玉：《题为遵议昇送皇太子金棺特派工部员外郎德保迟误备撒纸钱照例罚俸事》，乾隆三年十一月十六日，清宫档案。

[2] 张廷玉：《题为会议兵部侍郎普泰于供献皇太子早饭齐集之时失仪照律议处事》，乾隆三年十一月二十九日，清宫档案。

[3] 同上。

[4] 同上。

乾隆帝的“宽政”无疑是二人侥幸从轻的重要原因。若以十年后（乾隆十三年）皇后之死以及永琏胞弟永琮之死（皇后第二个儿子）众臣因失仪而被定下的罪行衡量，德保与普泰估计都能死好几回了。

在那时，皇帝看到皇长子永璜没有及时表现悲痛之情，公开训斥其不恪守孝道礼仪；在皇后的册封文书中看到满文的一个翻译错误，就集体问罪管理翰林院的刑部堂官，刑部尚书甚至被判死缓。外省官员同样遵照“永琏之死”形成的规矩上书安慰，还愿意亲自来京叩谒梓宫，谁知道乾隆帝当了真，一一斥责那些没来叩谒的人，53名督抚因此连降两级。而“祖制”规定，百日丧满之前，官员不准剃头，但偏偏有人按旧习剃了头（雍正帝丧期内有人剃头但未被追究，一些官员就以为没事了），乾隆帝勒令一批官员自尽[1]。

皇后之死被认为是乾隆朝政治由宽转严的标志，君主的个人情绪主导着这一转变，而皇太子永琏之死则给情绪酝酿提供了空间。在此环境下，官员不得不小心伺候，谨慎提防皇帝因情绪不稳带来的不定期责难；而皇帝欲想为难大臣，礼仪或履职情形是挑刺的最好途径。官员们对此揣摩得炉火纯青。大学士兼吏部尚书张廷玉等官员对德保与普泰失仪之事不惜添油加醋（丝毫不理会二者的辩解）就充分说明了这一点。

[1] 详见戴逸《乾隆皇后之丧及有关的政治风波》，收入《戴逸集》。

# 被话术肢解的“特权”

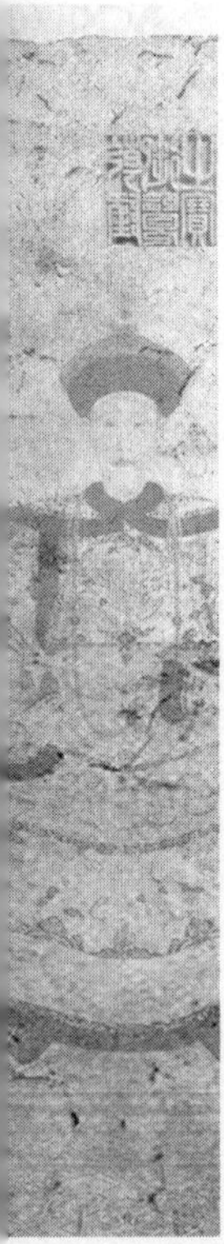

“太阳底下无新事”,类似的感叹同样可能出现在乾隆四年（1739 年）的某个时刻。这一年一个月内连续发生了两起读书人对抗官府的事件，的确是自清朝立国以来无数起事件的重复。

不过，这一次与此前的情况有所不同，地方官与乾隆帝在如何处置上出现了分歧。

## 读书人对抗官府

乾隆四年三月初七，福建福安县生员吴毓甲、李志炳等人出入文庙十余次，将大门涂黑，抗议知县萧荃锁禁生员郭向高。按当地县学教谕夏鸣雷的说法，后者因侵占寺租而被拘。更让生员在意的是，知县萧荃还亲自打了郭向高十五大板[1]。

打读书人的屁股，这让享有特权的生员无法忍受。在清朝，生员是

[1] 王士任:《题为特参福安县知县萧荃教谕夏鸣雷违例行杖大干法纪请革职严审事》，乾隆四年三月二十一日，清宫档案。

指获得入学及乡试资格的秀才、监生，虽是士的最底层，但人数庞大，特权不少：粮租可以少交甚至不交，不需服劳役、不必当差；皇帝也多次下旨，如果生员犯小事，州县官员应批评教育，予以“申饬”，犯了大事，就交给省级教谕“学政”处置；严禁县官擅自杖责士人[1]。

因这等小事，生员郭向高就受了杖责之辱，代价太大。知县赶在学政处置之前就打其屁股有违“程序”，读书人不可能不看在眼里。在重视礼仪的年代，他们以涂黑文庙这等大不敬的方式抗议，可见事态之严重。

然而相比接下来一个月直隶省昌黎县知县刘延泰的遭遇，萧荃的事尚算不得大事。

乾隆四年四月初五，刘延泰的县衙被一群生员拿砖头堵住了门，起因是生员赵汝楫控告他纵容盐商涨价。案件尚在管辖昌黎县的永平府审理，带头的生员邢谟烈等 9 人就拥向县衙大门，拿着砖头要求刘延泰出来说话。他们的要求被拒，刘延泰闭门不出。随后，当地驻防军赶来，抓了 6 名闹事的生员[2]。

上述事件均在一个多月内发生，惊动了当地最高长官福建巡抚王士任、直隶总督孙嘉淦，二人又分别在事件发生后的第十四天（三月二十一日）、第十一天（四月十六日）上报乾隆帝。皇帝收到奏本、作出处理指示已是五月初六。从最先爆发的福建福安生员对抗官府事件到处理谕旨下发，历时将近两个月。

[1] 详见素尔讷等纂修的《钦定学政全书》，卷二十四、二十五，中华书局，2015 年。

[2] 孙嘉淦：《题为特参昌黎知县刘延泰衿监联谋闹署等请旨革职事》，乾隆四年四月十六日，清宫档案。

## 处置“分歧”

直隶总督孙嘉淦与福建巡抚王士任均把上述“群体事件”的责任推给当地官员，要求将他们革职。

王士任在提请知县萧荃革职之前，看到了两份责任描述轻重不一的说辞。福安县教谕夏鸣雷告诉王士任，郭向高因欠租被打屁股导致事件影响扩大，自己对此负有领导责任，“不能觍颜斯位”，愿意“交印县堂，挂冠归里”。知县萧荃则说，郭向高侵蚀寺庙的田租150石，“把持各佃欠租”，“匿犯殴差”，干扰执法，还“咆哮公堂”，他不得不亲自打郭向高的屁股。而教谕夏鸣雷乘机起哄，于是出现生员涂黑文庙这一幕[1]。

清制，省府（州）县分别设有学政、教授、教谕，专司管理士人、组织科举。夏鸣雷作为教谕，是学政伸向基层的触角，平日里与生员接触甚多，因此，萧荃对他起哄的指控，不无可能，但也承认自己杖责士人是犯法。

综合二者禀报，王士任将萧荃、夏鸣雷一并视为“违例”“大干法纪”。

王士任称，生员郭向高无论行为多么恶劣，也应当让学政去处理，萧荃不“持躬谨饬，待士以礼”，不尽“教养士民”的责任，反而“凌辱青衿”，打人屁股，已违背先帝“生员有犯，不许地方官擅行杖责”的谕旨，其亲自执责刑罚更是“狂躁失礼”。夏鸣雷平日里“失于训诲，不能约束”，又在此事中“公然纵庇”，纵容“劣生”闹事，其辞职之举更是“狂肆无忌”。他请求皇帝将二者革职，交由上级严审。[2]

知县萧荃不可能不知道皇帝的谕旨，其亲自打生员屁股，也许是出于重压而情不自禁。

---

[1] 王士任：《题为特参福安县知县萧荃教谕夏鸣雷违例行杖大干法纪请革职严审事》，乾隆四年三月二十一日，清宫档案。

[2] 同上。

地方大事，无非刑名与钱粮。至于钱粮，县令负有督催之责，不按时按量纳清，轻则罚俸，重则降级、革职。乾隆三年十一月，萧荃勉强交完任内拖欠的渔税，没被降级处分[1]。仅仅过了两个月后，乾隆四年，郭向高“把持佃租”，侵蚀寺租，这必然会影响到萧荃的收税成绩，他可能会再次受到处分。

直隶昌黎县令刘延泰与他同病相怜，不同的是，他前一年还受到表扬。时任直隶总督的李卫，奏请将他从昌黎县代理县令任上转为正式职位。

然而，接任李卫职位的孙嘉淦并没有太在意李卫对刘延泰“为人老成”“办事勤慎”的考语[2]，也没有理会生员关于他纵容盐商涨价的“诬告”，他在奏疏中首先痛斥刘延泰失责：

> 查该县平日如果无贪婪苛虐贻害民生之处，该衿监等何至列款首告？又复纠众寻衅，且当率众拥闹之时，如果心无愧怍，日应即行拿究，乃复畏避不出以至肆横无忌，迨至把总韩英拿获解府。该县并不具详通报，似此昏庸不职之员，断难姑容，贻悮地方……若不革去职衔衣项一并严审，无以肃吏治而警刁风。[3]

相比王士任，孙嘉淦更站在生员一方去看待此事。他说生员首告刘延泰并非空穴来风，一定是平日恶政所致。刘延泰闭门不出、不出来抓人是心虚，而等驻防军拿完人又不及时通报，实属“昏庸不职”，不革

[1] 讷亲:《题为会议闽省福安县知县萧荃续完任内渔税等项银两开复降级处分事》，乾隆三年十一月十九日，清宫档案。

[2] 李卫:《题为署昌黎县知县刘延泰等员办事勤慎请实授事》，乾隆三年五月二十一日，清宫档案。

[3] 孙嘉淦:《题为特参昌黎知县刘延泰衿监联谋闹署等请旨革职事》，乾隆四年四月十六日，清宫档案。

职不足以肃吏治。

孙嘉淦发这么大的火，要求严惩一个前几年还干得不错的知县，而对生员如赵汝楫以及其他“人犯”则以“静听审详”“严加惩治”等客套之语带过，一方面可能是出于“爱士”“养士”之意，更重要的是，乾隆三年十月孙嘉淦才任直隶总督，事发时他上任不过半年，没有太多时间熟悉直隶官场，与刘延泰过不去不排除是“新官上任”的第一把火。

事实上，王士任与孙嘉淦都在正常职权范围内办事，督抚有监督下级的权力，地方出事，理论上首先要监察属下有无责任，再论其他，他们均将案件的主要方面定性为官员的失职违例，符合朝廷自顺治帝以来一贯的“养士”精神。不过，作为官僚、读书人之外第三方的皇帝却不这么看。五月初，面对二人递上来的奏本，乾隆帝把板子打向了士人。

## 整顿“士习”

王士任与孙嘉淦在题本里均提到一个细节：缮写题本时，布政使、按察使都来要求纠参，以示支持。皇帝在率先抵达御前的王士任奏本上写下谕旨，后到的孙嘉淦奏本则没有多说，只说“已有旨了”，还特意挑出了一个错别字。

很明显，乾隆帝把这两件事当作一回事。在收到孙嘉淦奏本之前，乾隆帝已经从别的渠道知道了此事。直隶提督永常就向皇帝密奏昌黎县生员闹事案，其中提到，刘延泰亲自带着官印交到永平府，要求辞职。[1]加上此前福安县教谕主动交官印的事实，两案均具备了“生员闹事、官员辞职、督抚提请革职”的元素，生员闹事与县令辞职形成一种微妙的

[1] 永常：《奏为昌黎县知县刘延泰拿获坌砌衙门人犯解赴永平府事》，乾隆四年四月十七日，清宫档案。

逻辑联系。乾隆帝决定否决督抚的意见，但在司法上优待士人的谕旨、官员违例的面前受阻。

怎么办？乾隆帝编织了一套话术。首先，他承认朝廷加给士子的特权：

> 伏查皇考当日优待士子，原有不可擅加笞杖之恩旨，朕御极以来，谕令士子免派杂差，有因粮褫革者，完纳之后，准其开复。盖以胶庠多士，读书明理，谅能恪遵法纪，爲庶民坊表，是以格外优恤之也。[1]

但这项特权的前提是，生员须“读书明理”“恪遵法纪”。福安县生员却“恃衿包抗，率众挟制，敢将文庙黉门，乘夜涂黑”，昌黎县生员“控告知县，率众欲垒县署”，这是“青衿中之败类，为国法之所不容”。因此，福安知县萧荃打他们屁股并不是“凌辱青衿”，而是正当执法。昌黎县生员赵汝楫控告知县这一行为本身也“为国法之所不容”。[2]

在乾隆帝口中，事件出现了反转：由督抚眼中的知县渎职违例，转为读书人违法乱纪。这样就可以理直气壮地否决革职提议。不过皇帝并不满足这一点，他还拔高提请革职的负面影响：

> 乃该督抚遽请将知县革职，与劣生一同审拟，是县令官长之去留，劣生竟可操其权柄。[3]

皇帝认为被革职的县官革职与“劣生”一同审理，即等于将县令官

[1] 《清高宗实录》，卷九十二，乾隆四年五月辛亥日条。

[2] 同上。

[3] 同上。

长的去留交由生员把持。这是对朝廷任官权的争夺，此例一开，将“挟制刁风，日以滋长，县令必有不能约束士子之势”，这“于人心风俗，大有关系”，会影响地方稳定。[1]

二人最终没有被革职处分，全身而退，但全国的士子却因之受到不小的“冲击”。六月，乾隆帝借湖南省上报的长沙府生员因善化县诉讼诱发的“群体性事件”之由，发布了一道“训斥士习”的谕旨，斥责生员“藐视宪典，以安分为耻，以抗法为荣”，这样的人不能指望能做好官。“各省学政，当……时时训诫”，“其荡闲踰检，有玷宫墙者，即行斥革，毋得姑容”，该取消生员资格的就取消，“地方督抚大吏，亦当竭力化导，并严加约束”。[2]

这是乾隆帝即位以来首次处置生员闹事案。29 岁的乾隆帝编织了一套话术，让前朝谕旨、朝廷律法屈就于整顿目的。而官僚因循旧轨（康熙、雍正时期宽待生员的例子甚多），与皇帝出现了认知上的偏差与错位。经过一番简单的“博弈”，乾隆帝轻松取胜。此后，乾隆朝对生员的控制由宽变严，且越来越严，直到嘉庆朝才有所软化。

[1] 《清高宗实录》，卷九十二，乾隆四年六月戊戌日条。

[2] 同上。

# 受贿案中案

1740 年，乾隆帝上台五周年，署（代）福建巡抚王士任落马。作为封疆大吏，他被指控贪污税银 1000 两，被罢官、流放。

案发颇为偶然。王士任审理漳州府知府王德纯受贿案时表现反常，引起钦差御史与闽浙总督德沛的怀疑，德沛跟进调查，遂牵出了一桩贪污受贿案。审理过程中，又发现了其他封疆大吏涉案的线索。

乾隆帝闻后感叹，“以督抚而自不能保一身之操守，皇考时并未有此也”[1]，是“明欺朕年幼也！”[2]不过，怒则怒矣，乾隆帝给予了轻重不一的处分，耐人寻味。

## 武举弊案

一切都可追溯至乾隆元年的某一天。当时还是福建盐驿道道员的王士任，与时任漳州府知府的王德纯、时任福建巡抚的卢焯凑在一起，商

[1] 《清高宗实录》，卷一百三十，乾隆四年十一月丁丑日条。
[2] 《清高宗实录》，卷一百十七，乾隆五年五月辛酉日条。

量处置一件武童生（享有武科生员考试资格者）冒籍案。

案情是这样的：漳州人何承玉本已花钱买到监生功名，按律不得再次参加武举，却在乾隆元年春天、十一月两次试图改名参加，均没有成功，第二次还被王德纯抓住。何承玉面临革去监生资格与杖责的处罚。

这是最常规的处罚。据王士任说，在巡抚卢焯面前，王德纯力主轻罚，不革监生资格，不打屁股——这一免除处罚的主张，与他本人要求的“重罚”起了冲突。[1]

王士任的主张是大清律应有之义，标榜的“重罚”其实不重，不过卢焯认定，二者“轻重不一”，要求再议。最后，卢焯听从王德纯的主张，以冒籍“无关行止”为由免罚。

如此蹊跷的处置在四年后东窗事发，审案官恰是已升任巡抚的王士任，卢焯已调离。作为王德纯的上司，王士任查明，王德纯之所以建议免罚，乃是拿了何承玉的钱。

乾隆四年，皇帝向王士任询问此案，王士任没有提及王德纯如何索贿和索贿数额，他只是向皇帝报告了案中卢焯、王德纯以及自己扮演的角色，恰如上述。他试图让皇帝相信，自己没有责任，是卢焯与王德纯联手制造了这起腐败案。

目前尚不清楚乾隆帝从何处获知案情，他只告诉王士任，王德纯还敲诈长乐县与福清县知县、邵武县老百姓，在贡生争地一事中谋利，调戏花旦小娇。明面上，皇帝比王士任知道得更多，诸如索贿520两、争地谋利50两这些细节也尽在掌中。[2] 王士任似乎没必要冒着犯欺君之罪的风险撒谎。

---

[1] 王士任：《奏为陈明革审漳州府知府王德纯于何承玉冒考武童之案受贿轨法一案原委事》，乾隆四年十二月二十四日，清宫档案。

[2] 同上。

看起来事情到此为止——王德纯贪贿，王士任没有干系，但身为督抚，归属“都察院左右都御史”序列，无论名义上还是实际上，均负有监察尤其是举劾下属的职责。王德纯贪污,王士任竟然未及时上报皇帝，这是失察。

所以在奏折中，王士任数次陈明，他早“知其声名不好”，自己升任福建布政使时，王德纯虽有所收敛，“然臣终不敢信其为人，每于该员进见之顷，严加训斥，冀其改悟，所办政事，留心稽核”，对他早有告诫。王士任还说，自己升任福建巡抚之后，“曾将王德纯居心难信，操守尚须不时密察缘由，据实奏闻在案”，早就将王德纯的德行上达天听。[1]

这番辩词,乾隆帝没有立即采信,他在发回的朱批中仅简单表示“知道了”，亦无宽慰之词，随后又派刚刚从翰林院编修毕业、欠缺行政经验的朱续晫担任监察御史，赶赴福建审理王德纯案，届时“此案自然明白矣”。

皇帝又派将军策楞、新任闽浙总督德沛参与会审。王德纯案的审案官从王士任一人增至四人。对王士任来说，由第三方钦差参与审案而不是督抚自审，充满太多变数。

这是帝国最高统治者的惯常手段，面对千里之外的案情，如何获得较为多元的说法，尽可能减少被蒙蔽的可能，最好的办法便是在审案官中安插多个具有密奏权的眼线。眼线只对皇帝一人负责，每个眼线构成一个独立信源。不过，审理过程中，王士任的表现很反常，其他三人基于不同的考量，将这一情况上奏，皇帝很快作出决断。起初与此案并无关系的王士任，被查出了关系。

[1] 王士任:《奏为陈明革审漳州府知府王德纯于何承玉冒考武童之案受贿轨法一案原委事》，乾隆四年十二月二十四日，清宫档案。

## 百方阻挠

钦差御史朱续晫在乾隆五年三月十五日抵达福州，逗留了近一个月方离去。会审的王士任、德沛、策楞的奏本，都比朱续晫更早抵达御前。[1] 其中，王士任在朱续晫走后的第二天就写好奏本。德沛酝酿的时间更长，会审结束12天后才提笔写完。

尽管王士任与德沛同住福州城，但二者对王德纯案的看法、结论截然不同。王士任并未向皇帝多说案情，仅以“其各款情节与臣前审无异”带过，还不忘记提醒皇帝，前任总督郝玉麟、巡抚卢焯包庇了王德纯，自己无错。乾隆帝不予置评，仍以“知道了”回复，他将注意力更多放在了德沛的奏本上。后者虽然迟来，却提供了更多新信息，且字字针对王士任，概言之，有如下几点：

1. 会审时，王士任不满朱续晫问得太多而阻挠，遂与朱续晫发生口角。“王士任有‘我下次不来会审’之语”。

2. 商量案件最终的奏稿时，王士任要求删去某一段口供，增加前总督郝玉麟、巡抚卢焯包庇的内容，遭朱续晫拒绝，“王士任遂当面有恐吓之语，而背后有谩骂之言”。

3. 王士任对朱续晫的到来有着近乎变态的防范。朱续晫到来之前，王士任先是要求巡抚下辖的“抚标”绿营“捉拿聚谈、讹传、窥探、打听之人，务期街道肃静”，又“差长随张英”指使他人托名查监，“与王德纯密语多时”。朱续晫来了之后，又派兵

[1] 王士任：《奏为遵旨会审漳州府知府王德纯婪赃不法案各款情节等事》，乾隆五年四月十三日，清宫档案。

暗中监视朱的寓所。[1]

上述见闻让德沛起了疑心，“会审案件只须秉公推鞫，何用防范他人？”他推测王士任与王德纯有勾兑，生怕钦差御史知道。德沛暗中调查，终于发现了一个秘密。原来，王士任曾当过王德纯下属，其间备受后者敲诈，王士任升职后，角色反转，为报复加倍敲诈王德纯。[2]

德沛的奏本可谓一石三鸟，他发现了王士任与王德纯案的牵连之处，独家查明敲诈索贿的事实，一方面履行了监察下属的责任，一方面提供了当事人之外的独家信息，一方面平复了福州城内不利于他的舆论。王士任传出敲诈受贿后，福州城内普遍猜测德沛因“与巡抚同城，不能自脱”[3]，德沛及时查明，并自责失察，支持朱续晫执法，及时切割，及时甩锅，“时服其公”。

奏本直接促使皇帝暗中命令“王士任着革职”[4]，皇帝甚至没有再追问王士任本人，也没有再衡量其此前的辩词。新增的王士任案遂与王德纯案一同审理。

钦差御史朱续晫回京所奏，更让乾隆帝坚信自己的判断。朱续晫称，王士任不愿意让他再审王德纯一案，一开始好言相劝，后又拿出恐吓姿态。会审时又“多方阻挠”，对王德纯本人关涉极深的“何承玉冒籍武考案”特别用心，“叙得日月太分明”。朱续晫还说，王士任私自写了一份案情奏稿，要他“改用”，“臣不肯从”，并数次将案情奏稿寄给前总督郝玉麟看，

[1] 德沛：《奏为特参署理福建巡抚王士任庸劣不职事》，乾隆五年四月二十三日，清宫档案。

[2] 同上。

[3] 钱仪吉等编：《清代碑传全集·德沛传》，上海古籍出版社，1987 年，第 22 页。

[4] 德沛：《奏为特参署理福建巡抚王士任庸劣不职事》，乾隆五年四月二十三日，清宫档案。

来往甚密。[1]

种种迹象令朱续晫感到可疑，但“未得详访其实迹”，于是在奏本上对王士任进行人身攻击，“细观其为人，机诈为心，既弃臣节而趋利，巧伪成性，复借钦案以营私，居心行事若此，岂堪封疆重畀”，指其道德败坏，不能再当巡抚。[2]

乾隆帝得此两大报告，便在乾隆五年五月十二日公开发布一道处置王士任的上谕，认定王士任“婪赃作弊”，“不意其负恩一至于此”，实属“丧心病狂，小人之情态毕露”，督抚作为一省官员的表率，必须廉洁，更何况“朝廷厚给养廉”，工资本身就很高，不应该私下接收下属的馈赠。再者，前总督郝玉麟对王德纯贪贿行为不但没有举报，还带病提拔并强烈保举他，“是诚何心？”福建一带奢靡之风盛行，郝玉麟“未能屏除一切”，不能早为预防，造成行贿受贿“为吏治官方之害”。[3]

皇帝不仅公开批评福建一省的吏治不行，还将事件拔高到政治罪。他说，上述行为如果放在雍正朝就是死罪，必然不敢这样贪贿。“今敢如此，是明欺朕年幼也！”[4]

欺君之罪的罪名一经公开发布，王士任纵有天大的本事，也无可能翻案，接下来唯有在量刑上做点文章，只是他本人并无发言权，命运掌握在德沛、策楞的手上。

## 尴尬的抄家

王士任与王德纯的身份终于统一成了“囚犯”。王德纯案情不必多审，

[1] 《清高宗实录》，卷一百十七，乾隆五年五月辛酉日条。

[2] 同上。

[3] 同上。

[4] 同上。

他已承认受贿、索贿，被判死缓，德沛与策楞把重心转移到审问王士任上。三个多月后的八月二十九日，策楞向乾隆帝报告，王士任承认自己“婪赃”“勒买器物”，在担任盐驿道道员、布政使期间，又挪用本应上缴户部的税银1000余两。策楞骂他“赃迹累累，实属丧心病狂”[1]。

按大清律，官员监守自盗，判斩监候，若在候斩期间能够如数缴还赃款，可免罪或减等，罪名可谓既重又轻。王士任在一年内完缴了赃银，按律免罪，但刑部堂官考虑到其“身为大员”，却“恣意侵蚀”“赃迹累累”，不能当成普通的监守自盗案处理，几经权衡之下，建议流放塞外军台效力。

乾隆帝准予奏请、发布处置命令时，已是乾隆七年十月二十九日了，王士任已在狱中待了两年多，被流放意味着进入另一个监狱。尽管如此，皇帝仍然紧盯他，乾隆八年五月二日，密谕山东巡抚喀尔吉善密查他威海老家的资产，理由是他“处处寄顿家私”，在各地储备家产。

喀尔吉善马上派登州府知府姚永泰秘密调查，将家产列成如下清单：

> 住房一所，约值价500余两；
> 新房一所，约值价1000余两；
> 田地，约值价1000余两；
> 欠账，约有600余两；
> 器玩首饰衣服等类，共值价2100—2200两；
> 以上共值价5300—5400两。[2]

不得不说，王士任十八年宦途生涯，当过五年布政使、两年巡抚，最后遗留的家产只有五千余两，实在少得可怜。毕竟，有些巡抚光一年

[1] 策楞：《奏为署抚王士任婪脏勒借勒买器物及参革将军隆升贪劣二案审结事》，乾隆五年八月二十九日，清宫档案。

[2] 喀尔吉善：《呈密行查勘王士任原籍资产清单》，清宫档案。

的正规工资——养廉银就有上万两之多。无怪乎其子王兆鹏面对查办人员时，颇有底气地说："父官闽十余年，持身清白"[1]。

当然，我们也完全有理由怀疑，王士任老家钱不多不代表他在江苏新阳、福建福州等任官地没有余产。喀尔吉善后又查出王氏所得古董玩器洋货甚多，且在"苏州曾开有古董铺，货物价值约及万余两"，又在登州、莱州等地经商贸易，放给商人 4000 余两的债务。[2] 这些足以坐实乾隆帝关于他"寄顿""隐匿"家产的怀疑。

爱好收藏的乾隆帝，迅速把线索交给江苏巡抚陈大受查办，不过事与愿违。陈大受在苏州没有查出任何归属于王氏名下的古董铺。皇帝不无失望地警告："若稍存为彼之心，则是自误也"[3]。

查抄家产行动至此被卡住，皇帝若从区区价值 5000 余两家产的官员家中搜集他的心头之爱，实在尴尬得很。恰在此时，乾隆十年三月二十八日，兵部查出王士任还有未交完的蒙古八旗军人赡养费 792 两；一年后的五月初二，王士任病故，这两件事给皇帝处置家产制造了一道台阶。当月，正准备封存家产的地方官接到的旨意称，念及"罪已干冥谴"，家产奉还家属，但 792 两银子还得上交。[4]

王士任之死，意味着案子尘埃落定，但该案的其他"有罪之人"仍需收拾，比如前任闽浙总督郝玉麟、巡抚卢焯被指控包庇，并有受贿嫌疑，该如何量刑？郝玉麟是雍正帝遗留给乾隆帝的大臣，办事屡受夸赞，皇帝若有心将他脱罪，需要费一番脑筋。

---

[1] 李祖年：《文登县志》，成文出版社，1922 年，第 883 页。

[2] 喀尔吉善：《奏为续访原任福建巡抚王士任隐匿赀产再行密奏事》，乾隆八年十二月初二，清宫档案。

[3] 陈大受：《奏为据实陈明王士任在苏城古董铺现在情形事》，乾隆九年正月初八，清宫档案。

[4] 喀尔吉善：《奏报追查王士任家产并余存资产作何办理事》，乾隆十年三月二十八日，清宫档案。

## 脑筋急转弯

按律，下属犯罪，上司有失察之责。王士任诈索王德纯，作为上司，既贪，又失察。

二人犯事的时间是乾隆元年至乾隆三年，他们的共同上级是时任闽浙总督的郝玉麟（雍正十年至乾隆四年任）、巡抚的卢焯（雍正十二年至乾隆三年任）。要命的是，郝玉麟还举荐过王德纯，按律应追究保荐人的责任。

二罪并罚，轻则罚俸，重则降级。乾隆五年八月，王士任案查清，吏部建议将郝玉麟连降四级。乾隆帝不允，而是命令现任闽浙总督德沛调查，如果郝玉麟的确收了王德纯贿赂而对其保举，再连降四级不迟。

相比对王士任的快速处置，乾隆帝要求必须有受贿的证据才重罚郝玉麟，等于在律例之外临时增设了一个条件，更制造了一个模糊的空间。

德沛深谙其意，他向皇帝报告说，虽然王德纯每年送郝玉麟礼物，但这是“心怀感激”之举，后者欣然接受，并不算受贿。乾隆帝也顺势说：“此等馈送，惟清操可信之大臣，方能概行屏绝，若寻常督抚中，难保其一无收受”，意思是说，这种礼品赠送一般人都免不了，郝玉麟此举也正常，“此与因事纳贿者，尚属有间”，离贿赂的行为还是有一段距离的。最终，郝玉麟的处罚得以减轻，连降四级改为连降二级。[1] 从吏部尚书降为刑部右侍郎候补。

皇帝在稍后的谕旨中道出了从轻处罚的原因，郝玉麟“系皇考简用之大员，历外任甚久，人亦谙练老成，若照部议降调，稍觉可惜”[2]。很明显，皇帝不重罚郝玉麟的理由除了受贿行为不成立外，以往表现不

---

[1] 《清高宗实录》，卷一百二十五，乾隆五年八月丙寅日条。

[2] 同上。

错是减免处罚的重要原因，甚至是决定性原因，显示出“对人不对事”的处分逻辑。

对王士任案的另一涉案人员卢焯的处分更能说明这一点。卢氏虽逃过了王士任的举报，但在乾隆六年浙江巡抚任上被参奏营私受贿，官位与罪名同王士任一致，处分节奏也与王士任一致：闽浙总督德沛奏请革职，卢焯立即缴纳赃款，被发配军台效力，事发于乾隆八年，比王士任被流放的日子仅晚了一年。不过，卢焯远比王士任幸运，他没有被抄家，并且仅仅因为皇帝南巡时在浙江看到其修建的海塘工程，“念焯劳”，被召还重新起用。王士任在福建曾经的善政则提不起皇帝任何兴趣。

## 余　话

起于乾隆五年，延续至乾隆十年的王士任案，以主角之死告终，它激起的余波关涉前闽浙总督、巡抚等要员。此案由下属王德纯案牵出，再往前追溯，若非“监生”何承玉冒籍武举事发，王德纯与王士任等人的麻烦不会这么早到来。

清制，督抚大员集地方司法、民政、军事权力于一身，王德纯案完全可以在王士任手上慢慢消化，即便往后牵出王士任案，也可以在新任闽浙总督德沛手上“妥善”处置。这些稳固的“定量”被皇帝密布的眼线以及派出的钦差打破，而后者作为皇权制造的“变量”，受益于奏折制度。从这点上说，秘密举报在形式上有助于查案。

然而，无论案件查得有多清楚，其面对的最大的变量仍是皇权。王士任、郝玉麟、卢焯均涉嫌“受贿”，却受到了轻重不一的处罚。一个案结之后还被皇帝追查并不厚实的家产达三年之久，一个却被人为制造定罪理由而后想法回护、轻罚，另一个因念及辛劳从流放地召回重新起用。

皇帝“对人不对事”的处分逻辑所制造的不公，许多官员特别是监察御史看在眼里，记在心上，但嘴上不说，沉默一至于此，连乾隆帝本人都看不下去了。乾隆五年十月，针对王士任案由督抚大臣告发而非专职的监察御史告发的情况，乾隆帝训斥大学士九卿“果能留心于平时，则各省大吏中作弊营私者，谅无有不烛照之理”，然而“若既已知之，复存避嫌之心”，斥责其失职，告诫举报“无存瞻顾”，不要有什么顾虑。翻阅《清高宗实录》可知，这些鼓励说话的命令自乾隆即位以来就不停发布，然而收效甚微。

# 山西巡抚疗毒记

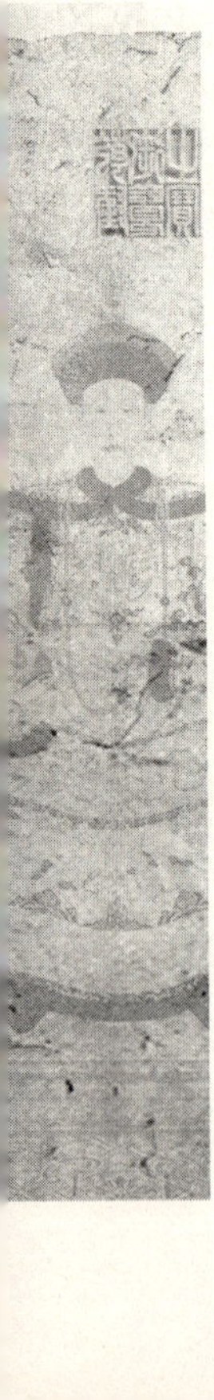

若言及乾隆朝反腐，乾隆六年（1741年）发生的事很难绕开。这一年，乾隆朝第一个一品大员落马，兵部尚书鄂善因受贿被勒令自尽。而发生在山西的腐败案，则留下了更为丰富的桥段。

案件要角是山西二品大员布政使萨哈谅、学政喀尔钦，他们因受贿获罪。皇帝随后勒令彻底整顿吏治，结果山西官场大批官员落马。

彻查弊案的是上任不到一年的山西巡抚喀尔吉善，皇帝给他两年时间整顿。其间，他做得最多的事是弹劾属下、调整人事。一年之后，因为如数完赃，萨哈谅的命被保住。而喀尔吉善在成效未知的情况下被匆匆调离。

但事情并未到此为止，由于涉案高官均是满人，朝廷内部弥漫着满人是否能够胜任地方大员的质疑。一件弊案上升到满汉之争，那就严重了。

## 不寻常的官员离职潮

喀尔吉善做山西巡抚属首次外任，乾隆五年闰六月十二日之前，这名镶蓝旗后人已任京官二十多年，官至户部侍郎。外放任封疆大吏，属朝廷的任官成例。而接替已在任 14 年的巡抚觉罗石麟，可视作皇帝重新布局山西人事的一环。事实上，皇帝早已发现石麟谎报省情，而分管民政的布政使胡瀛病入膏肓，调整就有了契机。所以，早前三个月，乾隆帝将四川布政使高山调任山西布政使，更早前的乾隆二年，萨哈谅由广东布政使降一级调任山西按察使。

于是,雍正时期山西的旧领导班子,整个儿都换了。相比另两名要员，喀尔吉善到任最晚，施政却最猛。到任第二个月即发现归化城（今呼和浩特）同知春品尔亏空库粮、勒索商人[1]，两个月后，又将太原府兴县知县陈廷灿撤职——后者审理一起赌博命案时被受贿的仵作蒙蔽，致使凶犯逍遥法外[2]。

乾隆帝看到这些奏报作何反应不得而知，他手上还有几份来自山西的请辞单，请辞时间与查办节奏微妙合拍。

归化城同知春品尔案发一个月后，凤台知县罗着藻自陈“气血益衰”“耳沉怔忡”“两目视而不见”，请辞回昆明老家休息。陈廷灿被撤当天，石楼县署（代）知县陈元梁亦自称年老体衰，递交辞呈，病由竟亦与罗着藻一致:“怔忡复发，服药罔效。”十月十八日，52 岁的万泉县知县门迺路请求辞官回家照顾老母亲。十月二十日，新任布政使高山的父亲病故。十一月十一日，广灵县知县韩铨“狂血病症”复发。十二月初七，太原府知府吴谦鋕母亲去世。十二月十三日，洪洞县知县余世堂“忽患便血病症”，“精神疲敝，心思恍惚”。他们请求辞官，皆获准。[3]

[1] 喀尔吉善:《题为特参亏空谷仓网利营私之归化城同知春品尔请革职事》，乾隆五年八月十七日，清宫档案。

[2] 喀尔吉善:《题为特参庸懦不职之兴县知县陈廷灿不严禁赌博致酿人命请革职事》，乾隆五年十月初八，清宫档案。

[3] 喀尔吉善:《题为凤台县知县罗著藻年老身衰请休致事》《题为署石楼县知县陈元樑久患怔忡不能供职请休致事》《题为万泉县知县门迺路呈请终养事》《题报山西布政使高山闻讣丁忧日期事》等，清宫档案。

这样，三个月内七名官员离职，加上此前落马之数，半年来山西至少出现九个官缺。而他们的离职理由，尽管经上级“验看”属实，也难保不是嗅到风向变化后的自保行为。

喀尔吉善并没有意识到这些异动，亦全然未觉一股举报新任布政使萨哈谅、学政喀尔钦的暗流正涌向御前。乾隆六年二月二十六日，当喀尔吉善请求皇帝赐顶戴花翎时，皇帝告诉他：“朕闻得布政使萨哈谅操守不清，学政喀尔钦取录不公……汝为巡抚。何置之不闻耶！”[1]

乾隆帝的严厉训辞正式拉开了整肃山西官场的帷幕，而那些主动辞官的人，明智地将自己置身于事外。

## 命题作文

如以往数次先发制人打击官僚那样，谁都不知道皇帝的线索从何而来，萨哈谅与喀尔钦的问题也是突然被交到喀尔吉善手里。

从山西省会太原府至北京城，走驿路只有五百多公里，快马加鞭，两天可至。喀尔吉善接到谕旨后的最大任务，就是如何将“操守不清、取录不公”的笼统描述具体化。他查得很快，赶在皇帝派遣钦差吏部右侍郎杨嗣璟之前，就将学政喀尔钦的初查结果上报。

案情大体不出皇帝所料，喀尔吉善在乾隆六年三月初二的题本上说，喀尔钦在乾隆五年分别给长治县武举童生马建烈、清源县武举高连、凤台县武举童生李某以及汾阳县童生卞某冒用他人姓名入学开方便之门，共得贿赂1200多两。另有皇帝所不知道的是，喀尔钦与仆人合作买卖他人妻子，或为己用，或转卖他人。巡抚愤怒地斥责他“纵仆营私，违

[1] 《清高宗实录》，卷一百三十七，乾隆六年二月辛酉日条。

禁渔色，寡廉鲜耻，玷职负恩，莫此为甚”。[1]

五天之后，萨哈谅的初审结果更富条理地摆在御前。喀尔吉善条陈六大罪状，参奏萨哈谅贪污税银 7000 余两，纵容仆人多次敲诈勒索属官，又借用蒲州府知府赵某一头花骡子不还。更让人惊讶的是，萨哈谅对仆人贾某与两男子在家中先后“相互淫污”之事懵然不知。[2]

这些“实情”均是喀尔吉善在二月二十六日至三月初七之间上报的，扣去四天的来回时间，他最多用五天就审完了两件案子，还与皇帝预判的案情十分吻合，效率奇高。皇帝在钦差杨嗣璟赶赴山西当天，公开发布上谕称“山西布政使萨哈谅、学政喀尔钦秽迹昭彰，赃私累累”“实朕梦想之所不到”[3]，认定二人的贪污行径。杨嗣璟虽被勒令“严审”，但也只需在此基础上再审出详细案情即可。喀尔吉善则面临失察的处分。

通常情况下，地方在任日久的督抚在遇到要案之时，先会自审，赶在皇帝关注之前把案情剧烈程度降至最低，皇帝若后知后觉，就能减轻处分。喀尔吉善的倒霉之处在于，皇帝比他更早知道了萨哈谅的贪腐劣迹，他没有机会大事化小，好在皇帝认可了他的审判，他也没有必要瞒骗。因此，面对代表皇权的钦差杨嗣璟，萨哈谅即便有冤情，翻案成功的可能性也微乎其微。

不过，萨哈谅还是试图努力自辩，对于 7000 余两的贪污税银指控，他只承认 1600 余两。而仆人勒索属官钱财、伙食费之事，他一概表示受了蒙骗。他说，仆人告诉他，这些银两“原说是情愿送的”，“犯官教他们分用，并吩咐他们不许勒索。谁知他们竟是扣留的，如今审出才知，

[1] 喀尔吉善：《题为特参败检淫佚之学臣等事》，乾隆六年三月初二，清宫档案。

[2] 喀尔吉善：《特参贪婪不职之方面大员以正官邪事》，乾隆三月；喀尔吉善、杨嗣璟：《奏报审拟参革布政使萨哈谅一案事》，乾隆六年四月二十一日，清宫档案。

[3] 《清高宗实录》，卷一百三十八，乾隆六年三月癸酉日条。

这是犯官的罪，犯官并未入己”。这与仆人关于他“知情”的口供相冲突。至于借用蒲州府知府花骡子不还，萨哈谅只说原来是让他帮自己买的，并非无故扣押下属财物。[1]

这些指控，萨哈谅均予以否认，他只承认仆人与两男子在家中淫污，这是“失察之罪，实不敢辩”。但要命的是，萨哈谅的自辩仅有口供，拿不出任何能自证清白的物证，唯税收文书支持了赃银1600余两的陈述，但显难改变贪污事实。所谓“乘势吓诈”属员、霸夺财物，均只依多名证人的口供就被证实。

乾隆六年七月，刑部作出裁决，初参罪名全部成立，议以“监守自盗罪”且“侵盗钱粮1000两以上拟斩监候”律论。[2] 皇帝盛怒之下，骂萨哈谅“尤属巧诈”，似对其自辩的回应，但在拒绝大臣绞立决的提议后，拟斩立决，解部关押，秋后问斩，又似在预留余地。至于学政喀尔钦，早在乾隆六年五月即已决定，按雍正时“俞鸿图案”例处置，“押解来京正法”[3]。

山西省领导班子里，新任巡抚喀尔吉善在此案中的结局最好，此前因失察被议革职，皇帝以其到任不久，“宽之”，未受任何处罚，山西吏治的烂摊子还需他收拾，皇帝亦寄予厚望：“但自今以后，晋省吏治，全问之于汝，二三年后，若无起色，汝其慎之。”[4]

[1] 来保：《题为会议参革山西布政使萨哈谅婪收加平勒索属员等款一案依律定拟请旨事》，乾隆六年七月十二日，清宫档案。

[2] 同上。

[3] 来保：《题为会议参革山西学政喀尔钦贿卖文武生童纵仆营私违禁渔色一案依律定拟请旨事》，乾隆六年五月二十九日，清宫档案。

[4] 《清高宗实录》，卷一百四十三，乾隆六年五月辛巳日条。

## 四天五名官员的落马速度

皇帝对萨哈谅作出最终处罚之前，山西弊案已经上谕传布帝国官场。作为反面教材，它被用来训斥监察体系的失灵，用来鼓励官员查办浙江巡抚营私受贿案。而在江南水利办理情况的奏折上，它又是皇帝信手拈来的绝佳警语，“近布政使萨哈谅、学政喀尔钦皆以贪赃之故，朕将置之重典以警其余，汝二人亦宜慎之”[1]。另可借此推动全国性的反腐，监察官员被要求对“各省有关民生利弊之事，俱当留心访察，一有确据，即指实纠参”[2]。

压力最大的显然是山西巡抚喀尔吉善，萨哈谅事发后，皇帝给该省贴上了“吏治废弛”的标签：“山西地方，自石麟为巡抚以来，因循旧习，吏治废弛……贪黩者常多，廉洁者常少。”警告“巡抚喀尔吉善，毋得徒事文告，而不实心奉行，以致属员阳奉阴违”。如果一二年后，“朕倘有所闻，当特遣大臣，彻底清查，水落石出，必将大小官员，从重治罪”，“彼时不得谓朕办理过刻也”[3]。

可以说，山西省反腐或查办官员的成绩如何直接关系到谕旨的执行力度。喀尔吉善的确很努力，但皇帝总是不满足。乾隆六年五月三十日，喀尔吉善参奏平阳府知府章廷圭不法。皇帝怒斥：“不特此也，刘士铭声名亦平常，汝知之乎？总之晋省吏治废弛已极！”[4]六天后的六月初五，喀尔吉善再往前一步，四天内一口气查出五名知府或知州有问题，效率再创新高。月底，他汇报到任成绩时，称“到任以来严查地方陋规，凡有玷官方，有累民生者，搜剔禁革”。皇帝却并不买账，“此非一奏所能

[1] 《清高宗实录》，卷一百三十九，乾隆六年三月甲午日条。

[2] 《清高宗实录》，卷一百四十三，乾隆六年五月辛卯日条。

[3] 同上。

[4] 《清高宗实录》，卷一百四十三，乾隆六年五月癸巳日条。

了事者也，须实力永远行之”。[1]

喀尔吉善继续查案，所办官员层级越来越高，也越来越愿冒风险。潞安府知府刘泽民是其亲自从忻州知州任内提拔而来，然而喀尔吉善发现，刘泽民任知州期间倒卖税粮、克扣商人货价，巧立诸多附加税，又在一起强奸案中明显偏袒施暴方，威逼受害方改供，“民以为冤”。不仅如此，刘泽民还送给萨哈谅 81 亩良田。[2]

皇帝立即撤了刘泽民的官。乾隆六年九月，喀尔吉善越战越勇，举报三品官、河东盐运使博启图“贪鄙婪索”，后者反击喀尔吉善诬告。皇帝派出钦差审后得知举报属实，喀尔吉善立功了。而全国同僚也在帮山西的忙。乾隆六年八月，山西新任布政使吕守曾被查出在浙江任职期间贪污受贿，两江总督那苏图也告诉乾隆帝，山西新任按察使吴龙应在武昌道内克扣库银。

反腐成就四面开花，致使山西官缺十分严重。自喀尔吉善到任以来，截至乾隆六年八月，至少有 18 名官员落马，若加上主动辞职的官员，至少有 26 名官缺等待补齐。乏人如是，皇帝不得不考虑轻惩官员。如泽州知府李肖筠、汾州知府张坦让，因对喀尔钦弊案负有“防范不严”之责，吏部建议革职。皇帝考虑到“山西知府降革者甚多，尽行更换新任之人，恐于风土民情未能熟摺”，再加上喀尔吉善大赞二人“办事实心、老成历练，实系知府中杰出之员”，特开“格外之恩”，“革职留任”，戴罪办事。[3]

---

[1] 《清高宗实录》，卷一百四十五，乾隆六年六月壬戌日条。

[2] 喀尔吉善：《题为详情调补太守牧各官以收得人之效事》，乾隆五年十一月初七；《题为特参潞安府知府刘泽民侵扣枉断营求勒索请旨革职严审事》，乾隆六年七月十六日，清宫档案。

[3] 《清高宗实录》，卷一百四十八，乾隆六年八月庚子日条。

在乾隆六年五月发给喀尔吉善的朱批上，乾隆帝只给他两三年的时间整肃吏治。随着七月萨哈谅案结，喀尔吉善的反腐动作亦变得不那么激烈，九月参奏博启图是其最后一战，接下来一年内，查案已经让位于频繁的人事调动。

皇帝对此较为满意，乾隆七年九月他收到一份喀尔吉善的丰收喜报，遂批示“欣慰览之”，冬至后可来京“陛见”。然而喀尔吉善没等到陛见的那一天，当年十二月十四日，他被火速调往安徽担任巡抚处置赈灾事宜，结束了山西两年胆战心惊、鸡飞狗跳的巡抚任期，吏治整顿成效如何再无人问起。

## 汉官的疑问

山西腐败为何如此严重？贪官的贪腐手法并不特出，勒索属官、商人，克扣税粮、库银，受贿徇私等都能在其他任何一省找到相应情节。

特殊之处或许在于山西的省情。该省处于中原农耕与西北游牧区的分界线上，大清一统，废长城而不用，但地域上仍有明显区隔，驻扎塞外震慑蒙古的数十万清兵及蒙古牧民需要粮食、布匹、食盐。而山西省境内的归化城又处于通往塞外的关键驿道上，交通便利，渐成塞外乃至整个西北地区的贸易枢纽。著名的“晋商”乃至皇室人员在此经营长途贸易，商业十分繁荣，官员想牟利并不难。山西又是较早实行火耗归公的省份之一，在当地官场，大量正税之外的附加税被用作养廉银，官员在附加税之外再加附加税的手法比其他省份用得更早，积弊更深。萨哈谅被控的罪行之一就是侵夺税银，而喀尔吉善上任查办的第一个官员就来自归化城。

让乾隆帝措意山西吏治的契机并非偶发。事实上，萨哈谅在被举报之前，皇帝已有拿他问罪的先兆。萨哈谅调任山西按察使，本就是皇帝不满他在任广东布政使期间趋奉两广总督鄂弥达的结果。但在两封君臣二人秘密交流的奏折上，萨哈谅矢口否认，且又多次回避这一话题。在一份谢恩折上，他分析调任乃是“因即就近迎养，得以母子相依”[1]，方便照顾老母亲的缘故，罔顾皇帝“调汝山西原谓汝趋奉鄂弥达耳”的明确提醒，似乎并不知错，皇帝甚为恼怒，他指责萨哈谅此举“甚属无知！”训斥他“汝向来取巧之念，全然未改，奈何！奈何！”[2]骂他为“怙恶不悛之小人耳”。萨哈谅遭重责，两个月后，“顺利”出事。从这点上说，山西的萨哈谅弊案可谓两广总督鄂弥达案（纵容仆人侵占煤矿）向山西省宦海投出的一颗石子。

萨哈谅最终没有被问斩，他撑到了乾隆八年，如数交齐赃款，减免死罪，最终发配边疆。乾隆一朝再无萨哈谅的官方记录，可见该案影响不容小觑。由于萨案中被参的高官均是满人，它引发了汉官对满人是否胜任地方大员的质疑。

乾隆七年十月二十七日，山西人、工科给事中杨二酉奏称“满洲用为外任，恐伊等于子民之道多未讲习，有失闲检，顿罹罪，殊为可惜”。他认为满人素质较低，不好再派去外地当官了。作为有满人血统的皇帝，乾隆的反应可想而知，但他采取发布上谕的方式公开反驳，颇有乃父之风。驳斥主要有这么几点：

1. 满人以前数量少，只够当京官，现在人才多，就任地方官，正好可以学习做官。

2. 京官也能做好地方官，调其外任，并非为考虑满人的生计。

3. 满人不懂得“子民之道”，汉人也一样要求幕宾帮忙。

[1] 萨哈谅：《奏为奉旨补援山西布政使谢恩事》，乾隆五年十一月十五日，清宫档案。

[2] 萨哈谅：《奏为钦承圣训辞严不胜战慄惶悚再沥愚忱事》，乾隆五年十二月初七，清宫档案。

4. 现在任用的满人比那些衰老、迟钝的汉人进士强得多。

5. 汉人贪官更多，但并不妨碍任用汉人。杨二酉心存满汉歧视。

皇帝极尽所能为满人辩护，但最终承诺，满人外用前先行考试，文理不通者弃之，即在变相承认的确有些满人素质不行。这个决定并不容易，要知道，地方总督级的封疆大吏多是满人担任。又由此可见，即便在满人权力最强大的盛世，汉人的优越感仍足以提醒皇帝卑怯的身份意识，触发“满汉之争”。杨二酉没有受到任何惩处，他的奏折让皇帝公开讨论满汉差异，再次暴露了帝国内部的满汉紧张关系，使这起本来极为普通的山西弊案，变得并不普通。

# 治洪的利益算计

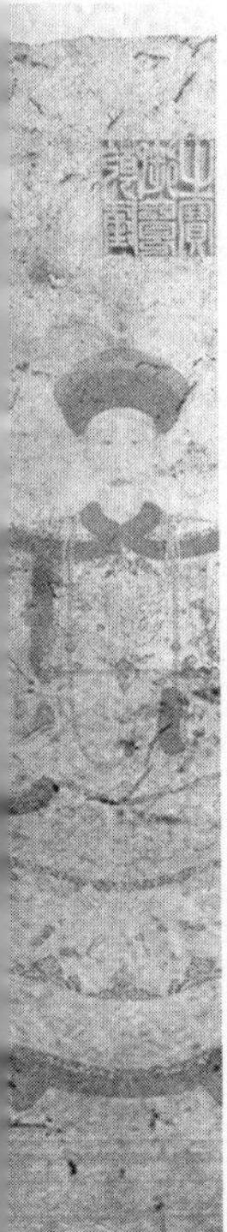

1742 年（乾隆七年）一定让皇帝头疼。这一年的六月，淮北地区（安徽北部、江苏北部）洪水肆虐。

由直隶总督、江南河防总督、两江总督、安徽和江苏巡抚组成的豪华治水团，进驻灾区。对于造成水患的原因，他们的结论不同，在如何疏导洪水的问题上更是争论激烈。

虽然皇帝最终作出了偏向江苏的裁决，“牺牲”了安徽的利益，但江苏的洪灾亦未能减轻。考虑到该地区特殊的河湖结构，淮北某种意义上为更高层级的利益让了步。

## 洪水两年一遇

乾隆七年六月，江南暴雨，流经江苏、安徽的黄河、淮河以及苏皖交界处的洪泽湖水势大涨，“淹没田禾”[1]，涉灾范围极广，江苏淮安府、徐州府、扬州府的 19 个州县，安徽凤阳府、颍州府的 17 个州县，一片

[1] 《清高宗实录》，卷一百七十一，乾隆七年七月丙戌日条。

汪洋。

洪水到来之前，这些地区并没有作好防洪准备，直到四月仍在治愈上一年的洪灾创伤。蠲缓钱粮、分发救济粮、借给粮种、督促春耕，总是上谕与奏折的热门话题。然而朝廷表示的关心，更多只是停留在纸面上。

乾隆七年四月，刑部侍郎周学健报告乾隆帝，上一年灾后大量官员因渎职、贪腐被罢，导致救灾体系运转不灵。江苏的沛县、铜山、宿迁甚至一年内连换三个知县，新官难以在短时间内熟悉灾情。有些地方的县令还是由此前并未涉足州县治理的“河员”担任，这些人“无论署印之员，自知非久于其任，不过粉饰一时”，官员们赈灾，多“临时仓皇，自不得不授权于胥吏，假手于约保，因之冒滥遗漏，百弊丛生”。[1]

不仅如此，新的救灾行动又滋生了新的贪腐行为。官员与胥吏为避讳灾情，少报灾民人数；并非赈济对象的士绅与胥吏冒充灾民领取钱粮；在江苏，山阳、阜宁、清河、桃源等地的胥吏与保长强行索要饥民赈粮领取凭证，若强索不得，竟故意遗漏登记。阜宁县的地方士绅为领取更多赈济粮，竟出奇招——唆使妇女“胁官求赈”“出头冒领”[2]。

这些弊情，乾隆帝都已经通过别的管道知晓，他承认极少数“奸民，恃众逞刁”，需要整顿官员“以为上司讳言灾荒，遂承奉意旨，以重为轻，以多为少，上下相蒙”的恶习，不过办法也不多，唯再遣钦差大臣进驻当地指挥而已。[3]

可以说，在七月的洪水来临之前，官府的救灾效果并不佳，而防洪

[1] 周学健：《奏为敕令两江总督甄别现任凤颖泗淮徐海各府州牧令等事》，乾隆七年四月二十四日，清宫档案。

[2] 陈大受：《奏为确查胥役地保需索饥民册票等严拿确究尽法重处勒追并查参故纵之地方官事》，乾隆七年五月初七，清宫档案。

[3]《清高宗实录》，卷一百六十三，乾隆七年三月戊子日条。

硬件设施亦未复原。直到乾隆七年四月，两江总督以及安徽、江苏的地方官多次向皇帝报告亟应堵筑之处。如沛县缕水堤“漫开决口，直入沛境，亟应堵筑”，“邳州境内沂河，旧有护堤，经梅家道口冲开六处，新城三面被淹，亟宜补筑”，“阜宁县境内之郭墅湖”是泄水要道，然而“久经淤平”，“亟宜开通”。五月，洪泽湖的淤塞仍未缓解。[1]

及至六月，河水大涨，上年未堵住的堤坝为洪水“指明”了流向，“上下两江去年受灾之所，六七月间复被淹没田禾”[2]，一切都已经来不及，灾而复灾已是普遍现象。

## 冲突的种子

最初，大水淹及州县时，江苏的部分多在黄河沿岸，安徽的部分则多在淮河及其支流沿岸。36个州县之所以“水潦频仍”，不仅因该地域河流众多，地势低洼，还因独特的河湖结构。

该区域第一大河并非淮河，而是自河南而南下的黄河，两条河流共享一条出海河道，交汇处称为“清口”。“清口”的南边连着洪泽湖，以东是江苏淮安府的兴化、泰州，以西是安徽的泗州、颍州，以南又有一条水道连着高邮湖。淮河流经安徽，往东北方向注入洪泽湖，湖水在东边被高家堰大堤拦住，构成安徽与江苏的边界。

这套湖泊系统对黄河意义重大：不仅能分掉一部分黄河水，还能延缓水流，沉积泥沙，减轻河床淤积，在大涨之时特别能减轻水患。“清口”处的泥沙虽然会阻挠淮河出海，但等淮河水涨之时，自然会被水力冲掉，恢复原样。同时，淮河又能借抵住洪泽湖湖水的高家堰大堤加强水力，“敌

[1] 《清高宗实录》，卷一百六十五，乾隆七年四月丁未日条。

[2] 《清高宗实录》，卷一百七十一，乾隆七年七月癸未日条。

黄”入海。[1] 这就是明万历年间治水专家潘季驯提出的“蓄清刷黄”策略，清代治水官员奉为圭臬。乾隆七年六月的洪灾中，江苏、安徽两地巡抚及其上司两江总督，乃至钦差大臣，均未怀疑其正确性，多在此框架中寻求疏导办法。

然而，“蓄清刷黄”策略奏效的前提是“淮弱黄强”或“淮强黄弱”，若遇上“淮强黄强”以及泥沙沉积、水利设施老化的情况，周边地区随时会有水灾之虞。在潘氏的指导思想之下，地方官做得最多的是不断加筑高家堰大堤。

不料，高筑的大堤却在上下游、湖西湖东民众的心中埋下了冲突的种子。对上游的安徽人来说，高家堰大堤堵住了淮河的泄洪口，湖水很容易倒涨安徽周边。相反，江苏人则视大堤为防洪利器。简而言之，“上河之利，在开闸减水，下河之利又在上河之不开闸、不减水”[2]。所以，自明中后期以来，“淮扬之人资其保障，而泗反病，遂归咎堰”，直到大清建国初还“纷纭聚讼”[3]。矛盾异常尖锐。

乾隆七年六月的暴雨恰好导致“淮强黄强”，“水势异涨”“淮黄交涨”是朝廷的共识。为了泄洪，为了防洪，江苏、安徽的官民又习惯性地将目光投向高家堰大堤，两地上空升起了又一轮堤坝该不该放水的舆论阴霾。

## “常识”引发争议

冲突首先在民间开始。乾隆七年七月，安徽泗州乡民数十人请求开启洪泽湖分洪区——高邮湖的昭关坝，地方官劝退后，第二天，乡民暗

---

[1] 潘季驯:《河防一览》，卷三，《淮南》。

[2] 详见《中国地方志集成》之《泗州志·洪泽湖图》。

[3] 同上。

中开挖湖堤放水，而下游的江苏“乡民”赶来阻止，双方发生械斗，“各有数人受伤”。乾隆帝知晓此事后发布的上谕颇有意思，他指出，“湖西刁民但顾自己禾苗，不顾下流田庐之淹浸，希图盗开……大干法纪”[1]，明显偏向下游百姓。

而在安徽巡抚张楷看来，围绕洪泽湖以东修建的堤坝，恰是造成安徽凤阳、颍州、泗州地区大灾的直接原因。他认为，频发的水灾已倒逼这些地区修建了良好的水利工程，而且淮河支流的河床不像干流那样高于平地，所以从前虽然常有灾害，“然每次不过数州县”，此次大灾，“实因淮水下流，不能迅趋入海，洪泽湖每年开放之天然坝，闭塞不通，滚水闸又复加高，以致壅滞难消泛滥为害，此其积潦之由，不在安省而在下游，不在支河而在二渎”。他还指出，之前“天然坝”每年开闸放水，这次理应“宣泄如旧”。[2]

此议遭到进驻两江地区的钦差大臣高斌强烈反对，在九月一份回复皇帝询问的奏折中，高斌否认了张楷提到的原因：“此安省人之私言，不独不为淮扬计，亦并不为淮黄计”。他认为，安徽遭灾主要是“天雨过多，山水大发”所致，大水注入洪泽湖，湖水上涨，并没有倒灌逆流。即便是离洪泽湖最近的“泗州”，“犹顺流直下”，更何况离湖泊数百里之遥的凤阳府、颍州府，所以，打开洪泽湖闸坝泄洪并不能缓解上游洪水，反而会让下游百姓遭殃，黄河水借湖水力缓之际倒灌入湖，“天然坝之必应永闭不开，以免下河淹漫之患，毫无疑义”。[3]

与高斌意见之坚决不同，时任两江总督德沛似乎有所保留。早在高斌向皇帝报告之前一个月，德沛就曾向皇帝建议，高家堰大堤的确不能

---

[1] 《清高宗实录》，卷一百七十一，乾隆七年七月癸酉日条。

[2] 《清高宗实录》，卷一百七十四，乾隆七年九月己未日条。

[3] 高斌：《奏为遵议今年湖河为患缘由及应如何办理事》，乾隆七年九月二十三日，清宫档案。

轻易打开，然而“如遇水涨，洪泽湖实难容纳”，高邮湖上的三处堤坝可以“逐渐开放”，“及至异涨，天然坝不得不开”，泄洪可以，但必须提前几天通知下游民众。[1] 此前，高斌任江南河道总督期间，曾主持兴修了淮黄水利工程。这次洪灾降临，其之前的政绩备受质疑，于是“浮言蜂起”，“指灾为证”，其不开堤坝泄洪的举措，令“中外哗然，纷如聚讼”，在民间引发极大争议：

> 有言运口改坏者，有言洪湖淤垫者，有言天然坝不应闭以致湖水倒漾者，且有言天然三坝改低三尺者，又有言山盱三滚坝复又加高者，有言高邮三坝下应接筑两堤直达于海者，有言海口淤塞者，有言云梯关明季防倭之梅花桩至今未除者，且有言大通口宽仅八十三丈者，有言灵璧五湖应加挑深广者，今又有言五湖原系低田名虽为湖而实非湖者，有言黄河淤垫应行疏浚者，有言毛城铺不应开者，今因石林口过水太多，又有言毛城铺不应闭者。[2]

这些欲突破“蓄清刷黄”框架的意见在当地市场不小。高斌称“学士大夫倡之，下吏之沽名者扬言之，大吏之未谙者轻信之”，但在他看来皆是“种种谬论，以讹传讹，离奇矛盾”。

“离奇矛盾”的建议未必无效。高斌上折报告前一个月，两江总督德沛向皇帝提及，大水猛涨之时，江南总河总督完颜伟因担心高邮湖堤坝冲垮，特将包括“永闭不开”的昭关坝在内的四处堤坝放水，下游虽

---

[1] 《清高宗实录》，卷一百七十三，乾隆七年八月戊申日条。

[2] 高斌：《奏为遵议今年湖河为患缘由及应如何办理事》，乾隆七年九月二十三日，清宫档案。

然“一片汪洋”，但安徽上游“止灾于庐舍田园”[1]，缓解了水情，并不像高斌鼓吹的那样，下游即便放水，上游也未必可救。

其实，下游放水，上游减水，这是常识。高斌之所以视而不见，皇帝之所以后来接受了其不开洪泽湖堤坝的意见，并不是不懂常识，朝廷如此作为，其实有别的目的。

## 为了朝廷利益

面对开不开闸放水、淹江苏还是安徽的争议，皇帝一开始便有很强的倾向性。

乾隆七年七月，安徽泗州乡民前去高邮湖挖堤，乾隆帝怒斥“湖西刁民但顾自己禾苗，不顾下流田庐之淹浸”，明显偏向江苏民众。又德沛向其建议，洪泽湖容纳不了湖水，不妨开堤坝三处泄洪，并提前通知下游民众。皇帝也拒绝之，理由是不到万分危急不能开堤坝“纵其淹没”，开闸前提前通知也不行，因为这会坏了泄洪的工作。他以黄河古沟决口为例说：

> 民情刁悍，只知为己，不知为人，即如今年古沟之决，使先谕高邵之民，高邵之民，必将以为护未急之淮扬，而先殃我现成之百姓，万方阻止，何以办理耶？[2]

---

[1] 德沛：《奏请特颁谕旨凡属应赈灾民务须将大小口数据实造册不得仍踵前弊事》，乾隆七年八月初二，清宫档案。

[2]《清高宗实录》，卷一百七十三，乾隆七年八月戊申日条。另，乾隆七年九月江苏布政使安宁告诉皇帝，江南河道总督完颜伟开放高宝湖三坝，未能提前通知下游民众，其中提及：“即使晓谕，亦属无益。况下游民人，一闻田地将淹，其肯安心受患？势必群起争斗，徒滋事端，诚如圣明远照，必致阻挠生事也。”可见其维稳思维。

如今视之，提前通知民众起码能挽救民命，不失为良策。然而皇帝为避免出现某一方阻止的情形，竟横加拒绝，一方面可视作维稳需要，另一种可能的解释是，他试图有选择性地让某一方受害。具体到这次洪灾的整体考量，皇帝拒绝开放洪泽湖大堤，选择维护的就是江苏一方的利益。这一利益，便是对朝廷财赋输送至关重要的运河水道。[1]

自明代中后期以来，江南已是朝廷财赋重地，来自长江中下游的盐税与田赋，通过大坝以东的京杭运河，陆续运往京师。如果大坝开闸泄洪，势必会影响到运河河运，帝国粮船、盐船将有倾覆之忧。为维护运道，洪泽湖畔的堤坝只能加筑，不能降低，更不能开闸（乾隆帝又派重兵把守高家堰，防止安徽民众毁堤；后来的六次南巡，视察高家堰是其保留项目）。乾隆帝还搬出了“昭关坝永闭不开”系“历来定例”的说辞，说明这是历朝共识，以堵住反对者的嘴。

可以说，为保住财赋运道，广袤的淮北地区事实上已成为泄洪区。

皇帝并没有将此挑明，仍嘱咐高斌统筹资源，尽量做到既不开堤坝又缓解安徽水情。后者的办法是，在洪湖下游的陆上建设水道，引导积水出海。这已是大灾之后的亡羊补牢之计，正当皇帝与大臣们讨论是否开坝之时，淮安府兴化、泰州、盐城地区“一片汪洋”，洪水来自洪泽湖、高邮湖。邻居安徽的水防不住，而东边的运河堤坝是否又能防住呢？并不能。江苏布政使安宁在乾隆七年九月告诉皇帝：“查本年七月间，古沟决口，湖水奔注，运河东岸堤工，到处漫溢，不唯上河田地俱被淹浸，即扬州府城，亦将浸灌。”[2]运河水与洪泽湖水双重夹击之下，下游与上游民众同样受难。

---

[1] 马俊亚：《被牺牲的“局部”：淮北社会生态变迁研究（1680—1949）》，北京大学出版社，2011年，第117页。

[2] 安宁：《奏为奉旨查明南河总督完颜伟开放三坝确是不便预行晓谕事》，乾隆七年九月二十六日，清宫档案。

## 余 话

上下游偏执一方利益而起的堤坝泄洪之争，最终没能敌过汹涌的洪水。洪泽湖东边的高家堰堤坝开还是不开，本应在更高层级进行统筹疏导的局面没有出现。即便有疏导方案，在灾而复灾的淮北之地，亦难付诸实施。早在洪水来临前两个月，乾隆帝就明白，苏州巡抚许容“曾言每年若费银二三百万两，自然水患可免”，乃是其“思借工程以为开销钱粮计”，借兴修水利贪污经费罢了，他并不完全信任官僚机器。[1]

若从皇帝的角度考虑，保住帝国财政输送管道显然比驱动官僚免除水患更值得注意。既然大灾不可避免，稳住东边大水不影响运河运道就是重中之重，在“财赋”与“民命”之间，标志性的洪泽湖堤坝高家堰构建了一个非此即彼的选项。朝廷选择了“财赋”，把“民命”交给了民众。于是，每逢汛期，上下游民众的紧张与冲突便爆发，循环往复，直至清亡。

[1] 《清高宗实录》，卷一百六十七，乾隆七年五月庚辰日条。

# 朝廷的面子

光荣革命近一百年后，英国军事力量第一次与清廷亲密接触。1742年6月至1743年12月，英国“百夫长号”舰队游弋在广东海面，停留了一年多。在此期间，朝廷地方官与舰长乔治·安森（George Anson）及其两百多名船员相处得很糟糕。前者认为“英夷”安森“狡黠”，后者指责清廷官员奸诈、自私、逐利。

这是一次失败的交流，安森离开广东海面后，双方走了不同的路。安森回到英国出书，将中国的坏形象传遍欧洲。远在北京的乾隆帝并未觉察“英夷”的行动有何异常，“英夷”仍旧还是“夷”。

## “英夷”来了

英国“百夫长号”在乾隆七年来中国并非计划之内的事。这艘兵船没有必要到广州与清廷做贸易，它的使命是攻击西班牙在世界各地的军事力量。

来到广州之前，舰长安森曾带领其他五艘船在南美洲击败过西班牙，轻易胜出让他自信心爆棚，也给了他极大的冒险勇气。他决定去往马尼拉，攻击被中国人称为“吕宋人”的西班牙人。继北大西洋到南大西洋，安森需要完成一次从南太平洋到北太平洋的跨越之旅。

一路上，最大的凶险不是各国殖民者的贪婪与抢劫，而是海上疾病。抵达马尼拉附近时，“百夫长号”的船员因患坏血病相继死掉不少，生者又缺水少食，五艘舰船仅剩旗舰，攻击力孱弱。于是，安森放弃直接攻击马尼拉，而是顺着1742年冬天的季风，漂到了澳门海面，请求中国补给、修船。东莞知县印光任请示了两广总督策楞后，“准令寄泊采买木料”。第二年（1743年）4月，安森“修竣开行”。[1]

此次事件，包括《清高宗实录》在内的中方史料，大多只记其大概，多以“英吉利国巡船遭风，漂至澳门海面，遣夷目至省城救济”[2]之类的表述带过，不像英方史料记载得那么丰富曲折。美国史学家马士（Hosea Ballou Morse）查阅英方特别是安森的回忆录后发现，安森本想直闯虎门，因担心违反中方法令，“不愿事情发展到极点”，遂决意乘坐小艇去广州见总督请求支援，但被澳门地方官阻止。安森威胁“如果在二十四小时之内得不到准许，他就准备把‘百夫长号’的驳艇武装起来强行进入广州”，“这才得到了准许”。进入广州后，英商代表劝告他，不要试图求见总督。“他通过商人取得修理船只及采购伙食的准许”。[3]

二者史料详略之不同，可见各自关心之处。

于中方而言，“英夷”有求于我，“准许”不过是“抚恤”，赐予恩惠，再正常不过。隐去英方武力威胁一节（如果属实），地方官考虑的是，若向皇帝道出实情，随时都可能被问个渎职之罪，所以显得很“低调”。于

[1] 策楞等：《奏闻英国被风哨船飘至澳门已令移泊四沙折》，乾隆八年七月初二，清宫档案。

[2] 梁廷枏：《海国四说》，卷五，《英吉利国》，中华书局，1997年，第231页。

[3] （美）马士：《东印度公司对华贸易编年史（1635—1834）》，区宗华译，中山大学出版社，1991年，第286、287页。

英方而言，安森首次来华，此前所知的中国，皆是耶稣会士利玛窦等人传播的有礼、有德、文明发达的中国，但他所期待的中国人热情导航的场景并未出现[1]，反而是漫长的等待——他等了近半年才获准上岸，他所看到的中国是新鲜的、不合理的、叫人愤怒的，强烈的反差足以激起强烈的倾诉欲望。

但对安森来说，这还不是最糟糕的待遇。对澳门地方官及其上级而言，棘手的事也尚在后头。

1743 年（乾隆八年）4 月离开澳门后，“百夫长号”在菲律宾海域俘获了一艘往来墨西哥与菲律宾的西班牙大帆船，船上载有价值 150 万英镑的货物[2]。6 月，安森等人再次漂至澳门并直闯虎门。

这次，他要求补给回英航程所需的所有物资，还铁了心要见总督。两广总督策楞准备派兵打一仗，被布政使讬庸拦住，后者告诉策楞，他有武力之外的手段，能使英夷“奉表进贡，献所俘五百人，请公处分”[3]，便派了东莞知县印光任前去拦截。在虎门海面，抱着对“夷酋”的想象，印光任与愤怒的“百夫长号”舰长进行了短暂交涉。

## “天朝柔远”

据散文家袁枚为印光任写的传记，英军乘着“二巨舶”，“卷发狰

[1] 张国刚：《从中西初识到礼仪之争：明清传教士与中西文化交流》，人民出版社，2003 年，第 174、176、177 页。

[2] （美）马士：《东印度公司对华贸易编年史（1635—1834）》，第 286、287 页。

[3] 袁枚：《小仓山房诗文集》，卷八，《记富察中丞四事》，上海古籍出版社，1988 年，第 1343 页。

狞”“兵械森列”，擅闯虎门，“莞城大惊”[1]，“中国渔舟，围之盈千”[2]。

由于印光任此前答应总督“愿亲往说降之”，便叫上一名译者，乘坐一艘小艇，来到“二巨舶”前。经过一番交流，他获悉“英夷与吕宋仇杀”[3]，特别留意到船上的500名（一说200名）西班牙战俘“呼号乞命”，也知道了安森需要工匠与粮食，有求于他，遂心生一计。他回去禀告总督，建议以补给为筹码，“先粜以饥之，再匿船匠以难之”，从而“制其死命”。[4]

按照袁枚的叙述，“英酋果大窘，不得已，命其头目叩关求见”，印光任晓以大义：

> 天朝柔远，一视同仁，恶人争斗，汝能献所俘五百人，听中国处分，则米禁立开，当唤造船者替修篷桅，送汝归国。[5]

必须将战俘交给中国处分，才能获得补给、修船，这是印光任的底牌，亦可见其在领海范围内解决国际争端的自主权意识。[6]策楞在乾隆八年七月报告皇帝，“化外夷人在于夷境犯事，天朝例不究问”，“两国兵船互相报复而格斗之处，亦在小吕宋地方，自应免其深究”，但这并

[1] 印光任、张汝霖修：《澳门纪略》，卷首，《传·广西太平府知府印公传》，第41-46页。

[2] 郭卫东：《转折：以早期中英关系和〈南京条约〉为考察中心》，河北人民出版社，2003年，第592页。

[3] 印光任、张汝霖修：《澳门纪略》，卷首，《传·广西太平府知府印公传》，第41-46页。

[4] 同上。

[5] 同上。

[6] 策楞等：《奏闻英国被风哨船飘至澳门已令移泊四沙折》，乾隆八年七月初二，清宫档案。

非现代国际法中的概念，而仍是来自中国古代的“天下观”。[1]

在策楞看来，之所以多管西班牙战俘一事，乃是为了稳定边疆，“倘……不令将羁縻夷人释放，现在广州、澳门俱有吕宋夷商，亦不足以折服其心”，如果不勒令释放战俘，会引发西班牙商人的不满。答应补给，亦是基于类似考量，策楞说：“此时正值夏令天气，南风居多，押逐出口，势难归国，必致仍在附近外洋游行湾泊，口粮既绝，难保其必无滋事”，如果不给粮食，安森就会“滋事”，这并非“抚恤外夷，绥靖海疆之道”。[2]

“化外夷人”“抚恤”“绥靖”“羁縻”，这些词汇透出浓浓的天下观与朝贡体系认知，朝廷上下没有意识到英国人并非一般“夷人”，仍将其等同于几千年来居于中国周边“四裔”之地的未开化民族，抚恤、羁縻、绥靖乃是上国国策。

在中方的记载文本里，英夷的一举一动亦完全被装入这一认知框架，以符合历代夷人的形象以及朝廷的固有想象。袁枚写道，安森答应印光任释放西班牙战俘的条件时，“无可奈何伏地唯唯”，信奉天主教的西班牙人竟“焚香欢呼，其声殷天”。乾隆十五年官修的《香山县志》在描述交涉过程时，以印光任“谕以王章，诸夷畏服”一笔带过，体现居高临下的视角。

袁枚写的另一篇广东布政使讬庸的传记对印光任与“英夷”的接触有更详细的描写，更可见中国人眼中的典型“夷人”。见到“二巨舶”后，印光任与参将杨某以担心“红毛人”受奸民欺骗为由前来护航，“红毛人不解意去”，途中察觉粮食不足，于是返回。印光任顺势表明“欲断汝粮，饿死汝”的真实意图，红毛总兵“意大沮”，“伏地请”：“诚然粮尽，

[1] 郭卫东：《转折：以早期中英关系和〈南京条约〉为考察中心》，第 592 页。

[2] 策楞等：《奏闻英国被风哨船飘至澳门已令移泊四沙折》，乾隆八年七月初二，清宫档案。

然终非有心犯天朝也，公幸赦之，且教之”。[1] 印光任提出放人才可提供补给，“红毛人”同意，并提出见总督的请求，被拒，又请印光任代为转达，获准。双方最终达成交易，这时惊人的一幕发生了：

> 红毛人抱弩负杆，手加额，匍匐进表，贡所俘五百人，乞制府（总督策楞）处分。[2]

熟悉英国大使乔治·马戛尔尼见乾隆一事者便知，双方曾为下跪礼仪争论不休，安森虽仅为英国一舰长的头目，但也万万不会如此屈就一名知县，行“手加额”“匍匐”这一极富中国特色的以下事上之礼，细节极有可能经过了传主本人或家人的加工。而“加工”之举恰说明，在袁枚及其同时代人的认知中，夷人向大清官员递交文书就该这样行礼，“英夷”亦应如此，并无不同。

多数同时代的大清臣民极可能相信以上叙述，虽然只是真相的一部分。事实上，安森等人的回忆充满抱怨与委屈，并非中方官员所描述的那般“情词恭顺”[3]。

## 总督的面子

与中方带有浓厚天下观色彩的记述不同，安森等人留下的史料多描述亲身经历。当乾隆八年七月抵达广州虎门时，安森遇到的第一个难题并非补给，而是地方官提出的“纳税”要求。按照规定，凡在广州进行

[1] 袁枚：《小仓山房诗文集》，卷八，《记富察中丞四事》，第 1345 页。

[2] 同上。

[3] 策楞等：《奏闻英国被风哨船飘至澳门已令移泊四沙折》，乾隆八年七月初二，清宫档案。

的中西贸易，商船必须缴纳关税。安森一再表示，战船不同于商船，船上的物资并非货物，而是战利品。一番谈判后，安森答应释放西班牙战俘，保留物资。作为交换条件，地方官同意提供食物。

然而据安森回忆，他足足等了两个月也没见官员履约，最后逼急了才闯入广州港求见总督，总督再行拖延，要他等到九月天冷之后再说。九月底仍无消息，安森闯入广州城，一边督促商人运送补给品，一边等待总督。十一月底，安森焦急地等待官府发放货运许可，亦无消息。[1]

此时广州城发生火灾，安森指挥士兵救火立功。总督主动送信请安森一晤。在去总督府的路上，“清军万人夹道，以示威武”[2]，关于会见情形，1834 年出版的《中国、大纲、等》（*China*，*An Outline*，*C.*）写道：

> 会面时，海军司令表示他的求见及供应都受到阻碍，他又指出不列颠商人在贸易上所受的困苦勒索，并希望总督下令禁止今后再有同样的事发生。关于这个问题，没有得到直接答复。过了一会，通事说，他不相信会有任何答复的。这次会面，以总督祝海军司令平安返航欧洲而结束。

可见，安森见总督，最重要的议题之一是请求禁止英商在贸易上所受的“勒索”（一说要求免税），总督没有直接答复。美国历史学家马士翻阅英方史料后这样描述总督的心情：“当总督为感谢海军司令安森的协助时,他的心情是降格迁就的”,“一个军官竟然非难天朝的财政政策”,总督是“会感到突兀的”，当总督发现安森对他的说明“缄默”时，内

[1] 张国刚：《从中西初识到礼仪之争：明清传教士与中西文化交流》，第 174、176、177 页。

[2] 郭卫东：《转折：以早期中英关系和〈南京条约〉为考察中心》，第 592 页。

心是“感到愤怒的”。[1]

上述内容均未见诸中方当事人的任何相关材料，皇帝有可能都不知道总督会见过安森。十二月，安森最终得到了货运许可和总督的祝福，结束了一年多的不愉快经历。归国途中，当乾隆帝训斥广州府地方官未能及时发现安森船舶有失职守时，安森内心的抱怨也许悄然转变为愤怒乃至偏见。回国后，他的航行经历被写成《环球航行记》（*A Voyage Round the World*），畅销一时。西方读者全面接收到了安森传播的中国坏形象。

## 大清坏形象

安森及其船员充分领教了与清朝官员及百姓打交道的“复杂性”。

“百夫长号”停靠期间，发生了一起中国人抢劫英国军官案。安森报官后，官员先是不理。等安森偶然抓住了殴打人员，地方官才带着一副官架子现身，勒令放人。安森威胁枪毙打人者，官员忽然态度大变，卑躬屈膝请求放人，最终双方同意，归还财物，可以释放人质。

官员前倨后恭，转换之快，让安森心生疑虑，他认为官员默认偷盗者盗窃财物，二者结成同盟，若非担心事情闹大令上头知悉，知县不会这么快答应条件。这种官民同盟关系在另一起桅杆失踪案中亦得到鲜明体现。为找到桅杆，安森许下重金。很快，一名地方官找到了桅杆，他派牙人前来领取酬金，牙人事后私吞了钱财。因没有收到酬金，地方官借口登船视察，安森答应再给一笔，地方官答曰不必。第二天，牙人遭到抢劫，又被打了一顿屁股。原来，牙人从安森那里拿到了2000元，给地方官的只有50元，地方官不忿，于是狠狠地惩罚了他。

[1]（美）马士：《东印度公司对华贸易编年史（1635—1834）》，第286、287页。

上述两案给安森的印象是，中国人“惯于偷窃、毫无诚信”。不仅如此，安森还瞧见了平民匪夷所思的造假与欺诈：

给活的鸡鸭填塞石块和砂砾，给猪肉注水，喂活猪吃盐以迫使它们口渴而大量喝水，知道欧洲人不吃病死的动物，中国人便做手脚，使安森买上船的禽畜很快死亡，当船员将死畜扔下船时，尾随船后的中国人便抢为己有，再次出售获利。[1]

这些行为与耶稣会士宣传的善良有德的中国人民有云泥之别。安森还特别点评了清朝的军力：

一个不首先维护公众安全、抑制外国势力兴起的政府形式，肯定是最不健全的体系，而中国这个人口众多、富饶和辽阔的国家，尽管一直自诩其高尚的智慧和政策有口皆碑，却还是被一撮鞑靼人用十年时间就征服了，即便是当下，也因国民的胆小懦弱和缺乏适当军事管理，而不断遭受内乱威胁和边疆骚扰。[2]

特别需要指出的是，安森对广州兵力“指手画脚”，他认为“自己一艘战舰的火力就强过驻扎广州的整个中国海军力量”。这在中方官员眼里亦得到佐证，广东按察使潘思榘在一份奏折中形容安森“恃巨舶大炮……舟大难转，遇浅沙即胶，或触礁且立破”，而为向皇帝争取升级澳门管辖机构，潘思榘给出的理由是：“红夷素剽，贼明时屡入粤求市，恃其巨炮，发之，可洞裂石城，震数十里，即世所传红夷炮者，时远迩

[1] 张国刚：《从中西初识到礼仪之争：明清传教士与中西文化交流》，第 174、176、177 页。

[2] 同上。

惊诧”[1]，可见广东地方官对“英夷”武力之强，并非毫无认识。

《环球航行记》被誉为“对耶稣会士一次全面攻击”之作，在西方迅速刮起一波说中国坏话的潮流，盛极一时，直到几十年后乔治·马戛尔尼使团的回忆录出现。后者将在中国受的气更全面、深刻地转化为攻击、诋毁。不幸的是，事实正是如此。若把眼光拉长到整个乾隆朝，乾隆八年这一年，帝国向西方透露出的官僚不良习气、渐成差距的军事实力以及民间的混乱管理，也许只是为马戛尔尼的印证提供引子。“英夷”安森比马戛尔尼更早看穿了一切，包括乾隆帝在内的朝廷上下，仍做着“抚恤外夷、绥靖海疆”的迷梦。

[1] 印光任、张汝霖修：《澳门纪略》，卷首，《官守篇·广东按察使司潘思渠为敬陈抚辑澳夷之宜以昭柔远以重海疆事》，第 123–124 页。

# 科举存废之争

乾隆九年（1744年），大清入关一百周年、第三十九个科举（含恩科）年。这一年，兵部左侍郎舒赫德认为，科举制没必要存在了。

这一意见，是舒赫德八月主考完顺天乡试后提出的。考试中，他搜出了42名夹带小抄的考生。舒赫德认为，科举制“已非为官择人之良法矣”，选不到好官，不如废掉。

乾隆帝高度重视，把奏章发给考试主管部门礼部讨论，后者强烈反对。礼部认为，科举能“牢笼志士，驱策英才”，若废掉，上哪找有能力者办事？意见获当时满洲重臣、大学士鄂尔泰强力支持。皇帝最终采纳了反对意见，批示“毋庸议”。

“历代皆无废科目之虞”，大清兵部左侍郎舒赫德提请废除科举，真是因为那届科举不行吗？

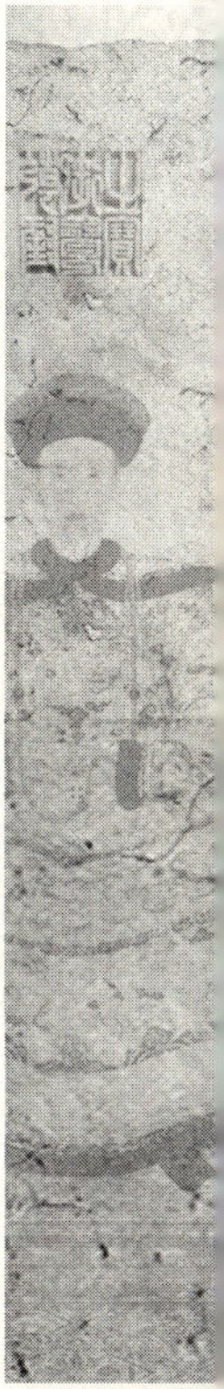

## 难禁的作弊

如果看看舒赫德的监考报告，你大概会对他的提议抱以“同情之理解”。

清代乡试每三年举行一次，中试者为举人，取得做官资格。考试定于每年的八月初八开考，分三场进行，第一场考八股文，第二场考“论”“判”“诏”“诰”“表”等五种文体写作。第三场考经、史、时务策，几天下来，考生至少要写八篇文章。

舒赫德就被派往顺天乡试主考，八月初九、十三日的前两场结束后，他报告乾隆帝，42 名考生“夹带”小抄入场。[1]

据报告，考生夹带小抄的方式花样百出，裤腰带上、帽子里、袖缝里、笤帚柄内、戒尺内、水罐内、饭罐内、嘴巴内、袜子底乃至裤裆内，都是经文、表文、判条之类小抄的藏身之处。[2]

副考官内侍卫大臣哈达哈亦感到非常惊讶，特别指出放在裤裆里的考生，“其丧心无耻，实出意想之外”[3]，乾隆帝事后亦得知，那些把小抄放入口中的，在搜查时“咽入腹中”[4]，毁灭证据。

八月初九第一场监考之后，舒赫德立即上奏作弊情形。顺天近在京畿，皇帝收报当天就下谕旨痛斥：“若辈自轻自贱若此……竟同鼠窃狗偷之辈，冥顽不灵，不可化诲”，“若不立法严查，则诸弊何由而除，真才何由而见？”[5]

训斥并没有吓倒想要作弊的人。八月十三日第二场考试，舒赫德等人的抓弊战绩再下一城，21 名士子再夹带小抄入场。巧的是，这一数字与四天前第一场的一模一样，作弊方式也一模一样。

事实上，一个月前，乾隆帝就专门就治理乡试作弊进行布局。

---

[1] 舒赫德：《奏明头场搜出怀挟事》，乾隆九年八月初九，军机处录副奏折。

[2] 哈达哈：《奏明二场搜出怀挟事》，乾隆九年八月十一日，军机处录副奏折。

[3] 哈达哈：《奏明三场督搜怀挟之弊缘由事》，乾隆九年八月十六日，军机处录副奏折。

[4] 《清高宗实录》，卷二百二十四，乾隆九年九月己亥日条。

[5] 《清高宗实录》，卷二百二十二，乾隆九年八月癸丑日条。

七月十二日，都察院左都御史励宗万报告皇帝，科场专职搜查的兵役以及监考官欺软怕硬。对大臣子弟以及旗人应试者，“一例虚应故事”[1]，搜查或监控都只是做做样子。没有任何背景的士子往往会被严格搜检，可谓各种“凌辱刁难”，他请求派大臣先从“官卷”（用于单独录取大臣子弟的试卷）、“旗卷”（用于单独录取旗人的试卷）开始，严格搜查。皇帝同意派大臣舒赫德与哈达哈前去监考。

七月二十三日，贵州道御史孙灏建议，顺天乡试的考生人数太多，点名时间太长，往往到凌晨四五更还没完，有人趁夜偷偷夹带，可加派专职监考一起搜查。皇帝也同意了。

七月二十四日，皇帝专门发了一道公开上谕，要求科场点名时考生不得带片纸只字入场，“务使弊绝风清”[2]。

如你所知，所有“谋划”，对顺天的两场乡试都不管用，大臣子弟、旗人照样铤而走险。舒赫德查到，42 名作弊者中有 13 名旗人，包括 4 名大臣子弟。所以，他提议废科举的理由之一便是：

> 科举之弊日积而日深，欲仕者，以侥幸苟得为心，而廉耻节义之风微，凡可以弋获而捷取者，无弗为也，法令密于防奸而奸每伏于所防之外，盖至于今日而弊斯极矣。[3]

翻译过来就是，那些想当官的，大多抱着侥幸心理来应试，没有廉耻之心，投机取巧的人更不会顾及。虽有严格的防奸法令，但防不胜防。弊端迄今已经达到了顶峰。

皇帝接到奏本后，没有立即回应，把奏折发给主管科举考试的礼部

[1] 《清高宗实录》，卷二百二十，乾隆九年七月癸丑日条。

[2] 《清高宗实录》，卷二百二十一，乾隆九年七月己亥日条。

[3] 舒赫德：《奏为敬筹取士之方以裨实政事》，乾隆九年八月十一日，清宫档案。

讨论，并点名要大学士鄂尔泰看。

## 一废了之？反方赢了

废科举，舒赫德有五个理由：

> 1. 选官办法不行。举人或进士未必能胜任知县，但即便资质平庸，朝廷也不得不下达任命。
>
> 2. 作弊风气太盛。士子已丧失廉耻，法令防不胜防。
>
> 3. 八股文变味了。写八股文的本意是鼓励士子学习四书、理学，通经致用，但现在抄袭者多，“徒空言而不适于实用”，况且“其心以为苟可以取科第而止矣”，很多人拿到功名后就扔掉圣贤书。
>
> 4. 突击学习成风。士子一般都会从五经中选修一经，考试一般从十几个或上百个题目中拟题。这些题目，“古人毕生治之而不足，今则数月为之而有余”，考生往往突击一下就来考试，怎么能指望其“通贯儒先之说”？
>
> 5. 题目设置不当。考试的“表”“判”文体写作模拟一下就会，策论也是“随题敷衍，而无所发明”。

舒赫德从考试文体、学习效果、作弊三个方面攻击科举制不可能选出好官，“侥幸求售者，弊端百出，士心苟且，日以滋甚”，制度与人心都出了问题，他这回搜查，“固足以稍清积习”，若要治本，还是需要“将考试条款改移而更张之，别思所以遴拔真才实学之道”。

礼部很快给出结果。八月十三日，舒赫德上奏两天之后，乡试第三场还没结束，大学士及礼部官员的共识是，反对废科举。奏本洋洋洒洒千余字，简单概括如下[1]：

1. 没有完美的制度。历代选官制度各有利弊，八股文之弊，确如舒赫德所说。然而“圣人不能使立法之无弊，在乎因时而补救之”，制度不完美，就需要随时完善。

2. 八股文并非“空言”、无用。凡出之于口，写在纸上的，都不是实实在在的东西，都是“空言”。有些弊端大家都懂，但没有比它更好用的考试文体了，明朝以及本朝的一些名臣，都有不少是写八股文出身的，说明“时文”并不是完全没用。

3. 表、判、策论等文体若认真研习，有大用，“内可检其本原之学，外可验其经济之才”，办法是好的，但执行不到位，朝廷需严格判别优劣，因暂时的弊端放弃整个办法并不明智。

4. 当下没有比科举制更好的制度了。如果采用汉代的察举制、魏晋的九品中正制，弊端比科举制更多。

奏折结尾写道，“人之贤愚能否，有非文字所能决定者，故立法取士，不过如是”，间接驳斥舒赫德关于文章写得好不代表能力强的观点，故“无事更张定制也”。

这篇文章几乎逐条驳斥了舒赫德的意见，逻辑严明，理由充分。事实亦正是如此，要在当时找到比科举制更好的选官办法，无异于登天。且在朝廷由科甲出身官员把持要职的情况下，要废科举更不可能。

当礼部官员讨论舒赫德的奏折时，后者仍在离京师几百里的顺天乡试主持第三场考试，皇帝立即同意了礼部的意见，没有给舒赫德第二次上疏表达异议的机会，尽管后来安徽、四川官员发现作弊者的报告陆续

[1] 梁章钜:《浪迹丛谈》，卷五，《科目》，中华书局，1997 年，第 84-87 页。

涌向御前[1]，无形中为舒赫德的意见提供了更多佐证，但皇帝终究未回心转意。

大清废科举未遂。

## 吁废者的心思

舒赫德为何会想到废除科举？

按常理，从科举中获益的官员，不会主动推动废除。

舒赫德是正白旗人，礼部侍郎徐元梦（满洲姓舒穆禄）之孙，官三代，享有旗人入仕特权。清制，满人可通过祖上恩荫、担任侍卫、翻译、笔帖式、累积军功、参加科举等途径当官，科举只是众多入仕方式之一。

舒赫德就是从笔帖式做起，由一个专职抄写、满汉文翻译的文书，晋升兵部左侍郎（二品官），并没有经过严格的科举选拔。像舒赫德这种非科甲正途出身的满人高官并不少，清代内阁任职的100名满人中，入仕途径有18种之多，只有19名进士，6名举人。相比之下，担任同等职位的汉人，120人中有118名进士，2名举人。[2]

满人任官之易，让部分汉人心里失衡，且多有表露。乾隆六年山西查出贪腐案，涉案者多为满人官员，工科给事中杨二酉因质疑满人文化水准、治理水平不够格担任地方高官，逼得乾隆帝答应满人任职前加一次考试，过关者才给官位。乾隆八年，年轻的汉人翰林院编修杭世骏亦上疏批评皇帝歧视汉人，“天下巡抚尚满汉参半”，而“总督则汉人无一焉，何内满而外汉也？”[3]毫不顾及“满洲才贤号多，较之汉人，仅什之三四”，汉人贤者多于满人的现实。

[1] 准泰：《奏为文闱三场试竣谨奏办理情形事》，乾隆九年八月初五，清宫档案。
[2] 韩晓洁：《清代满人入仕途径与清代政治研究》，2006年辽宁师范大学硕士论文。
[3] 详见章开沅等主编的《清通鉴》。

可以说，科甲正途出身的汉人高官，在非正途、杂流出身的满人面前，有种文化水平比你高的优越感。寒窗苦读十年的进士不会瞧得起一个没文化的侍卫，以舒赫德为代表的满人“杂流”极有可能感受到了这股压力。

因此，舒赫德虽然洋洋洒洒列出科举诸多弊端，但更大的动机是希望通过“废科举”打击科甲气焰，手段之一是减少录取名额。废科举奏折上报当天，他另上一折，要求减少科举大省浙江的录取名额，理由是“学能文者，未必有逾万之多”，而且前来参加考试的学生，“端雅者固有，而粗鄙陋劣之徒，更复不少”“夫容貌辞气，为学问之符”，透过长相与谈吐，判定这届浙江考生不行。[1] 皇帝素有对江南奢靡太盛、士子过于浮薄的差评，便接受了舒赫德的意见，导致浙江人中举的难度变大。

废科举提议的反对者是满人高官、内阁大学士（正一品）鄂尔泰。他是为数不多的满洲举人，这名科甲出身的镶蓝旗人 20 岁就中举入仕，其天资不光普遍高于满人，亦高于多数汉人；且政绩卓著，主持了雍正帝在西南地区推行的改土归流，雍正帝死后，他与另一名臣张廷玉号称“乾隆朝初期的满汉双璧”，与汉臣交往甚密，因此支持科举亦是情理之中。

道光年间名臣梁章钜将废科举未遂归功于鄂尔泰的坚持。[2] 即使无鄂尔泰，科举制亦难以废除。

清代以前，科举制经历多次存废之争。唐代发生过两次，北宋、元代、明代各一次，提议者多摘取弊端抨击，均要求恢复汉代的察举制，亦间歇性地成功停过一两回，但很快又恢复。乾隆朝的这次争议，亦可看作一次历史重演。

---

[1] 舒赫德：《谨奏为请申严录科之额以清场弊事》，乾隆九年八月十一日，军机处录副奏折。

[2] 梁章钜：《浪迹丛谈》，卷五，《科目》，第 84–87 页。

科举制为何很难废掉？恰如礼部指出的那样，“诚知变之而未有良法美意善其后”，废掉容易，但是没有比科举制更好的选官制度了，在社会未达到晚清那样大的变局情况下，科举制在实现公平客观、牢笼英才、提升官员素质、精英治国方面发挥的作用尚无可替代。

# 家奴弑官疑云

乾隆十年（1745 年）五月，一起官员被杀事件，让皇帝震惊了。

死者是户部尚书阿尔赛（从一品），凶手是他的仆人，起因是“约束家人（指仆人）赌博”。

官方文字对被杀经过讳莫如深，乾隆帝在上谕中，简单地以“以约束家人赌博，奄遭凶逆”带过，刑部的结案文本，亦是用满文书写，并未公之于众。

江西道御史李慎修批评称，这是在有意避讳。

皇帝予以反驳，理由是，类似事件用满文结案，历来如此，案情没有避讳的必要。

揆诸史料，皇帝的一些说法可疑。

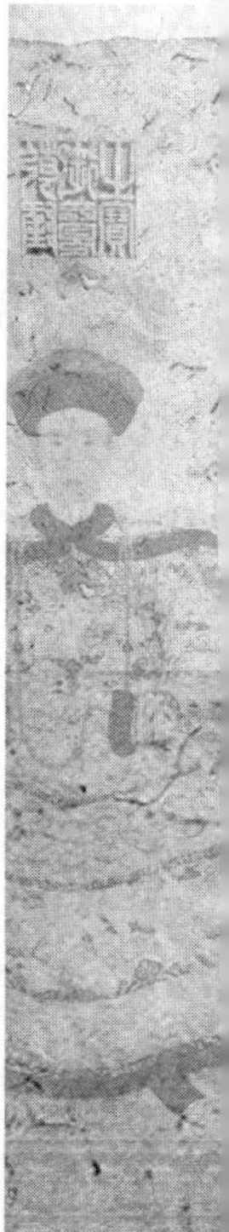

## “为家奴所害”

一品大员、户部尚书阿尔赛被杀一事，官史惜字如金。

《清高宗实录》：原任户部尚书阿尔赛以约束家人赌博，奄遭凶逆，至于殒命。

《乾隆帝起居注》：原任户部尚书阿尔赛以约束家人赌博，奄遭凶逆，至于殒命。

王先谦《东华录》：户部尚书阿尔赛卒。

《清史稿》：户部尚书阿尔赛为家奴所害，磔家奴于市。

乾隆帝虽然称"此一事，在京之黄童白叟，无不知之，将来传之外省，亦无不共知之"[1]，官方文字亦没太当回事，当地的私家笔记似未将详情记入，连一向记录乾隆朝事甚详的《啸亭杂录》，对此"主仆间罕有之奇变"[2]亦未见片言只语。

地域文献亦只在详述一段生平之后，简要述其结局。据光绪年间编纂的《黑水先民传》记载，阿尔赛是汉人，生在黑龙江齐齐哈尔，隶于汉军正黄旗，原名崔枝禄，阿尔赛是满洲名字，他以黑龙江水师营六品官起步，仕途非常顺遂。任官期间，为黑龙江将军买棺材，一不小心"误入"棺材，"不自安"[3]。后恰逢军政考核，被保送入京，受到雍正帝赏识，从雍正四年（1726年）起，任广东雷州副将，一路升迁，到乾隆八年（1743年）任湖广总督，最终在乾隆十年（1745年）的户部尚书任上"为家丁所戕"[4]。

被杀原因只有"约束家奴赌博"，个中细节，不得而知。唯当年五月初九都察院江西道御史李慎修所上的一道奏折，或能透露出蛛丝马迹：

阿尔赛之为人，臣固不得深知，然闻其素行，当属此实驭下

[1] 《清高宗实录》，卷二百四十一，乾隆十年五月辛卯日条。

[2] 同上。

[3] 黄维瀚：《黑水先民传》之《阿尔赛》，黑龙江人民出版社，1986年，第104页。

[4] 同上。

无法……或有苛暴，不学无术，未能平困兽犹斗之义，一时为怒气所冲，致相激而成。[1]

李慎修认为阿尔赛自己也有过错，平时可能对仆人太苛暴，不适可而止，以致激变。

这一说辞并非毫无根据。

## 死于“主仆之分”？

旗人对待家奴，素来严厉。清制，奴婢必须无条件服从主人，稍有抵触（语气生硬、顶嘴亦可视为“抵触”），即照子孙违犯教令，鞭一百；奴婢儿女的婚姻，亦得由主人定。雍正帝为此发明了一套理论：

满洲风俗，尊卑上下，秩然整肃，最严主仆之分。家主所以约束奴仆者，虽或严切，亦无不相安为固然。及见汉人陵替之俗，彼此相形，而不肖奴仆，遂生觖望，虽约束之道无加于畴昔，而向之相安者，遂觉为难堪矣。

乃至一二满洲大臣，渐染汉人之俗，亦有宽纵其下，渐就陵替者。此于风俗人心大有关系，不可不加整饬。夫主仆之分一定，则终身不能更易，本身及妻子，仰其衣食，赖其生养，固宜有不忍背负之心，而且世世子孙，长远服役，亦当有不敢纵肆之念。今汉人之奴仆，乃有傲慢顽梗，不尊约束，加以呵责，则轻去其主，种种敝俗，朕所洞悉。[2]

---

[1] 李慎修：《奏为敬达忠悃恭进直言仰祈圣鉴事》，乾隆十年五月初九，军机处录副奏折。

[2] 王先谦：《东华录 东华续录》，卷九，上海古籍出版社，2007年。

雍正帝将汉人家中奴仆不听话的现象视为“敝俗”，自豪满洲“最严主仆之分”，要求整饬汉人放纵奴婢的现象。这样，原本人身依附渐弱的主奴关系，一下被清朝入关之前的严格政策加强，这被部分历史学家视为退步。[1]

再者，按大清律，“骂家长者，绞”，“凡奴婢殴家长者（有伤、无伤，予殴之奴婢不分首从），皆斩，杀者（故杀、殴杀，予殴之奴婢不分首从），皆凌迟处死”[2]。

不问情节，只问身份，反正都会死。

“最严主仆之分”的主流舆论，明显偏向主人的法律，让仆人心中充满恐惧。常态之下，紧张的主仆关系会被表面的和谐掩盖，而一旦遇有紧急情况，难免不被激发，致使仆人做出过激行为。

阿尔赛“约束家人赌博”，最终招来杀身之祸，便是这一恐惧的必然结果。

“家人”的下场无可预料地悲惨。乾隆帝“敕令三法司即时定拟，据法司按律，将逆奴置之极刑，其救护不力者，一人拟斩监候，二人充发远方”，如此处理，算是严格依照了法律。

不过，刑部以满文书写并结案这一细节被李慎修看在了眼里。

## “暧昧”还是“惯例”

李慎修的奏折是五月初九写成的，关于刑部以“清字”（满文）结案的事实，李慎修认为：

[1] 韦庆远等编：《清代奴婢制度》，中国人民大学出版社，1982 年，第 21 页。

[2] 详见《大清律例》卷二十八、二十九。

> 户部尚书阿尔赛被家奴戮伤身死，刑部办理此事以单“清”字完结……今不将其情详示中外，四方之人必将疑有暧昧情事，不可令中外闻知，此倘讹以传讹……即于国体所伤实大。[1]

言外之意是，将被杀一事详细公开，能止“暧昧情事”之疑，能止谣言，更能够止损国体。

且隐讳之例一开，地方将以此揣摩皇帝不忍闻祸事，避讳灾情，他劝告皇帝公开，毕竟“阿尔赛被伤一案，近在辇毂，事系大臣，尤非寻常民间凶逆之比”。

皇帝何时看到这封奏折尚不知，但直到五月二十日，即11天之后，他才作出并不接受李慎修警告的反应：

> 向来旗人事件，类此者例用清字完结，是以该部亦用清字，照例速正典刑耳。此一事，在京之黄童白叟，无不知之，将来传之外省，亦无不共知之，其中并无暧昧不可告人之处，何必为之隐讳掩饰耶……若单用清字，遂可以掩人之耳目，则李慎修又何从闻之而为此奏耶？[2]

乾隆帝的逻辑是，用满文完结此案是按惯例，并非有意为之，且案情北京城上下都知道了，并没有不可告人的内情，没有必要隐讳。再者，若满文可以隐讳案情，那么李慎修又是从哪知道的呢？

李慎修被骂了一通“存心险薄”之后，再无下文回应。

揆诸史料，皇帝的说法尚可商榷，最可疑之处即所谓的“例”。

---

[1] 李慎修:《奏为敬达忠悃恭进直言仰祈圣鉴事》，乾隆十年五月初九，军机处录副奏折。

[2]《清高宗实录》，卷二百四十一，乾隆十年五月辛卯日条。

## 解释与掩饰

皇帝所指例用“清”字完结的“类此者”，当指涉及旗人的命案。但在乾隆五年，宗室、镶红旗旗人胡图立残害奴仆致死事件，即入刑科的汉文题本。这说明，以“清”字书写旗人命案，至少在乾隆五年之前，尚未成为“惯例”。

查《大清会典》，旗人犯命案与“清”字书写有关的“例”，见于乾隆八年定下的规矩：“八旗满洲蒙古汉军正身犯奸案件，流罪以下，步军统领审理，以清字文案自行完结。其因奸罪至死者，步军统领会同三法司满堂官审明定拟，用清字具奏”[1]。旗人犯有通奸方面的罪行，就用满文书写、报告（这很容易让人怀疑此举是为旗人避讳），并非泛指一切命案。

如果所说的“例”真有其事，那么皇帝很有可能在乾隆五年之后连续定下两条规矩，一则凡旗人命案俱用满文结案，一则旗人凡通奸罪及通奸至死罪用满文奏明。

按常理，关于处置，若前一道能够概括后一道命令，似没必要继续再发一道命令。（当然，乾隆帝如此反常，亦有可能意在专门强调“步军统领衙门”的职权。）皇帝有可能在乾隆八年之后加了一道所有命案均用满文书写的谕旨。然而蹊跷的是，何以都察院江西道御史李慎修，这位身在京城、专司纠察部院官员纪律的监察官对此规矩一无所知？

奏本中，他并未涉及任何有关八旗命案用“清字”作结的“例”，反而将此作为一件新鲜事，上奏直言不妥。更值得注意的是，李慎修提及刑部的行为时，措辞用的是“单用清字完结”，一个“单”字，无意中透露出以往类似命案的书写，满、汉两种文字并行。

---

[1] 详见《钦定大清会典事例》，卷一一五八。

单用满文记录此案，皇帝解释为惯例，说服力太弱。他很有可能隐瞒了什么，个别细节很有可能不想让太多人知道。至于是什么，有赖刑部的满文审案记录。

但是满文有多少人识得？乾隆帝大力强调的“国语”“清字”，至嘉庆时，多数旗人都快忘光了。

# 传教士之死

乾隆十一年（1746年）五月，一名老外及一群中国人搅乱了督抚们的日常。

这名老外是罗马天主教多明我会福建区主教白多禄（Pedro），18世纪早期，他和传教士费若用、华敬等人在福建福安县发展信徒。

自雍正以来，清廷厉行“禁教”，白多禄传教是非法行为，按律应押至澳门，遣送回国。可纸面上的规定，执行起来就很难了。白多禄能担任天主教福建教区主教，其追随者能实现从妇孺到士绅乃至官员的全方位覆盖，离不开基层的庇护。

尽管如此，白多禄终究还是引起了高级官僚的注意。福建巡抚周学健发现，福安老百姓在传教士的蛊惑下，拒遵中华礼仪，不事父母，不敬天地神明，妇女终身不嫁，“大为风俗人心之害”[1]。

周学健接报后高度警觉，派人绕过福安县地方官查禁天主教、捉拿传教士，并建议皇帝全国推行。皇帝批准了建议，当年夏天，各地开展

[1] 周学健：《谨奏为奏明拿获天主教夷人并现在办理缘由仰祈睿鉴事》，乾隆十一年五月十二日，宫中档奏折。

了轰轰烈烈的禁教运动。

乾隆十二年五月，白多禄最终被斩首，另四名传教士则在一年后被秘密处死，是为著名的“福安教案”。

## 抓 捕

在诸多被精心修饰的文字里，福建地方官没有向皇帝提及福安教案的起因。

乾隆十一年五月十二日，福建巡抚周学健提及，福安教案的线索源自福宁府知府董启祚的一次例行巡查。他获悉“民间尚有无知妇女崇奉西教终身不嫁，名为守童身者”[1]。联想当地素来“有崇奉天主教恶习”，这一“甚有关于风俗”的现象，给了周学健判定“民间私行崇奉邪教”的充分理据。

周学健秘密派人调查，官员在福安县穆洋村、溪东、溪前、桑洋、罗家港、鼎头村搜出《圣经》、天主像、面饼、葡萄酒以及五名传教士和一大波信徒。其中，守童身的妇女信徒格外引人注目。

最重头的“战利品”便是“邪教夷人”，士兵在信徒家中抓住了传教士费若用、德黄正国、施黄正国、华敬，又在大街上逮捕了天主教福建教区主教白多禄（一说在居民园子里被抓）。

读完奏折，皇帝表示赞许：“办理甚妥。”

然而，周学健给皇帝的流畅的工作汇报隐去了抓捕过程中的诸多曲折，比如百姓的庇护、官府的酷刑。

早在四月三十日，福宁镇官员李有用就告诉周学健，老百姓会“轮

[1] 周学健：《谨奏为奏明拿获天主教夷人并现在办理缘由仰祈睿鉴事》，乾隆十一年五月十二日，宫中档奏折。

流藏匿西洋夷人”于“暗室、地窖、重墙、复壁之中”，官府的胥役“一闻缉拿，齐心协力群奉避匿，莫可踪迹”。传教士很得地方人心，抓捕必须早作准备。

抓捕从五月初七夜发动，周学健暗中派亲信标下右营守备范国卿，会同把总雷朝翰、福宁镇标左营游击罗应麟，兵分三路。当天即抓获费若用，但遭遇抵抗，雷朝翰被“男妇围拥、殴打受伤”，直到范国卿前来支援才拿下。士兵找到德黄正国、施黄正国、华敬时，他们正在居民陈从辉家的暗墙中躲避，主教白多禄被抓获前，居民郭惠人亦为他提供庇护所。

不仅如此，中国信徒因拒绝透露主教行踪而甘愿忍受酷刑，范国卿向一名 18 岁的天主教女信徒询问主教行踪，获否定回答后，“军官于是命令再次用力地将木棒夹于那名女基督徒手指之间”[1]，十一名天主教徒被押到府衙连夜审问。严刑峻法之下，“最后第十一名女犯人被为她准备的刑具吓坏了，招认了她所知道的一切”[2]，但不包括白多禄。最终，另一名女仆经不起连夜拷打，供出了德黄正国与施黄正国的行踪。审案官赏给了她们几匹丝绸。

酷刑之残忍难以想象。据教会方面的文字记录，过堂之后，“深夜的剩余时间都被用于拷打”，连在场的其他审案官也看不下去，“范氏军官于此间表现得如此残暴，以至于当时在场的异教徒与知府本人也无法抑制，泪流满面，两名审判官都沉默以对”。知府董启祚甚至指责，“他以野蛮人的行为拷打无辜者”。

两名传教士入狱之后，范国卿等人仍对追捕主教之事一筹莫展，除了用刑，没有更多办法。给传教士甩上无数个耳光似乎是家常便饭，教

[1]（法）杜赫德编：《耶稣会士中国书简集：中国回忆录 4》，大象出版社，2005 年，第 324 页。

[2]（法）杜赫德编：《耶稣会士中国书简集：中国回忆录 4》，第 325 页。

会方面记录下了这一切：

> 受害者双膝跪地，一名官吏置身于其背后，一只膝盖着地，军官又通过头发抓住他的头颅，然后再将头转向保持站立的另一只膝盖，从而使受害者的双颊之一呈平行状。官吏的另一名衙役手执一种酷似鞋底的刑具……抡圆双臂，在此人面颊上抽打……仅仅抽打一下便足可以使人失去知觉……受刑者的牙齿也经常因此而被打碎在口中，头颅肿得令人不忍直视。[1]

尽管这样，他们还是守口如瓶，什么都不说，兵勇们只得继续搜寻。一种说法是，在三名传教士被抓之后的第三天，士兵最终在居民郭惠人的园子里抓住了白多禄。教会方面认为，白多禄是自首的：

> 主教从房子里走了出来，前去藏身于一片不太遥远的园林中。他在那里过夜，仅以其扇子掩面，始终处于戒备中的兵勇们不失时机地前来搜捕，虽然他们两次从其身边经过，却未能发现他。翌日，人们……要求主教先生返回他刚离开一夜的藏身处，但房主却断然拒绝他进入，那名勇敢的主教打定了不再藏身的主意，自行到村庄中露面。华敬神父获悉，主教是以他为榜样而自行投案的。[2]

白多禄说，自首是准备为被捕传教士“分担忧患”，接下来的审问的确让他如愿以偿。

[1]（法）杜赫德编：《耶稣会士中国书简集：中国回忆录 4》，第 326 页。
[2]（法）杜赫德编：《耶稣会士中国书简集：中国回忆录 4》，第 327 页。

## 拥　戴

若非突然袭击和残忍的酷刑，官府想在七天内抓获五名传教士并不容易，而将他们逮捕之后，以周学健为首的高级官员仍需面对百姓、福安县地方官的纠缠。

周学健惊讶地发现，五名传教士从福安县出发押解至省里审讯之际，福安“县门聚集男妇千余人送伊等起身，或与抱头痛哭，或送给衣服银钱，或与打扇扎轿”[1]。教会方面也看到“身后有大批羡慕他们命运的基督徒尾随，他们都鼓励这些人要珍视圣教的荣耀。其他基督徒也从四面八方闻风而至，以在他们经过的途中向他们送上清凉饮料”。

这种只有青天大老爷离任时才能享受到的爱戴，却出现在“夷人”身上，周学健感叹“通邑士民衙役不畏王法，舍身崇奉邪教……乃竟固结不解至于如此”，“邪教”竟能让百姓不服“王法”。

周学健便从福安县天主教发展情况寻找原因。他估计，当地教徒起码有一二千人，但这个数字仍显得相当保守。华敬的一份报告显示，仅乾隆五年，福安一县的教徒就有 7557 人。乾隆十一年，福安知县杜忠意识到，百姓“惑于西洋邪教者，十之二三”[2]，以 10 万总人口计，起码在万人以上。有如此多的追随者，白多禄等人的声望之高，可想而知。

周学健更警惕的是，当地的官员、衙役竟也站在传教士这一边。审

[1] 中山市档案局与中国第一历史档案馆合编：《福建巡抚周学健奏报拿获传教士白多禄等审讯并请严禁澳门西洋人潜入内地折》，《香山明清档案辑录·宗教》，上海古籍出版社，1999 年，第 605 页。

[2] 转引自张先清《官府、宗族与天主教：17—19 世纪福安乡村教会的历史叙事》，中华书局，2009 年，第 153–154、176 页。

讯时，福安县“书吏衙役竭力庇护，传递消息，总不能得一实供”[1]。有一次恰好下了暴雨，“该县衙役竟将自己凉帽给与遮盖，伊自露立雨中”[2]。知县周秉官亦对传教士抱有深深的同情，周学健参奏他“本系庸才，平日既慢无觉察，及至知府密查，镇臣察访，该令仍无见闻，始终并未据有一字禀报”[3]。

基层已然“天主教化”，所以周学健绕过福安县官员，派亲信会同福州将军新柱直接潜入基层抓人、审讯时又调请周边知县会审。

白多禄等人在福安县有这么好的“群众基础”，他的事又是怎么传到巡抚耳朵里去的呢？

事发相当偶然。据德黄正国记述，福安教案的爆发乃是地方官之间的不和所致。福安县知县周秉官与福宁镇标左营游击罗应麟素有矛盾，乾隆十一年初，罗应麟的一位朋友向主教白多禄的房东（天主教徒）借钱遭拒，随后便向罗应麟检举房东窝藏传教士，以为报复[4]。罗应麟未同传教士的朋友周秉官商量，直接向前来福安县视察的福宁府知府董启祚报告了这一情况。董启祚欲将周秉官置于险境。后者随即上告周学健，几经密访，终有五月初七夜间拿人之举。

[1] 中山市档案局与中国第一历史档案馆合编：《福建巡抚周学健奏报拿获传教士白多禄等审讯并请严禁澳门西洋人潜入内地折》，《香山明清档案辑录·宗教》，第 605 页。

[2] 同上。

[3] 周学健：《谨奏为奏明拿获天主教夷人并现在办理缘由仰祈睿鉴事》，乾隆十一年五月十二日，宫中档奏折。

[4] 转引自张先清《官府、宗族与天主教：17—19 世纪福安乡村教会的历史叙事》，第 126-127 页。

## 指　控

尽管教会方面声称周学健是一位“对基督教怀有成见甚至憎恨的人物”[1]，但他办理教案并非一开始就如此严厉。

五月十二日上第一道奏折，他向皇帝声称：“此等邪教惑民，罪在一二倡首引诱之人，其被诱入教者，皆陷于愚昧无知，妄希祸福，尚无为匪不法情事”[2]，多数天主教徒还是安分守己的良民。

白多禄落网的半个月后，也就是五月二十八日，周学健上第二道奏折，口风趋严。依据审理情形，他认为，天主教“其存心之叵测，踪迹之诡秘，与夫从教男妇倾心归教、百折不回之情形，始灼见伊等邪教更有蛊惑悖逆之显迹，其罪有不可容于圣世者”[3]，把教案上升到了“悖逆”“不可容于圣世”的高度。

与此结论相应的是周学健洋洋洒洒万余字的指控：白多禄等五名传教士擅入福安县、煽动并引诱民众入教、败坏人心风俗，应处以极刑。

下面详述两项主要罪名。

1. 煽动引诱民众入教。

官府发现，天主教不像佛教、道教那样传播经文、咒语、符箓、法术，吸引人过来崇奉，而是“招引一人，给予番钱一元”，利用金钱设法引诱男女老幼，“使之倾心归依其教，永为彼教中人”。更何况，这些钱还是西洋国王给的：

[1]（法）杜赫德编：《耶稣会士中国书简集：中国回忆录 4》，第 322 页。

[2] 周学健：《谨奏为奏明拿获天主教夷人并现在办理缘由仰祈睿鉴事》，乾隆十一年五月十二日，宫中档奏折。

[3] 中山市档案局与中国第一历史档案馆合编：《福建巡抚周学健奏报拿获传教士白多禄等审讯并请严禁澳门西洋人潜入内地折》，《香山明清档案辑录·宗教》，第 604 页。

> 西洋各国……国王专利取尽锱铢，而独于行教中国一事则不惜巨费，每年如期转运银两，给予行教人等资其费用……夫以精心计利之国，而以资财遍散于各省，意欲何为，是其阴行诡秘，实不可测也。[1]

周学健认为，西洋国王以金钱开道，借助传教士煽动民众入教，行其“诡秘”之计。这种不可说的阴谋论迅速招来无限想象空间。

“煽动”“引诱”，这些都是表象，最令官府捉摸不透的还是天主教深层的吸引力。

“西洋天主教则先以固结人心为主，其所讲授刊刻之邪说，大旨总欲使人一心唯知事奉天主，不顾父母，不避水火，自然可登天堂，一有反悔，便入地狱”，官府认识到天主教有“固结人心”的功能，抓中了要害之一，只是万万没想到，竟连读书人也中招。官府看到，福安县“身为生监，从其教者，终身不拜至圣先师及关帝诸神”，比如教徒、生员陈细“强令往拜先师，至欲责处，抵死不从”，看到白多禄被捕，竟高呼“为天主受难，致死不悔”，传教士被押往省城时又在人群中豪言，“你们是为了上帝才受苦，死亡本身却不能动摇你们”[2]。该教竟能让具备儒家思想的读书人改换门庭，跟随“邪教”，周学健感叹：“以读书入学之生监归其教者，坚心背道，至于如此，是其固结人心，更不可测也。”[3]更让他懊恼的是，白多禄甚至当庭劝说他入教：“您只能在感谢宗教真

[1] 中山市档案局与中国第一历史档案馆合编：《福建巡抚周学健奏陈洋教之害请将西洋传教士白多禄等按律治罪缘由折》，《香山明清档案辑录 · 宗教》，第608页。

[2] （法）杜赫德编：《耶稣会士中国书简集：中国回忆录4》，第335页。

[3] 中山市档案局与中国第一历史档案馆合编：《福建巡抚周学健奏陈洋教之害请将西洋传教士白多禄等按律治罪缘由折》，《香山明清档案辑录 · 宗教》，第608页。

谛和追随圣教时，才能避免灾难”[1]，此举瞬间为他招来25个耳光。

官府百思不得其解，便从入教仪式上解释这一魔力。周学健认为，男女老幼都是吃了面饼与酒之后才“坚心信奉，自幼至老终身服侍”，一定是“夷人于饼酒之中暗下迷药”。当施黄正国受刑时，旁边的传教士德黄正国突然翻开经书念诵，施黄正国亦跟着念，“伊受刑夹若为不知”[2]，一定是在经书上施加了幻术。

官府还在传教士住处发现了“末药、膏药及孩骨等类”，认定这是“传教士屠杀儿童，并从其头颅中提取了能使女性同意最无耻条件的物质”[3]。尽管传教士反驳称这只是一种西药，且经尸检验证，骸骨并不属于儿童，但周学健仍无视传教士的辩词，将“怀疑”作为邪术的“证据”上报皇帝。

最能撩动皇帝心弦的，或许是教徒家中发现的“主我中邦”字样，周学健据此认定，“是其行教中国处心积虑，诚有不可问者”[4]。结合西洋国王资助传教的传说，白多禄等人已具备“谋逆”的嫌疑。

2. 败坏人心礼俗。

这也是官府最在意的罪名。

早在动手之前，周学健等地方官就风闻教徒不认父母，不敬神明，妇女终身不嫁、守护童贞。特别是妇女守贞，“甚为风俗之患”。被派去抓人的官员李有用告诉周学健：“凡奉天主教之家，必令一女不嫁，名

[1] （法）杜赫德编：《耶稣会士中国书简集：中国回忆录4》，第329页。

[2] 中山市档案局与中国第一历史档案馆合编：《福建巡抚周学健奏报拿获传教士白多禄等审讯并请严禁澳门西洋人潜入内地折》，《香山明清档案辑录·宗教》，第605页。

[3] （法）杜赫德编：《耶稣会士中国书简集：中国回忆录4》，第330页。

[4] 中山市档案局与中国第一历史档案馆合编：《福建巡抚周学健奏报拿获传教士白多禄等审讯并请严禁澳门西洋人潜入内地折》，《香山明清档案辑录·宗教》，第605页。

曰守童身,为西洋人役使,称为圣女,顿伤风化。”[1] 其中为“西洋人役使”尤令人联想，周学健怀疑传教士容留妇女“日夕同居，男女无别，难免无淫癖之事”[2]。

可这种怀疑在审问过程中处处碰壁。一名 18 岁的女信徒告诉范国卿“我保持童贞完全是出于自愿”。另一名被问及“你们伺候欧罗巴人并供他们寻欢作乐者，共有几人”时，更是怒不可遏地反驳:“你们对他们行为的无耻想法已使人清楚地看到，你们对他们丝毫不了解。你们应该知道，我非常厌恶听到你们强加给我的有辱名誉的行为”[3]，但这种决绝的回应只会招来更残酷的拷打。

在审问男教徒时，官方亦有意问起女教徒是否伺候传教士。教徒郭惠人曾被询问，女教徒向神父诉说“平生之事”时“脱了衣服么?”郭惠人回答，“小的不敢去看”[4]。

尽管没有实据，官员审问传教士德黄正国时，对于“奸淫”的怀疑仍坚如磐石:

> 问:你来行教为什么要那守童贞的女子伺候呢?明明就有奸淫之事，从实供来。
>
> 供:天主是圣母所生，圣母是童贞，故教中有童贞的名目，从教者连妾也不敢娶，哪里敢有邪淫之事。若是西洋人行教，敢

[1] 中山市档案局与中国第一历史档案馆合编:《福建将军新柱奏闻福安县等地有西洋人传教缉获解送请饬各省访缉折》,《香山明清档案辑录·宗教》, 第 605 页。

[2] 同上。

[3] (法)杜赫德编:《耶稣会士中国书简集:中国回忆录 4》, 第 327 页。

[4] 吴旻、韩琦编:《欧洲所藏雍正乾隆朝天主教文献汇编》, 上海人民出版社, 2008 年, 第 70 页。

有这种事情，大国的人也决不肯信了。[1]

似此等“伺候”，而今看来即天主教修女的忏悔。但在对天主教缺乏了解的官员眼里，男女之间无亲无故而同居，必行邪淫，妇女终身不嫁更是有违儒家伦理。这种信念根深蒂固，乃至在审讯时不惜运用各种酷刑，只为寻找匹配心中执念的事实：

> 他们（审判官）没完没了地重复这些问题，以期找到某种叛乱的、不知廉耻的或巫术魔法的证据。首先是施方济各（中方称施黄正国）神父，其后是德勒撒（中国女教徒），都遭受了拷打，却无法从他们口中得到任何口供，以对他们作出有罪判决。人们每天都可以看到从过堂处回到牢房的传教士，脸庞面颊都因打耳光而肿胀和伤痕累累。德方济各（中方称德黄正国）神父皮肤肿胀，脸上鲜血淋漓，主教先生一共挨了九十五拳，而且也丝毫未照顾其高龄。除了打耳光之外，费若用和华敬神父还挨了一通杖笞，施方济各神父被杖笞两次，还有一两次脚刑。[2]

福建官员没有得到他们想要的结论，即便在判决书里也没有提及奸淫之事，但这并不妨碍巡抚精心修饰预先认定的“罪名”，他向远在千里之外、依靠“奏折治国”的皇帝报告，传教士的行为导致“男女混杂，败坏风俗，其为害于人心世教者，最深且烈，不可不痛加涤除，

[1] 吴旻、韩琦编：《欧洲所藏雍正乾隆朝天主教文献汇编》，第 74 页。

[2]（法）杜赫德编：《耶稣会士中国书简集：中国回忆录 4》，第 331 页。

以清邪教耳”[1]。

在道德伦理面前，疑罪从有。然而皇帝信吗？

## 冷　漠

皇帝出人意料地冷漠。

几乎与福安地方官员审案同时，各省亦在查禁天主教。这一全国性的查禁运动，还是由福建官员建议皇帝发起的。

按照雍正帝定下的政策，传教士需由地方官送往澳门，再强制其搭乘船只回国。

周学健并不满足于此，他认为驱逐他们并不能达到禁教的效果，“夷人民人皆不知儆戒，阳虽解散，而藏匿诡秘，日引日盛”[2]，请求皇帝“明正典刑”。

从福建地方官的判决书来看，所谓“明正典刑”，便是：“白多禄寄信邀集华敬、德黄正国、施黄正国、费若用来闽，设堂行教，合依妄布邪言，书写张贴，煽惑人心，为首者例应拟斩立决，华敬、德黄正国、施黄正国、费若用合依为从例，应拟斩监候。”[3]

死刑判决，显然是援用了大清律中关于“妖书”“邪术”的条例。

尽管如此，皇帝并未表现出明显的杀伐决断。早在周学健报告抓捕详情时，皇帝仅表示“办理甚妥，知道了”，请求皇帝治以重法时，皇

[1] 中山市档案局与中国第一历史档案馆合编：《福建巡抚周学健奏报拿获传教士白多禄等审讯并请严禁澳门西洋人潜入内地折》，《香山明清档案辑录·宗教》，第604页。

[2] 中山市档案局与中国第一历史档案馆合编：《福建巡抚周学健奏报拿获传教士白多禄等审讯并请严禁澳门西洋人潜入内地折》，《香山明清档案辑录·宗教》，第605页。

[3] 吴旻、韩琦编：《欧洲所藏雍正乾隆朝天主教文献汇编》，第77页。

帝亦未立即给出意见。福建按察使司雅尔哈善建议严加治罪时，皇帝扔来一句“各省已降旨查办，此奏殊属多事”，请求判处死刑时，皇帝觉得“照律定拟，自所应当”[1]，但也认为“未免重之过当”[2]。

对禁教策源地的态度如此，于各省查禁行动亦不上心，皇帝似乎有意在防止事端扩大化。

直隶总督那苏图报告乾隆帝，已给予中国天主教徒戴枷示众的惩罚，乾隆帝表示：“如此办理甚可，不必过严以滋扰”，山西巡抚阿里衮查出在晋逗留的传教士，皇帝回应“若无别故，押解广东可也”[3]，山东喀尔吉善查出传教士活动的线索，皇帝告诉他“薄惩以示警”即可，当贵州“再行访缉”教徒时，却遭来皇帝严斥：“彼非别有所图，亦何必张大其事哉！”[4]

地方官的热脸贴到了乾隆帝的冷屁股上。

## 判 决

一般认为，乾隆帝极为厌恶天主教，但这又很难解释郎世宁等教徒为何能在宫廷担任画师、钦天监职位，或许是皇帝欣赏其画技、数学以及钟表，认为只要他们不在宫廷、不向旗人传教，给予闲职自无不可，厌恶天主教不等于厌恶天主教徒。

具体到对福安教案的态度上，皇帝有可能是接受了郎世宁等人的求情。

---

[1] 中国第一历史档案馆编 ：《清中前期西洋天主教在华活动档案史料 1》，中华书局，2003 年，第 98 页。

[2] 中国第一历史档案馆编：《清中前期西洋天主教在华活动档案史料 1》，第 135 页。

[3] 中国第一历史档案馆等合编：《明清时期澳门问题档案文献汇编 1》，人民出版社，1999 年，第 223 页。

[4] 中国第一历史档案馆等合编：《明清时期澳门问题档案文献汇编 1》，第 227 页。

据耶稣会士书简，郎世宁在福安教案期间与乾隆帝见了三次，第一次是乾隆十一年十月皇帝五台山巡游回京后，郎世宁趁皇帝召见他画画的机会，向皇帝诉苦："我请求陛下可怜一次已处于绝望之中的我圣教。"皇帝回应说："你们这些人是外国人，不懂我们的方式和习惯。朕任命了本朝的两位大臣，以便在这样的背景下照顾你们。"[1] 可见对传教士可能遭遇到的情况，皇帝已有所安排。

郎世宁在第二次接受召见时，与皇帝有了更深入的谈话，乾隆帝还对另一名病危的传教士表达了关心。

而皇帝第三次召见郎世宁时，恰是死刑复核之际，乾隆帝只批准了主教白多禄的死刑，其他四人"停其勾决，仍行牢固监禁"[2]，并无判处死刑之意。

可以说，乾隆帝的冷回应，固然因担心会引起不必要的"滋扰"，也有给他喜爱的郎世宁面子的考虑。这也可以看作是宫廷传教士影响力的一个胜利，教会方面曾激动地宣称："类似交谈均是上帝为了宗教的胜利和归化人心而安排的幸福时刻……这一奇迹的影响将会很大，但它更可以与能随心所欲地操纵国王心灵的最高仁慈相匹配。"[3]

乾隆十二年四月之前，死的只是白多禄一人。临刑前，他被描述成一个以身殉教的圣徒，他抱着"我将在天国成为该帝国的保护人"的信念走向刑场，他面带微笑地转向刽子手："我的朋友！我将升天了！啊！我希望你能随我前去"，刽子手回答完"我衷心希望前去"之后，就"左

[1] （法）杜赫德编：《耶稣会士中国书简集：中国回忆录 4》，第 349 页。

[2] 中山市档案局与中国第一历史档案馆合编：《闽浙总督喀尔吉善等奏报闽省在监传教士华敬等四人秋审拟以情实不可从宽折》，《香山明清档案辑录·宗教》，第 616 页。

[3] （法）杜赫德编：《耶稣会士中国书简集：中国回忆录 4》，第 350 页。

手一刀把主教斩首”[1]。

教会方面原以为余下的四名传教士能善终，然最终未能逃过死劫。迫使皇帝态度大变的因素，恰恰是教会。

## 谁的胜利

白多禄被处死后，教会格外在意。乾隆十二年十月，西班牙天主教徒船长曾赠送厚礼，请求闽浙总督喀尔吉善释放在押四名传教士返回菲律宾，并重金贿赂厦门地方官，“询及天主教内被诛之白多禄，欲将骨殖讨回”[2]，福建地方官将这一敏感信息报告乾隆帝，并再次请求处决传教士，皇帝亦有所警觉。乾隆十三年三月，乾隆帝发布上谕称：

> 尔等原为贸易而来，不应询问及此，明白晓示，使其不敢妄生浮论，至天主邪教，传自外番。煽惑愚民，所在多有。今虽少加惩创，不可不留心防范，即如案内白多禄被诛一节，乃系内地情事，吕宋远隔重洋，何以得知。看此情形，显有内地民人，为之传递信息……闽省为海疆要地，嗣后一切外番来往之处，俱应加意查察。毋得任其透漏。[3]

皇帝担忧“教案”影响国家安全，特别是“内地民人，为之传递信息”一节，更格外敏感，便密令福州将军将四名在押传教士秘密处死，那是乾隆十三年九月。

经过两年多的讨价还价，利用“诡秘不可测”的幽灵，官僚似乎已

[1] （法）杜赫德编：《耶稣会士中国书简集：中国回忆录 4》，第 352 页。
[2] 《清高宗实录》，卷三百十，乾隆十三年三月乙酉日条。
[3] 转引自方豪《中国天主教史人物传（下）》，中华书局，1988 年，第 107 页。

让皇帝接受了奏折上的恫吓：

> 天主教不动声色，使人自然乐趋，以致固结不解……福安一县，不过西洋五人潜匿其中，为时未几，遂能使大小男妇数千人坚意信从……假令准此以推，闽省六十余州县，不过二三百西洋人，即可使无不从其夷教矣。[1]

官僚最终赢了。

[1] 中山市档案局与中国第一历史档案馆合编：《福建巡抚周学健奏报拿获传教士白多禄等审讯并请严禁澳门西洋人潜入内地折》，《香山明清档案辑录·宗教》，第609页。

# 盛世“叛逆”

乾隆十二年（1747年），山西又出大事了。

不同于六年前的官场腐败被掏空，这次是“民变”，还是两起。乾隆十二年三月至五月，山西解州安邑县与蒲州府万泉县民众先后上街，毁牌坊、烧城门、劫犯人、揪打主官，人数一度达到上千人。

两起事件发生时间相近，但性质截然不同，一个因不堪衙役勒索被迫反抗，一个因蓄意构讼失败而对抗官府。

在乾隆帝眼里，这些都是“叛逆”。官僚机器奋力捉拿要犯，但效果平平，民众有足够手段周旋。从案发到案结，“民变”持续近三个月。他们丢过来的刺，稍稍扎了一下“盛世”的泡沫。

## 大规模“聚众”

安邑县知县佟浚事先就已收到探子来报：三月十九日，民众会来闹事。

那天佟浚彻夜没睡，“登城守望”，黎明时分，人从北门来。佟浚高声呼叫，民众回应“拆张爷牌楼，与爷无干”[1]，拆完就走。

中午，另一波安邑县民汹涌而至。据佟浚目测，“刁徒聚众至七八百人”，拿着木棍、扛着铁锨，裹着草束来到北门，“公行放火”。

佟浚指挥外委把总冯世勋带着10名民兵前去对抗，而来者有七八百人，此不啻以卵击石。冯氏当场被群众逼着开掉12名差役，将书办乔大明枷首示众。官府虽然后来抓获了3人，但在二十日下午嫌犯又被迅速劫走。

一天之内，佟浚无力保牌坊、保城门，无力关住3名要犯，面对暴力，无还手之力。这一苦楚，唯有隔壁的万泉县知县李廷栋能够体谅。

乾隆十二年三月二十二日，安邑县民撤退的第二天，万泉县令李廷栋在蒲州审案未回，当天10点，两百多人闯进县衙监狱，劫走人犯冯世禄、贾五子、张谭；还闯入学署，声言罢考，强迫盐户不准应试[2]。

万泉县上级蒲州府知府朱发听闻罢考，于四月赶到万泉县了解情况。四月初九，千余人闯入县城，攻陷城门，围住朱发的公馆，要求释放人犯冯世禄。朱发被逼着用印开具手续，稍有犹豫，立即招来毒打[3]。直到四月十三日人犯释放，民众才各自散去。朱发被软禁了五天。

## 不同的“民怨”

乾隆帝曾称赞山西民风素来淳朴，这些天，两个地方究竟发生了什么？民众为何如此愤怒？

山西巡抚爱必达派人调查了“起衅缘由”，得出了一些结论。

---

[1]《爱必达奏据报安邑县北乡村民聚众围城并饬员往拿折》，乾隆十二年三月二十七日。

[2]《爱必达奏万泉县民擅入县衙抢犯情形折》，乾隆十二年四月十三日。

[3]《讷亲等奏遵旨审明万泉县民聚众抗粮缘由分别定拟折》，乾隆十二年五月初九。

四月初二，安邑县上级直隶州解州知州彭洙称，民众因不满差役征粮作弊而走上街头。彭洙说，知县佟浚的仆人牛保、典史陆祖龄以及差役张升纵容银匠向民众额外勒索“火钱”，以购买熔银所需煤炭；另又巧立名目，征收烙印钱，向民众出借粮食时又“平出高收”，变相放高利贷。更招人恨的是，佟浚听信书办乔大明的话，“民户钱粮欠二两以上者，按户签拿锁押”[1]。如此种种，导致“民怨沸腾”“忿怒莫遏”。

这是个标准的“官逼民反”叙事。然而，彭洙没有注意到或有意忽略掉了皇帝的因素。

民众宣示行动合法性时，喊出的口号是“奉旨不完钱粮，不许差役催追旧欠”。诉求的起点，恰是乾隆十年皇帝发布的蠲免钱粮谕旨。

那一年，皇帝欲在其上台十年之际的乾隆十一年，普免全国一年的钱粮，各省分三年，在不同年份实行，山西分到最后一年——乾隆十三年免征所有当年及往年积欠钱粮。

蠲免钱粮是老百姓的利好，却是衙役的利空。差役一年不征钱粮，就意味着失掉了勒索的机会。为弥补损失，差役往往赶在免粮之前，加紧催促欠粮民户交税。

早在乾隆二年，乾隆帝就洞察到了这一弊端：

> 不肖州县，一闻蠲免恩旨，往往于部文未到之前，差役四出，昼夜催比，追呼之扰，更甚平时，迨诏旨到日，百姓已完纳过半，朝廷有赐复之恩，而闾阎不得实被其泽，甚至官吏分肥，侵渔中饱，情弊种种，深可痛心。[2]

---

[1]《爱必达奏安邑县民聚众起衅皆因知县逼索殃民所致折》，乾隆十二年四月初三，中国第一历史档案馆编：《清代档案史料丛编》，中华书局，1979年，第308页。

[2]《清高宗实录》，卷四十七，乾隆二年七月丙辰日条。

安邑县民在乾隆十二年的遭遇，不幸沦为其中一个案例。

与官逼民反的悲情叙事不同，万泉县的“民变”是个“构讼谋私”的故事。

乾隆九年，万泉县推行摊丁入亩政策，将丁银（俗称人头税）摊入田赋合并征收。该县有民户与盐户之分,二者因向朝廷履行的义务不同，摊入的税项略有差异。民户需要摊入丁银、地差门银等项目，要交的税额是丁银、地差门银、田赋及其他款项的加总，而盐户还需摊入丁银、徭银，要交的税额是丁银、徭银、盐地田赋的加总[1]。

可以说，民户与盐户应交税项数目大体相等，但由于盐户的丁数远远少于民户，上交的徭银数额亦相应地比民户要少，所以民户的税数总体高于盐户。若考虑到盐户沉重的食盐生产负担，差役折银数少亦在情理之中。这也是当初山西省主官坚持双方各当各差、各营各业、两不相涉的原因之一。

但民户张大荣、郭大建却不这么看。当年九月，他们鼓动民户冯世禄告状，认为地差门银一项，盐户原本也要缴纳，请求盐户分摊。他们找举人张玙琳、生员冯鸣鸾写了状词，来到省里告状。

与此同时，盐户也派人反诉，认为门银一项不应该分摊。时任山西巡抚的阿里衮下令调查，万泉县令皮蔚仍坚持原来政策，“照旧征纳不摊”[2]，还查出状词是张玙琳所写。后者心虚认怂，便从了皮氏。

这一结果令花了钱请写状词的民户大为不满。民户冯君爵“嗔其反覆”，纠集同党在九月十三日放火烧掉张玙琳、冯鸣鸾三十余间房屋。十一月，冯世禄、史帝佐等人再到省告状，坚持要求分摊。官府顺势将

[1] 《爱必达奏查明万泉民户盐户以丁摊地粮互控及未结缘由折》，乾隆十二年三月二十七日，中国第一历史档案馆编:《清代档案史料丛编》，第 304 页。

[2] 《爱必达奏查明万泉民户盐户以丁摊地粮互控及未结缘由折》，乾隆十二年三月二十七日，中国第一历史档案馆编:《清代档案史料丛编》，第 305 页。

其拿下。

民怨顿时高涨。乾隆十二年正月，万泉县令李廷栋新官上任，沿用旧政策，派张玙琳下乡宣传，但遭到冯世禄等人的暴打，村民们还相约聚众抗粮。

一件讼案逐步升级为烧毁房屋、殴打士绅、拒绝交粮的“民变”。但该案成功被地方官捂住，两年内悄无声息。

直到乾隆十二年三月，御史张孝揑抖出此事，才为朝廷注意[1]。

乾隆帝遂指令山西巡抚爱必达严查严办。朝廷的力量隆重登场，万泉县内的气氛再次紧张起来。

## 追捕，发兵二百

前有追兵，后也有追兵，“聚众”的百姓却如入无人之境。

太原总兵罗俊派运城营都司魏杰、副将王悦，调 300 名兵丁前去镇压。这 300 人并非已成建制的队伍，而是从附近的夏县、蒲州府、平垣营凑齐。后来不知什么原因，竟又撤回 100 名兵丁，最终发兵 200，前往安邑擒拿嫌犯[2]。

这些人抵达现场时，百姓已经撤离，扑了个空。

乾隆帝深为不满，三月二十七日，他斥责巡抚爱必达“尚属过纵，何足以示警哉”[3]！四月初三，安邑县聚众头领仍未抓住，皇帝认为是指挥官级别不够高，属下畏首畏尾，往往坐等百姓的下一次违法行为，“似

[1] 《爱必达奏查明万泉民户盐户以丁摊地粮互控及未结缘由折》，乾隆十二年三月二十七日，中国第一历史档案馆编：《清代档案史料丛编》，第 304 页。

[2] 《罗俊奏安邑县民聚众抗粮及办理情形折》，乾隆十二年三月二十四日，中国第一历史档案馆编：《清代档案史料丛编》，第 303 页。

[3] 《爱必达奏据报安邑县北乡村民聚众围城并饬员往拿折》，乾隆十二年三月二十七日，中国第一历史档案馆编：《清代档案史料丛编》，第 308 页。

此等重大案件，不过照常办理，奸徒何由敛迹？办理此事轻重失宜，殊属过纵”[1]。

皇帝要求爱必达强硬起来。后者立即响应，命令时任冀宁道道员讬庸带兵支援，但收效也不大。讬庸在安邑县拿获8名村民，立即被七八十人夺回，再发兵一百追捕，却被壕沟、车辆等防御工事拦阻，束手无策。躲在堡垒里的民众宣称绝不交粮，各村里总亦不理传唤，拒不到案。

爱必达恨恨不已：“恣横至此，顽梗已极！”便再增兵300，加上此前的200名共500名兵丁，交予太原总兵罗俊指挥，另遣游击石良臣到万泉，会同河东盐政使周绍儒擒拿要犯。爱必达还主动请缨前往，被皇帝挡了回去。十几天后皇帝给出理由：如果亲往，民众知道大势已去，会故意献纳轻犯，让“要犯藏匿，暗中脱逃”，因此不要打草惊蛇。

爱必达遂仍坐镇太原指挥。恰在增兵之际，四月初九，万泉县民众围攻知府，劫走犯人。四天之后，罗俊带500名精兵星夜赶赴万泉县拿人[2]。这是“民变”近一个月后，朝廷一方追捕力量的最大编制。

重兵迅速稳定了局势。四月十八日、十九日、二十日，山西巡抚爱必达向皇帝宣称，已抓获39名安邑纵火犯，查出带头大哥张远。罗俊更精准地抓获四名殴打官员的嫌犯[3]。

以上抓捕行动均经皇帝过目，乾隆帝认为两案“形同叛逆”，“必有巨奸为之谋主”[4]，要求从重议罪，派大学士讷亲以钦差大臣的身份进

---

[1]《清高宗实录》，卷二百八十八，乾隆十二年四月壬戌日条。

[2]《爱必达奏万泉县民围住知府公馆挟官伤人现起程前往折》，乾隆十二年四月十五日，中国第一历史档案馆编：《清代档案史料丛编》，第314页。

[3]《爱必达奏安邑万泉聚众乡民将次全获折》，乾隆十二年四月二十日，中国第一历史档案馆编：《清代档案史料丛编》，第316–317页。

[4]《清高宗实录》，卷二百八十九，乾隆十二年四月乙亥日、壬午日条。

驻山西审案。五月初一，讷亲抵达安邑，嫌犯39名的数字变为50个；五月初二，万泉的嫌犯从4名增至114名[1]。大范围处死罪犯已不可避免。

## 羸弱的官府

“叛逆”，在大清律例中属于“十恶”。凡“谋反”“谋大逆”“谋叛”者，“乃王法所必诛”，这是大原则。具体情形，又会有“激变良民”条来惩治：

> 直省刁民，假地方公事强行出头，逼勒平民，约会抗粮，聚众联谋，敛钱构讼，及借事罢考罢市，或果有冤抑，不于上司控告，擅自聚众至四五十人，尚无哄堂塞署并未殴官者，照光棍例，为首拟斩立决，为从拟绞监候。如哄堂塞署、逞凶殴官，为首斩决枭示，其同谋聚众、转相纠约，下手殴官者，拟斩立决，其余从犯俱拟绞监候，被胁同行者，各杖一百。[2]

《大清律例》又载：“凶恶棍徒挟仇放火，延烧未伤人者，为首拟斩监候，为从发边卫充军”，“放火故烧公廨仓库，系官积聚之物，不分首从，皆斩监候”[3]。

安邑县民“抗粮”、焚烧城门，万泉县民户意图将丁银摊于盐户，不惜一讼，失败后便哄闹官署，侮辱知府，劫夺犯人，烧毁房屋，这些行为都能对应或比照上述法律处理。如此精准，乃是因为该法就是雍正

[1]《爱必达奏钦差抵晋会同办理情形并放还监犯全已拿禁折》，乾隆十二年五月初三，中国第一历史档案馆编：《清代档案史料丛编》，第319页。

[2]《大清律例》，卷十九，《兵律》，《军政·激变良民》。

[3]《讷亲等奏遵旨审明万泉县民聚众抗粮缘由分别定拟折》，乾隆十二年五月初九，中国第一历史档案馆编：《清代档案史料丛编》，第320页。

帝为惩治山西、陕西聚众抗粮案而专设。

法律还要求，督抚“遇此等案件”，需“速讯明确”。两项共涉及150余人犯的案件，讷亲夸下海口，“约于三四日内可以完结”[1]，然而最终多花了5天。五月初九，讷亲告诉皇帝最终判决：万泉案中，5人判斩立决，5人斩监候，19人发边卫充军，其余或杖或徒刑不等；安邑案中，1人斩立决，6人斩监候[2]，其余杖刑、流刑、徒刑不等。

“涓滴不止，遂成江河”，扼反心于未萌，这是朝廷的共识。对于判决，乾隆帝全部认可，人犯均“本地正法，速正典刑”。

接下来，讷亲向地方官开刀，上至山西巡抚，下至县衙典史，均被严厉问责。山西巡抚爱必达因“不能审度事势轻重”[3]、太原总兵罗俊因反应太慢被革职。安邑县知县佟浚早在讷亲抵达山西之前就被革职，另案重处。该县外委把总冯世勋、都司魏杰擒拿不力，革职。万泉县知县李廷栋明知举人张玙琳得罪县民，还派其下乡宣传，是为处置不当，又不拘押、不收禁暴乱者，坐视知府受辱，婉拒蒲州府救援，“懦怯昏聩”至极，判斩监候。

蒲州府知府朱发被斥“庸懦”：民众烧火毁房，不管；抓了人，不速审；事发半年后到万泉安抚，却被千余民众围住，被迫放人。“偷生苟免，罪无可挽”，判斩监候。

其他小吏，诸如都司胡璘被指“按兵不动，退缩怯懦”，判斩监候；典史黄德隆被骂“不能缉拿，职更有亏”，充军；河东道周绍儒两次到万泉县，却一个人都没抓住，只知道到处搞宣传，流放三千里。

---

[1]《讷亲等奏遵旨赴晋办理万泉安邑二案情形折》，乾隆十二年五月初二，中国第一历史档案馆编：《清代档案史料丛编》，第318页。

[2]《讷亲等奏审拟安邑聚众情形并查参万泉一案文武官弁折》，乾隆十二年五月十八日，中国第一历史档案馆编：《清代档案史料丛编》，第328–333页。

[3]《讷亲奏特参不职之巡抚总兵以慎封疆折》，乾隆十二年五月十八日，中国第一历史档案馆编：《清代档案史料丛编》，第336页。

可见，民众起事之初，地方官根本无力阻挡，基层基本处于失控状态。一个重要原因是，当地没有足够的力量维持秩序。

清代县级政府，由正官知县，副职官员县丞、典史、主簿、教谕等构成主体，其他诸如捕役等，算是杂职官。除捕役外，所设之官多在个位数，而县域人口持续增加，官却没有增加。官少民多，管理自然粗疏。尽管县衙划定区域，设巡检司，分出典史、县丞驻扎，以为缉盗、听讼之用[1]，但仍不足以应付人数成百上千级规模的“聚众”。

所以当皇帝得知安邑只有10名捕役时，也感叹“一邑而如此兵单”[2]。当时蒲州知府朱发进驻万泉县，上千民众闯入，身边唯有仆人王升保护，城外虽然驻扎了上百名士兵，都司胡璘竟按兵不动。山西巡抚虽从各地调兵指挥，然士兵数量有限，亦多分散行动，以少打多竟是常态，以至于抓住的人犯数次被七八十人组成的队伍抢走。直到罗俊以500名精兵编成一个单位追捕，人犯方才全部归案。

乾隆帝在谕旨中一方面责备山西“地方官不能约束整顿，以致刁民无所顾忌”[3]，一方面又承认“州县即有衙役民壮，城守即有汛兵，而众寡不敌势难擒捕”[4]，算是体谅地方官“非不为而实不能”的无奈。

## “盛世”心结

安邑、万泉抗粮案在五月底就结束了，但在乾隆十二年剩下的日子

[1] 具体研究可参见胡恒：《皇权不下县？——清代县辖政区与基层社会治理》，北京师范大学出版社，2015年。

[2] 《讷亲奏查明奉旨询问各节详细情形折》，乾隆十二年五月二十一日，中国第一历史档案馆编：《清代档案史料丛编》，第339页。

[3] 《清高宗实录》，卷二百八十八，乾隆十二年四月壬戌日条。

[4] 《清高宗实录》，卷二百八十八，乾隆十二年四月丙子日条。

里，皇帝仍念念不忘。

当年凡各地再出现“聚众”事件，皇帝必拿安邑、万泉抗粮案衡量轻重。五月二十四日，福建、山东、广东、江南均发生抗粮案，皇帝虽然大骂民众不知尊亲大义，但也指出这些案件都不如安邑万泉案之猖獗。六月二十六日，河南中牟发生堤工要求免差案，多人聚集，皇帝又敏感地将其与安邑、万泉案联系起来，要求从重处置。

随后又连发两道谕旨增兵驻防安邑、万泉两县，乾隆帝再次痛悔“平日化导无方……致凶悍愚民，如此其骄，如此其纵，如此其肆行无忌”[1]，絮叨“近闻该地方无知之辈，竟有以拿问地方官为快”，再次告诫山西地方官“当视公事如家事，抚恤不可不周，训诫不可不切，而约束不可不严，戒怠玩而端治源”。

乾隆帝为何如此在意频繁的“聚众”事件？

安邑、万泉案之前，乾隆帝对大清自康熙以来的治理形势充满自信，“百年以来，薄海内外，物阜民康，共享昇平之福”[2]，即位十年以来，更志得意满，“朕临御天下，十年于兹，抚育蒸黎……今寰宇敉宁，既鲜糜费之端，亦无兵役之耗”，盛世心态已然养成。

两地聚众案发后，乾隆帝仍带着这种心态来分析闹事的原因。他认为，民众“望恩幸泽，无有餍足，稍有未遂，遇事生风”[3]，是恩泽未能满足民众的欲求，故而聚众对抗。“我朝德泽涵濡，覆露长育，百有余年，尔百姓保家室而乐盈宁，长子孙而安耕凿，刑辟何自而施？”[4]百姓应好好享受盛世福利，最好“力为良民，耻为匪类，以共享升平之福”。

---

[1]《清高宗实录》，卷二百九十四，乾隆十二年六月癸巳日条。

[2]《清高宗实录》，卷二百四十二，乾隆十年六月丁未日条。

[3] 中国人民大学清史研究所编:《康雍乾时期城乡人民反抗斗争资料（上）》中华书局，1979 年，第 4–5 页。

[4]《清高宗实录》，卷二百九十，乾隆十二年五月己亥日条。

可见，当“聚众”已成定局，皇帝仍不愿正视“盛世”鼓吹被打脸的现实，而是多次提及本朝恩泽，意图粉饰“盛世”已然出现的裂痕。尽管如此，皇帝又不回避关于百姓“聚众”组织模式的讨论，乾隆十二年五月十日，他告诉正在审案的讷亲：

> 其实不过一二首恶之人，挟私用诈，图快己意，倡为邪说，而蚩蚩之众，贸贸从之，意谓此一二人，挺身以为众人，众人不可不出力相助，平日好勇斗狠之辈，不知大义，反若激于公愤，振臂而前，如飞蛾之投焰，赤子之入井。[1]

刨去皇帝居高临下的语调不论，乾隆帝的判断还算灼见，以安邑县“聚众”案为例，其之所以能聚集七八百人，就是靠少数带头的裹挟了一批不明真相的群众。

据讷亲的审案报告，乾隆十二年三月十三日，为首者张远与几个亲戚打定主意抗粮，在乡村发放传单纠集同党，单上写着“如有一村不到，即将乡约房屋烧毁”。六天之后，张远等人敲锣打鼓，一大批追随者冒了出来，打着纳粮旗号赶往县城。他们拿着干草，“以为村庄不从放火迫胁之用”，又“将沿途经过村庄人众裹带前同行”，终于在二十日黎明时分，抵达县城。

这种以亲族为核心，胁迫他人参与的模式，不光适用于暴动发生之初，亦在后续的对抗中持续发挥功效。

万泉县民“聚众”，同样有一个带头大哥，名叫冯世禄。县民希望通过告状达到目的，诸多“聚众”过程伴随着诉讼的影子，诸如暴打“失信人”张玙琳，火烧其房屋，均属于私人之间的恩仇，虽关涉治安而无

---

[1]《清高宗实录》，卷二百九十，乾隆十二年五月己亥日条。

意对抗官府，后来侮辱蒲州府知府朱发一事，亦是要求释放同伙的过激行为。然而恰恰是这一行为，给乾隆帝造成“州县之短长操之自己”[1]的极差印象，故同样虽与安邑共享“叛逆”罪名，而万泉县惩罚尤重。

不过，知道这些并没有给皇帝带来多少牧民之术，事后皇帝感叹“夫星星之火，可以燎原。事机之由，积小成大。古称善御者，必利其衔策”，遇到类似情况，仍不免寄希望于“一二明干之员”，面对“普免钱粮，而民不以为恩，加赈厚恤，而民不生其感”[2]的反常情形，官僚机器给不了乾隆帝明确解释，督抚大员们更多只是“参处官员，以图结案”。

惰怠畏事如此，皇帝关于山西民众淳朴、和顺的印象亦流于虚幻。直到乾隆十二年九月，他才从新任巡抚德沛处得知真相：

> 朕询以山西民风，既如此刁嚣，何阿里衮在彼时，未闻有一案，而彼一离晋省，便有如此之多乎？德沛奏称：阿里衮在彼时，已有九案，内六案皆外结存案，其三案则以大化小，以小化无，亦并未存案等语。[3]

“似此隐讳”，“朕闻之骇然”。大案小案被捂住，这样的太平光景，几经美化，便成了“盛世”。

[1]《清高宗实录》，卷二百八十九，乾隆十二年四月丙子日条。
[2]《清高宗实录》，卷二百九十一，乾隆十二年五月癸丑日条。
[3]《清高宗实录》，卷二百九十九，乾隆十二年九月癸卯日条。

# 官场大地震

乾隆十三年（1748 年），官僚机器遭遇了一场大地震。

这一年，两名内阁大学士一个被处死，一个差点丧命。两名总督一个自尽，一个被处死，还有一名巡抚自尽。刑部多数堂官或革职或罚俸，湖南、湖北、江苏等地一批高级官员被革职。皇室也遭了殃，大阿哥、三阿哥因为“不孝”，提前告别储君大位。

如此惨状，乃因官员惹怒皇帝。而皇帝的雷霆之怒，根源于这一年的家庭变故与军事失败。

三月十一日，二十二年的发妻、皇后富察氏于东巡途中病亡；此前，又死了皇七子永琮，皇帝悲痛至极。与此同时，清朝大军围剿大小金川叛乱，劳师无功，遭遇重挫，令其相当郁闷。

诸事不顺，皇帝情绪糟糕透顶，动辄暴怒，屡屡作出极端决定，亲人与臣仆成了出气筒。

这一年，是皇帝愤怒的一年。

## 皇后之死

乾隆帝与发妻富察氏的感情很深。

富察氏是名门之后，曾祖父随皇太极征战有功，顺治时任一品内大臣、议政大臣，祖父米思翰是康熙帝亲信，父亲官至察哈尔总管，兄长当过巡抚，弟弟又是当时的政治新星傅恒。一家四代，衍成满洲贵族。

在皇帝眼中，皇后对太后很孝顺，又“崇节俭”，史称其不戴“珠翠”等名贵首饰，视皇帝荷包上的“金银”镶嵌为“暴殄用物”。帝、后相互敬爱，感情特好。大学士阿桂曾提及，乾隆帝因患病调养期间，皇后每天在寝宫外服侍。皇帝夸她“德钟勋族”[1]，并非套话。

恩爱秀尽，却躲不过家庭悲剧。早前，皇后所生两位皇子皆是皇太子之选，却均未成年即夭折，其中一位皇子永琮仅 2 岁，恰死于乾隆十三年东巡之前。

连丧幼子，皇后哀痛不已，皇帝意图东巡转移其注意力。然事与愿违，皇后含悲上路，突然逝去，与丧子之痛不无关系。乾隆帝后来叹息，“一女悲何恃，双男痛早亡”，“早知失子兼亡母，何必当初盼梦熊”[2]。

皇后死后第二天，皇帝告知群臣“永失内佐，痛何忍言”[3]。11 天后，皇帝又“良深痛悼”，赋诗抒怀，“圣慈深忆孝，宫壶尽称贤”，“恩情廿二载，内治十三年”，“愁喜惟予共，寒暄无刻忘”；又作《述悲赋》思念，“呜呼！悲莫悲兮生别离，失内佐兮孰予随？入椒房兮阒寂，握凤幄兮空垂”[4]。诗作水平一般，但情真意切。

皇帝的心情，官员不必揣摩即可知，但偏不能阻止其更进一步。皇

[1]《清高宗实录》，卷三百十一，乾隆十三年三月丙午日条。

[2] 清高宗：《御制诗二集》，卷三，《悼皇后》。

[3]《清高宗实录》，卷三百十，乾隆十三年三月丙申日条。

[4] 清高宗：《御制文初集》，卷二十四。

后死后第八天，总理丧仪的大臣建议各省文武官员应在圣旨到达之日起，“摘冠缨，齐集公所，哭临三日”，27 天后才能脱下丧服。随后又建议，“在京王公百官，咸缟素二十七日，百日剃头”，皇后丧期一百天后，方准剃头。皇帝“依议”。[1]

官员以为丧仪越重，越能迎合上意，不料却提醒了皇帝对于“剃头”之俗的注意。

## 雷霆之怒

点燃皇帝怒火的第一根柴，是皇室至亲。

皇后去世，由于并非生母，皇长子永璜没有哀伤。皇帝大怒，训斥他“于皇后大事。伊一切举动，尚堪入目乎？父母同幸山东，惟父一人回銮至京，稍具人心之子，当如何哀痛，乃大阿哥全不介意，只如照常当差，并无哀慕之忱”[2]，“于孝道礼仪，未克尽出甚多”。而“三阿哥”亦于“人子之道毫不能尽”，“年已十四岁全无知识”，为人为学都比不上当年的自己。“夫不孝之人，岂可以承大统？”便提前剥夺其继承权，并告诫不许乱动：“朕以父子之情，不忍杀伊等，伊等当知保全之恩，安分度日。”[3]

揆诸情理，对非生母去世尽子职之哀，要么是报抚育之恩的真情流露，要么就是弄虚作假的表演。涉世未深的大阿哥、三阿哥都有各自的母亲，做不到弄虚作假，实属正常。乾隆帝以其 12 岁时恪尽孝道为例反驳尽孝无关阅历，属于举例失当，因为他之尽孝对象是有血缘关系的祖父，而阿哥不是，既无大错情形，皇帝以其未能哀伤而责以“不孝

[1] 昆冈、李鸿章等修：《钦定大清会典事例》，卷八四二。

[2]《清高宗实录》，卷三百十七，乾隆十三年六月甲戌日条。

[3] 同上。

之罪”，甚至说出“不忍杀伊等”的话，不得不说是小题大做，反应过度。

乾隆帝还对官员的一些小过失吹毛求疵，惩罚甚重。光禄寺准备的祭礼用桌，皇帝嫌不干净，五名官员降级。工部制作的“皇后册宝”，皇帝觉得“甚属粗陋”[1]，尚书哈达哈革职留任（官职免去，仍留任所办事），四名侍郎革职、降级。皇帝发现江苏巡抚安宁对皇后之丧“漠不关心”，将其解任。老臣张廷玉亦未能幸免，其因翰林院的一篇皇后祭文用词不当而被罚俸。

最倒霉的是翰林院学士阿克敦。皇帝在翰林院提交的皇后册文内，看到“皇妣”满文译成了“先太后”，认为是一处错误，正待要叫住阿克敦问话，他却提前跑了。皇帝大发脾气，认为他因“不得升用”而心怀怨恨，实属“大不敬”，立即将他革职，交刑部拟罪。刑部会意，以“增减制书违例律”拟绞监候。这已属重罚，但皇帝还不满意，发谕旨，长篇大论斥责刑部官员与阿克敦结党，将谕旨当耳边风。刑部遂照“大不敬”罪改，终获准。但麻烦并未结束，皇帝又追究了其拟罪时“故为宽纵”的责任，一众刑部尚书、侍郎等官员遭革职留任。

## 诡谲之辩

丧期百日后，皇帝并没有捋平内心的伤痕，一件“剃发”案再度让他发飙。

六月十二日，接举报，山东沂州营都司姜兴汉、奉天锦州府知府金文淳在百日内剃头，乾隆帝立即声称这是违背“祖制”的大罪：

> 本朝定制，遇有国恤，百日以内，均不剃头。倘违例私犯，

[1]《清高宗实录》，卷三百十五，乾隆十三年五月壬寅日条。

> 祖制立即处斩，亦如进关时令汉人薙发，不薙发者，无不处斩之理，此百余年来人所共遵。[1]

满洲旧俗，顶发周边长出来的头发，须时时剃掉，若遇到父母或国丧之事，可以不剃。这就是所谓“定制”“祖制”。

但乾隆帝所说并不属实。

纵观自努尔哈赤至乾隆帝150多年的实录，并没有国丧期间百日内不准剃头的“定制”。唯一一次事例仅见于康熙五十六年的谕旨。当时康熙帝嫡母孝惠皇太后去世，皇帝为表悲痛，要求在京亲王以下官员丧期百天后才能剃头，但并未说明违者作何惩罚。此例距乾隆朝不过30年，所谓“定制”“祖制”为“百余年来人所共遵”，不合事实。

皇帝也承认，“定制”，“会典事例并无明文”，但仍狡辩称，修《会典》时，是在明朝的基础上进行增损，原来没有的，我们也没加上去，因为百日内禁止剃头是“理法所必当然”，如子孙孝敬父母般天经地义，不必先登记入律例之后再实行。

这一狡辩很荒谬，因为习俗不等于法令，既未见任何要全体臣民遵守的谕旨，金文淳等人剃头充其量算是违背习俗。所谓的“祖制”，乃无中生有。

尽管如此，乾隆帝起初仍要硬着头皮力行，不过后来发现，违规剃发者大有人在，不光是汉人，连杭州、盛京、四川等地的满洲兵丁也剃了发。若严格执行势必会打击面太大，皇帝有些犯难，便找了个台阶下：

> 然自朕思之，律例会典究无明文，而部文究未传谕，其所以未经声明者，亦因其为众所共知。今既欲明正其违犯之罪，又当

[1]《清高宗实录》，卷三百十六，乾隆十三年六月乙丑日条。

> 曲体其愚昧犯法之情，且或远方僻陋，拘于二十七日除服之文，实有陷于不知，或见他人剃头者，即为事属可行冒昧触网，此等情节，又不得不格外矜原。
>
> 更恐外省见有此两案谕旨，虑蹈徇隐之愆，纷纷查奏，国家亦无此体制，可传谕各督抚、提镇、学政、钦差各官等，此旨未到之前，或现在已经查出之案，自当参处，不当废法姑纵，其余未发觉者，概不另行饬查。[1]

皇帝解释称，既然“定制”连会典都未载，金文淳并不知情，他有可能是看到别人剃了，自己也跟着剃，属于无知犯法，“不得不格外矜原”，若有类似事件，仅“迟其升迁”就好。

此案高举轻放，或有更深层次的考量，若执行这项连满洲人都未必清楚的“祖制”，势必导致各省争相举报，更多人头将落地。熟读史书的乾隆帝一定不会忘记清初“留头不留发、留发不留头”的统治危机，因而又特别说明，截至六月十二日，“其余未发觉者，概不另行饬查”，“定制”记入《会典》，试图将事件平息。

但皇帝很快食言了。

## 督抚之隐

闰七月十六日，皇后去世四个多月。福州将军新柱举报前福州巡抚、现江南河总督周学健违制剃头。他告诉乾隆帝，路过淮安时，“周学健因已剃头，恐被知觉，即借查河之名，避不相见”。皇帝起初不信，后来江苏巡抚安宁亦秘密举报此事，皇帝信了，于是大发雷霆，下旨骂他

[1]《清高宗实录》，卷三百十六，乾隆十三年六月乙丑日条。

“丧心悖逆”，意欲处罚，但又想起此前说过“未发觉者不必深究”，为免被指食言，便解释称“朕原因微员人数众多，所犯又系重罪……是以姑从宽免”，话锋一转，“不意封疆大吏，犹有如是者，实出意想之外”。更恼火的是，周学健的二十多名下属也跟着剃，“上下成风，深可骇异”，而他竟然还“处之泰然，希图蒙混掩饰”，“揆之国宪，实所难逭”，必须严惩。皇帝抄了周学健的家，将其逮捕至京问罪。与周学健同年中举的两江总督尹继善被指“明知不奏”，“有心欺隐”，被骂“托名科目好名无耻之徒”，一度被逼到丢官的边缘。

不料，正待要将周学健问斩，另一起剃头案冒出来了，湖广总督塞楞额及其下属湖南巡抚杨锡绂、湖北巡抚彭树葵俱在百日内剃头。

事情败露并非他人检举，而是自首。塞楞额在接到六月十二日皇帝不继续追究的谕旨后，本来不想上报，意图率属下一同过关，但被吓破了胆的杨锡绂与之“意见不同”，认为最好自行检举，以减轻罪行，几经劝说，都遭到塞楞额拒绝。杨锡绂遂撇开塞楞额自行上奏，“臣……于二十七日服除后迷妄剃头……悔恨无极”，塞楞额见状，坐不住了，带着彭树葵一同请罪。

塞楞额的行为立即招来乾隆帝的冲天怒火。闰七月二十一日，皇帝怒斥塞楞额“满洲大臣，历任督抚有年，乃如此丧心病狂，实非意想所及！”“实乃全不知君臣大义！”

事实上，对于满人违制一事，乾隆帝早有心理准备，还在六月十七日，皇帝接报称不少旗人已剃头，对于“满洲……受国厚恩。遇此大事，即不能格外尽礼”，“朕心实为叹息”。塞楞额再犯法，更让皇帝坚信满洲习俗“不可不亟为整顿”，因而塞楞额的处罚特别重，其他汉官则较轻，理由是：

（剃头案）……岂知督抚大员中，又有周学健，则更无怪乎金

文淳。岂知满洲大臣中，乃有塞楞额，则又无怪乎周学健矣……[1]

意思是，作为表率的上级都剃了头，下级如金文淳效而行之，就不奇怪了。连满洲大臣都剃了头，就没理由苛责汉人了。最终，塞楞额被抄家、赐自尽，周学健、金文淳、杨锡绂等人均被革职，发往直隶做苦力。

若无性命之忧，官员可以等待再起之日。周学健却没有那么好的运气，皇帝另派人查出了贪污，赐令自尽。

## 情绪治国

历时半年之久的官场大地震，终于塞楞额的“剃头之罪”。这场大案中，100 多名大员受到惩罚，大学士、尚书、侍郎、总督，或罚俸、或革职、或赐死、或斩立决。

如此吹毛求疵、小题大做、轻罪重判，实与乾隆帝执政之初标榜的“宽政”大相径庭，以一种近乎变态的心理处理国事，确是悲痛情绪之下的极端举动。

不过，促发皇帝糟糕情绪的不仅是丧偶之痛，还有另一层因素，那就是几乎与此同时，大清在四川经历的一场失败。

为平定大小金川，皇帝投入大量财力，派遣重臣内阁大学士讷亲、平苗乱有功的川陕总督张广泗指挥重兵大举进攻，却屡屡失利，遭遇重挫。

丧偶与失败的事实，凝成两股负能量集于帝心，在战场与官场掀起两股整肃狂潮。于是，大批将帅遭军法处置，大批官员遭到严处，即便平日甚为信赖的大学士讷亲与战功赫赫的川陕总督张广泗，也未能逃过

[1]《清高宗实录》，卷三百二十一，乾隆十三年闰七月癸酉日条。

死刑的命运。

这年年底，从高亢的发飙中冷静下来的乾隆帝向臣子剖白："自去年除夕，今年三月，迭遭变故，而金川用兵，遂有讷亲、张广泗两人之案，辗转乖谬，至不可解免，实为大不称心。"[1]

[1]《清高宗实录》，卷三百三十，乾隆十三年十二月辛卯日条。

# 军事“游戏”

度过愤怒的一年，乾隆帝心情好转。乾隆十四年（1749年）正月初一，天气晴和，帝以为吉兆，“定卜今岁事事顺畅”。两个月后，皇帝宣布，七月至九月将在木兰围场（今河北围场县）“哨鹿”。

“哨鹿”，满语译作“木兰”，这是自康熙帝开始的打猎行动（又称木兰秋狝），经乾隆帝继承，已成“家法”。登基以来，皇帝已四次出入围场，少则十来天，多则一个月，而乾隆十四年这次，时间长达两个月，是在位期间打猎超过两个月的四次行动之一。

乾隆帝为何要花两个月的时间在外头打猎？这些日子里，帝国的政务怎么办？

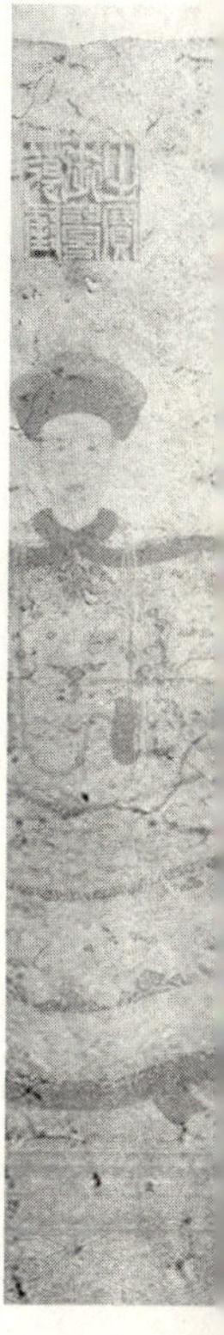

## 打猎，万人参与

七月初七，乾隆帝带着京师八旗、侍卫、军机处章京、妃子、阿哥以及皇太后，自圆明园出发，赶往400公里之外的木兰围场。

经过前四次演练，木兰秋狝规模越来越大，这次队伍已逾六千人。要保证他们尤其是皇室在外两个月的吃吃喝喝，后勤很重要。主管部门内务府小到一张草纸、一只乳羊，大到金八大件，无不仍需一一请示。

据内务府上呈的清单，皇室此行所用物品多达上百种，如貂皮、银纽、宝石末、六安茶、米面糖油酒醋、干鲜腌菜清酱等，另包括弓箭、刀具等武器，总数难以计算。皇帝还自掏腰包，给予各扈从、兵丁人员计 10 万两银子的补贴。

这些物资基本靠人畜运送。经内务府奏准，粮食分两批运往营地，先酌定 30 天的耗费，再酌定后 30 天。一路上，运输队伍十分密集。史载乾隆帝每年要征用大车 700 辆，骆驼八九百峰。加上皇帝带着的队伍，一场秋狝，总参与人数达万人以上。

据宫廷西洋画师郎世宁为皇帝画的《木兰图》，途中的情形是，由骆驼和骡马组成的辎重队驮着营帐跟在队伍后头，再往后是一支人畜杂混成的粮草队。看上去，官兵行色匆匆，他们要尽早赶往营地扎营。

浩浩荡荡的队伍，从北京出发，先去避暑山庄安置皇太后，一路上要花 6 天，而后再去围场。农历七月，沿途粮食即将收获，由人、马组成的庞大车队，难免会踩踏农田。乾隆帝“严饬随从人等，不许践踏”，“然犹恐稍有伤损”，便将经过州县地方本年应征的田赋免掉三成，又对附近大道两旁三里内的区域，酌情蠲免赋税。

这一做法的好处显而易见，一些百姓甚至盼着皇帝“回銮”路过当地。八月，还在木兰围场的皇帝曾与署理直隶总督陈大受商量第二年春天赴赵北口打猎的路线，他对百姓“望幸”之情感到诧异：“小民田庐乐业已久，行围当非所愿，而上年经由该处，见居民舟子，异口同声，皆有欢欣望幸之情，其故云何？”

陈大受答复说：“舟车辐辏闾里，小民佣趋贸易，更可获利资生，臣体察舆情，深切欢欣望幸之忱，并无丝毫不愿之处。”因为大批人马路过，能给周边百姓带来贸易商机，所以他们当然很开心。

自北京启程 6 天后，乾隆帝抵达避暑山庄，休息了 11 天，再启程赶赴围场。当皇帝骑着高头大马穿越崇山峻岭、万里长城之时，来自西北的蒙古王公、额驸、兵丁也向着东南行进，双方在木兰围场会合，此时已是七月底，大营扎好，万箭待发。

## 围绕皇帝的“游戏”

木兰围场，方圆约一万平方公里，雨水丰沛，草木茂盛，视野开阔，原是蒙古王公牧场，后“敬献”给了康熙帝，遂以为猎场。抵达围场后，乾隆帝与其扈从、臣仆以及蒙古王公开始打猎，演习“合围”与“行围”。

所谓合围，就是兵丁围成一个大圈，将猎物逼迫至中心再猎杀之的游戏。据《啸亭杂录》记载，合围之前，要先挑一处开阔平坦之地，在高处搭建几个蒙古包作为皇帝的“看城”。各旗或蒙古猎手再以此为中心，结成一个三五十里或七八十里的包围圈，而后步步向中心逼近，缩小圈子逼迫动物向“看城”附近集中，待离中心二三里时，兵丁停止，就地围成人墙。若有动物从人墙中冲出，外部射手即刻射杀。

合围完毕，皇帝从“看城”中策马奔出，先发一支箭射杀，此时，“诸藩部落、蒙古仰瞻圣武，莫不欢欣踊跃”，待皇帝回城后，外围兵丁遂再冲入墙内逐步猎杀。所谓行围，即围而不合，“数百人分翼入山林”打猎，可视作“合围”前的演习，通常人数参与比较少。

皇帝亦会带着一批贴身侍卫自由射猎，如猎鹿，乾隆帝会令兵丁头戴鹿头，藏于树林中模仿“呦呦”鹿声，吸引鹿群，待其近前击杀，“取其血饮之”。又如猎虎，亦势所必得，曾跟随皇帝狩猎的学者赵翼，曾写有《木兰杀虎》：

> 上较猎木兰，如闻有虎，以必得为期……乾隆二十二年秋，余扈从木兰。一日停围，上赐宴蒙古诸王。方演剧，而蒙古两王

> 相耳语。上瞥见，趣问之，两王奏云："适有奴子来报，奴等营中白昼有虎来搏马，是以相语。"（蒙古王公随驾，另驻营在大营数里外。）上立命止乐，骑而出，侍卫仓猝随，虎枪人闻之，疾驰始及，探得虎窝仅两小虎在。上命一侍卫取以来，方举手，小虎忽作势，侍卫稍陕输，上立褫其翎顶。适有小蒙古突出，攫一虎挟入左腋，又攫一虎挟入右腋。上大喜，即以所褫侍卫翎顶予之。其时虎父已远，惟虎母恋其子，犹在前山回顾。虎枪人尽力追之……上勒马待，至日将酉始得虎归……虎已死，用橐驼负而归，列于幔城，自头至尻长八九尺，毛已浅红色，蹄粗至三四围，盖虎中之最大者。

至九月初，乾隆帝自木兰围场归。近两个月内，皇帝一行已在29个地方行围，极尽狩猎之欢。然而欢则欢矣，政务怎么办？

## "游戏"之外

事实上，关于可能荒废政务的担心，乾隆六年就有官员提出来了。当时距康熙帝最后一次狩猎行动已经过去了十多年，雍正执政十三年"日不暇给"，从未进行过木兰秋狝，但告诫"后世子孙当遵皇考所行，习武木兰，勿忘家法"。

乾隆帝登基后欲恢复康熙帝的"木兰秋狝"传统，御史从洞上奏，担心"侍从以狩猎为乐，在京臣工或因违远天颜，渐生怠安，所关匪细"，意思是皇帝远在400公里外快活，在京官员难免会放松，不如"暂缓行围，颐养天和"。

这一劝说放弃享受的意见，遭到年轻的乾隆帝拒绝，给出的理由有二。第一，行围可以整饬军武。满洲八旗已不复当初立国之勇，"骑射渐至生疏矣”，而“皇祖每年出口行围，于军武最为有益”，狩猎可视作军事演习。第二，行围能怀柔并威慑蒙古。木兰围场位于东北、蒙古的交界处，也是长城之边，“按历蒙古诸藩，加之恩意，因以寓怀远之略，所关甚巨”。

因而每在行围间隙，皇帝会与蒙古王公亲密接触，接受他们的宴请。宴会上，蒙古人会表演诈马（赛马）、相扑（摔跤）、什榜（奏乐）以及驯马游戏，蒙古王公、额驸则会接受皇帝的赏赐，诸如绸缎、细布等。若兴之所至，皇帝亦会试射一二，往往十中九，高超的射术引得蒙古人惊叹。恰如赵翼所说，皇帝殷勤招待蒙古人，目的在于“使之畏威怀德，弭首帖伏而不敢生心也”。

而对于政务，皇帝还说，自己“政事悉举”“原与在京无异”，虽然在外面，政务不会废弃，为此还建立了一套制度。以乾隆十四年木兰秋狝为例，皇帝要求所有奏折，“着照旧例”，自启程之日始，先交给总理事务王大臣处汇总，贴上封条交给内阁，再送到行营，待批示完后沿原路返回。

更何况，乾隆帝十四年的七月启程时，帝国暂时安宁。西南的大小金川战役已经结束，叛者皆降，借皇后新丧整饬的官僚机器亦变得听话：宣布木兰秋狝后，镇宁守直隶宣化等处总兵李如栢、直隶总督那苏图、署直隶总督陈大受等战战兢兢地上奏请求扈从，顺天学政吕炽因有事在身不能路旁迎接主动请罪，而远在湖北的代理总督唐绥祖亦上表歌颂皇帝亲自行围之举。

烦心事少了，皇帝有足够的闲心边打猎边处理政务，有能力给官员一种人虽在外，而帝国一切运转如常的印象。因而即便是狩猎，皇子日常读书自应照常，乾隆十四年，皇子的师傅陈德华“自起程以来，从未一至诸皇子读书处”，经询问，是因为肚子疼。皇帝质问他“岂途次每日皆患腹疾耶？”认为肚子疼是托词，便骂他“旷职”，着令革职留任。

不光希望朝廷日常运作照常，连狩猎管理亦颇为认真。当年九月初七，行围接近尾声，副都统马兰泰却迟到，后又托故脚痛翘班，乾隆帝骂他“无耻不堪”，将其革职，改发配热河。

值得一提的是，外界提到的乾隆帝围猎擅用枪支的现象，在乾隆初年尚未出现。乾隆十五年木兰秋狝结束后，曾发布上谕，训斥那些用鸟枪参与围猎的部落：

> 我满洲本业，原以马步骑射为主，凡围猎不需鸟枪，惟用弓箭，即索伦等围猎从前不用鸟枪，今闻伊等不以弓箭为事，惟图便利，多习鸟枪。夫围猎用弓箭，乃从前旧规，理宜勤习，况索伦等皆猎兽之人，自应精于弓箭，故向来于精锐兵丁尤称手快，伊等如但求易于得兽，久则弓箭旧业，必致废弛……严行传谕索伦等，此后行围，务循旧规，用弓箭猎兽。将现有鸟枪，每枪给银一两，概行收回。[1]

可见，乾隆帝在“军事演习”中禁止使用鸟枪，是出于保护骑射传统的考虑。后来，皇帝虽然用上了特供枪支打猎，却并不将其大规模武装军队，也是因为其执拗地坚持满洲骑射特色，作为“军事演习”的木兰秋狝，似并未发挥其应有的军事功能。

[1]《清高宗实录》，卷三百七十四，乾隆十五年十月丁丑日条。

# 王朝的弃民

乾隆十五年（1750年）五月，在噶喇叭国（今印尼）经商十五年的福建人陈怡老，以“交结外国”“诓骗财物”等罪被抄家、充军。

八个多月前，陈怡老还在印尼担任“雷珍兰”，为荷兰殖民当局打工，混得风生水起。一回国却遭受牢狱之灾，消息传到华人社区，影响恶劣。

不过在乾隆帝看来，海外谋生的华侨，都是“天朝之弃民”，是背父背君之人。这些人，他“概不闻问”。

清朝为何视华侨为仇雠？

## “不恋故土之人”

乾隆十五年三月，陈怡老被押在狱待审。乾隆帝亲自过问该案，在上谕中，皇帝认定，“此等匪民，私往番邦，即干禁例”[1]。

乾隆帝提到的“禁例”，指康熙末、雍正至乾隆初年的一系列海禁政策。

[1]《清高宗实录》，卷三百六十一，乾隆十五年三月庚午日条。

康熙五十六年，为应对海盗骚扰，康熙帝下令禁止民众前往吕宋（今菲律宾）、噶喇叭贸易，并要求外国“将留下之人，令其解回立斩”[1]。

禁令几乎断绝了那些想要回国的华侨的生路，使家乡亲人骨肉分离。鉴于此，福建水师提督施琅奏准，康熙五十六年前出洋之人限三年回籍。一些难以割舍故土的华侨放弃外国产业，纷纷归国。

但三年过去后，仍有不少人滞留海外。至雍正时，原本放宽的禁令又收紧。雍正五年，皇帝虽然恢复福建一省的南洋贸易，但仍不同意侨民回籍，因为“存留彼地者，皆甘心异域，及五十六年以后违禁私越者”[2]，“在外已久，忽复内返，踪迹莫可端倪，倘有与外夷勾连，奸诡阴谋，不可不思患预防耳”。皇帝特别担心华侨归国捣乱，影响国家稳定。

于是，地方官被要求“宁可再加察访”，“徐徐设法诱问，务悉其底里”。如果有偷渡回来的，“一经拿获，即行请旨正法”。

另外，雍正帝还下令，如“无赖之徒，原系偷渡番国，潜住多年，充当甲必丹，供番人役使，及本无资本流落番地，哄诱外洋妇女，娶妻生子，迨至无以为生，复图就食内地以肆招摇诱骗之计者，仍照例严行稽查”[3]。

乾隆帝登基后，再次起用康熙朝末年的政策，允许自康熙五十六年之前出洋之人，在三年内回籍。而恰在乾隆元年，陈怡老私自前往噶喇叭，“干犯例禁”，“负罪”出洋，顶风作案。到噶喇叭谋生后，处境却十分凶险——他经历了一场大屠杀。

---

[1]《清圣祖实录》，卷二七一，康熙五十六年正月庚辰日条。

[2]《清世宗实录》，卷五十八，雍正五年六月丁未日条。

[3] 陈寿祺等编：《重纂福建通志》，卷二七〇，《国洋互市》，清同治十年正谊书院刻本。

17 世纪以来，大量华人涌入印尼巴达维亚岛（今雅加达），荷兰殖民者认为其统治受到威胁，遂横加诸多限制，然并未阻止华侨人数的增加。乾隆五年闰六月，荷兰东印度公司决定对所有华人拘留审查，引起华人反抗。八月十九日，殖民当局派军警突袭华人社区，杀害华人近两万人，鲜血染红城外的红溪河水，史称“红溪惨案”[1]。

消息传到朝廷，乾隆帝是冷漠的，“天朝之弃民，不惜背祖宗庐墓，出洋谋利，朝廷概不闻问”[2]。因为在朝廷看来，南洋是化外之地，民众不珍惜文明之邦，背弃祖宗、君父，远赴化外，是为不忠不孝、“天良丧尽”之徒，自然并非“吾民”。朝廷以儒家伦理贬低了侨民的身份。既然是“弃民”，朝廷就不可能过问他们的海外权益。这一态度，相当符合清朝一以贯之的华侨政策。

“弃民”陈怡老在大屠杀中幸存下来，十年后，待其拖家带口意欲荣归故里时，“母国”的大牢亦同时敞开。

## “私通外番”

乾隆十四年六月，陈怡老携六七名家人以及其他“番人”计 33 人，带着大量银两启程归国，行至厦门时，改雇渔船秘密潜回老家福建龙溪县，不料官员早已得知，他还没踏入家门，就被捉住。

清朝此前厉行海禁，限制闽人出境的理由之一是侨民勾结外国势力威胁国家安全。陈怡老亦难逃这一疑罪。

福建巡抚潘思榘告诉乾隆帝，陈怡老“私往噶喇叭，潜住十余

[1] 韩永福:《清代前期的华侨政策与红溪惨案》，载《历史档案》1992 年第 4 期。
[2] 转引李长傅《南洋华侨史》，商务印书馆，1933 年，第 170-171 页。

年”[1]，在印尼充当“甲必丹”，还“携带番妇，并所生子女银两货物”[2]归国，乾隆帝怀疑他“借端恐吓番夷，虚张声势，更或洩内地情形，别滋事衅”[3]。刑部奏准，“陈怡老应照交结外国，互相买卖借贷，诓骗财物引惹边衅例，发边远充军”[4]。

然而乾隆帝获得的信息是错误的。陈怡老并未在印尼充当“甲必丹”，而是“雷珍兰”，前者是荷兰殖民当局的华人社区事务主管官员，后者只是协助甲必丹处理日常事务的副官[5]。二者并无实权，顶多是充当华人与当局沟通的纽带，“雷珍兰”的实际权力更小。乾隆十五年三月，刑部奏准拟定的“交结外国”罪名，更可能是建立在错误的事实基础之上。

但在当时条件下，取证已无可能。陈怡老百口莫辩，唯有认罪一途。于是陈氏所带货物全部被地方官没收，家人尽数遣返印尼（一说老幼男女三十余口尽数被害），所搭乘的货船船主谢东发还受杖责、枷号示众。

陈怡老的遭遇传到南洋，影响十分恶劣。诸多欲归国的华侨望而却步，“自陈怡老获谴之后，贩洋之人，以为大戒。身家稍裕者，总不敢归。即归矣，吏役乡保，吓骗需索，其家立破。是贩洋有室家之人，终无生还日，倚闾守帷，寡人之妻，孤人之子，愁怨者何止数十万户”[6]。回国后的侨民，不仅需要面对朝廷禁令的责罚，还有当地胥役等基层官吏的敲诈勒索，哪怕家财万贯亦经不起这番折腾，最终落得个倾家荡产的

[1]《清高宗实录》，卷三百四十六，乾隆十四年八月乙酉日条。

[2]《清高宗实录》，卷三百六十四，乾隆十五年五月乙酉日条。

[3]《清高宗实录》，卷三百六十一，乾隆十五年三月庚午日条。

[4]《清高宗实录》，卷三百六十四，乾隆十五年五月乙巳日条。

[5] 温广益、蔡仁龙等编：《印度尼西亚华侨史》，海洋出版社，1985年，第151–152页。

[6] 转引自黄可润《壶溪之集》，卷五，《陈开洋禁禀》。

结局。

然而，即便朝廷设置种种障碍，也难阻断侨民对故国的思念。陈怡老案后，仍有不少显赫华侨试图回国，结果是增加了更多类似的“陈怡老案”。比如乾隆十九年，福建官员抓到一名菲律宾华商、福建武举人杨廷魁，他以进贡使团的副使身份回国，本想衣锦还乡，却被朝廷发配边疆做苦力，财物被没收。又如乾隆四十九年，三宝垄甲必丹华人陈历生去世，他要求死后必须归国安葬，棺材上岸后，官员以其“私通外国”罪名扣押，后经亲友贿赂大量财物，方才放行。

有家不能回，回家亦如身在异乡。华侨之苦，莫此为甚。

## 心灵创伤

海外经商会惹来边衅，威胁朝廷安全，这是清朝评估明代以来倭寇、海贼、郑氏反清势力扰乱沿海边疆之后得出的结论。限制出境固然实现了所谓的“安静”，但滋生了更多问题。

由于闽人被禁止下南洋谋生，当地不少人陷入赤贫，沦为盗贼。一部分人又往内地迁移，土客械斗时有发生。而限制华侨入境，又在海外产生恶劣影响，母国不管，华人竟成孤儿。这一“集体记忆”，给华侨留下了巨大的心灵创伤。

乾隆十九年，皇帝对身怀故土之思的侨民再次格外“开恩”。陈宏谋奏准颁发《晓谕出洋贸易各民携眷回籍檄》，其中提到“无论例前例后，果因货账未清，不能依限回籍者，一概准其回籍”，意在鼓励华侨归国，但其中又附加种种条件，使诚意大打折扣。清朝要求，回籍的人，必须是“货账未清”者、“本身已故，遗留妻妾子女”者，重要的是，他们必须是“良民”，船户应对此担保。

条件越多，为证明符合条件的手续越复杂，朝廷官员就越多刁难的手段，所谓“私通外番”这种在当时很难得以确证的政治罪名，更是一顶随时可以用来敲诈勒索的帽子。檄文并不能打破华人归国的梦魇，甚至到清末还依然存在。晚清诗人黄遵宪曾驻新加坡总领事，他曾写下诗歌《番客篇》[1]，其中就提到华侨归国后，地方“诬以通番罪，公然论首恶”：

岂不念家山，无奈乡人薄。
一闻番客归，探囊直启钥。
西邻方责言，东市又相斫。
亲戚恣欺凌，鬼神助咀嚼。
曾有和兰客，携归百囊橐。
耽耽虎视者，伸手不能攫。
诬以通番罪，公然论首恶。
国初海禁严，立意比驱鳄。
借端累无辜，此事实大错。
事隔百余年，闻之尚骇愕。
谁肯跨海归，走就烹人锅？

黄遵宪光绪十七年（1891年）担任新加坡总领事，诗中“闻之尚骇愕”之事，即发生在百余年前的乾隆、嘉庆年间，“陈怡老案”便是启动华侨悲情叙事的第一道闸门。

华侨归国障碍直到清末被西方打开国门之后才逐渐打破。随着朝廷官员的频繁出使，华侨虽在外国，仍不变服饰、不变发型、怀念故国的举动给官员留下深刻印象。光绪十九年，时任出使欧洲英、法等四国大臣的外交官薛福成上疏光绪帝，请求开放海禁，获准。清朝最终废除了

[1] 黄遵宪：《人境庐诗草》，卷七，商务印书馆。

自康熙末年以来推行的各条出海、入境禁令，谕令“外洋侨民听其归里，严禁族邻讹索，胥吏侵扰”。

“陈怡老案”百余年后，包括南洋在内的所有侨民遂得以合法出入境，已不再是“天朝弃民”，不再是“非奸即盗”，身份合法化，实现了权益保护的第一步。然而，此时的清朝日薄西山，正经历着痛苦的国家转型，无力海外维权。这大概是乾隆帝万万没有想到的。

# 被伪稿羞辱

乾隆十六年（1751年），乾隆帝40岁，年富力强，帝国进入“全盛”时期，民间却出现了反对他的声音。

当年或更早的时候，民间流传着一份冒充工部尚书孙嘉淦之名撰写的奏稿，文章抨击皇帝上台以来南巡劳民伤财，冤杀大将军张广泗，皇后死后大位空悬等施政措施，计有“五不解、十大过”。

帝制时代，这显然是一个爆炸性新闻。

据现有档案，伪稿至少流传了一年之久，才通过云贵总督硕色的奏折传到皇帝面前，他看到奏稿，立即判定此稿为伪，下令全国搜查首逆。

一场历时三年之久的政治运动拉开序幕。

搜捕行动中，官僚在皇帝催逼与严斥的夹缝里求生存，上演着推诿、拖延、瞒骗、懈怠的戏码。而民间则表现出浓厚的兴趣，从京师到边疆，从贩夫走卒、商人、衙役，乃至低级文武官员，莫不争相传播这则大新闻。

被羞辱的“乾隆帝”形象，一时传遍帝国的每一个角落。

然而，乾隆帝的高压态势并没能督促臣仆查出首犯，地方上报来的案子千头万绪，没法理出一条完整的线索。最后抓了一个替罪羊，草草结案，保住了皇帝的面子。

## “伪稿”暗流

依现有的审案记录[1]，伪稿最早出现在乾隆十五年七八月间江西几名武官的饭局上。

彼时，绿营军南昌卫守备刘时达、抚州卫守御卫所千总卢鲁生、饶州府水次总漕领运千总尹凯、永新所千总石宪曾，来到赣州卫千总李世璠家吃饭。席间，刘时达拿出“伪稿”，李世璠还当众念了起来。

事发后众人被捕，但他们都说不清稿件来源。李世璠说是刘时达带来，后又改供称来自石宪曾，刘时达忽而供述“从九江后卫千总赵常处得来携往”，忽而供述“实系石宪曾带去”。卢鲁生也承认自己有稿，得自其子卢锡荣，后者说从石宪曾那里拿的，石宪曾则咬出粮道柬房书办高彦文。

倒是尹凯一口咬定稿子出自刘时达，严讯之下，刘时达供出其子刘守仆。刘守仆说伪稿得自浙江金华县丞任麟书，忽而又改供称来自幕友孔则明的妻舅。不久，别的来源又冒了出来。令人恼火的是，刘时达突然翻供，审理陷入困境。

但尹凯自己也有问题，在朝廷看来，身为官员，他看过后不去制止传播，其子尹训拿出另一份“自书办彭蕃五得来”的伪稿，不仅不立即销毁，还与卢鲁生的稿子比对，实属丧心病狂。

然而在截获前，卢鲁生的伪稿早已传了出去，几经辗转，落入抚州所衙门书办彭楚白（一说是彭蕃五的亲戚）之手。在这里，更多人争相传抄这则诱人的政治秘闻，同时更多别的稿子亦流了进来。像衙门伙夫郭庚，就从刘姓屠夫的肉铺中抄来一篇，声称“这稿如今连街上脚夫都

---

[1] 《鄂容安奏查讯尹凯等伪稿来源折》，乾隆十八年正月初七，上海书店出版社编：《清代文字狱档》，上海书店出版社，2007 年，第 920–923 页。

是知道的”。

伪稿随着人浪继续漂流。乾隆十五年十一月，江西省城南昌府的一家帽铺内，滕老板拿出奏稿，立即通过店里来来往往的买卖人、旅客、生员传了出去，这些人透过贸易以及宗族网络，开启了一波又一波的传抄之旅。乾隆十六年三月，清江县木行、书馆中流出的伪稿，进入在江南水利效力、被革职的州同官贵震的视野。[1]

自官贵震处触发的传播线路再往北，被山东境内商人接续，沂州府兰山县开店铺的李仆带着伪稿来济南府进货，朝廷抓住了他。

山东按察使和其衷告诉乾隆帝，伪稿中有“该部知道”朱批，这是新发现。经过追查，伪稿还在江南吴县已革州判周尚智处过了一手。

新任巡抚鄂容安判定官贵震与周尚智合谋捏造了伪稿。理由是，两人曾因上访被革职一事心怀怨望。

鄂容安发现，官贵震曾说过“有几件大罪，有几宗不解的事，我做起来，泄我胸中不平”[2]。皇帝南巡，地方官拆掉了官贵震妻舅郑鹤年的沿街房屋，后者心中不平。凡此种种，朝廷认为官贵震等人有捏造伪稿的动机。

但这一立论站不住脚。官贵震被参是在乾隆十六年后，而伪稿早在一年前就流传了，时间上可疑。所以，官贵震不惜忍受重刑，也不承认自己捏造，只承认传抄。

伪稿继续漂流，来到更高层级的传播中心——江宁府杨贤章的酒店[3]，向西、向南。湖南、湖北、四川、云南的老百姓都看到了伪稿。

---

[1] 《和其衷奏请密谕两江督臣严究逆稿来历折》，乾隆十六年八月十七日，上海书店出版社编：《清代文字狱档》，第 703–704 页。

[2] 《鄂容安奏查出官贵震为伪稿作者折》，乾隆十六年九月十八日，上海书店出版社编：《清代文字狱档》，第 742 页。

[3] 《尹继善奏杨朝章供情不符现解江西质讯折》，乾隆十六年十一月二十八日，上海书店出版社编：《清代文字狱档》，第 791 页。

“九州通衢”的湖北,是帝国中部货物的集散地,也是“新闻”的渊薮,湖南商人唐千峰在江南上元县严右箴处看到了伪稿[1],“新闻”跟着唐氏来到湖南,读书人之间、买卖人之间相互传看,“伪稿”时而流回湖北,时而流到江西,时而进入广东。

湖北的四川商人看到后,把“新闻”由贵州带向了西部。

在贵州,教书匠龙乾惕在一场饭局上爆出大新闻,食客声称已经知道了,双方拿出伪稿比对[2]。龙氏发现,他的版本少了“着孙嘉淦随驾南巡,有不是礼处著再具奏”一句。显然,与官贵震案中所见一样,伪稿在传抄过程中被人为加工。

龙乾惕把缺了的部分补进他的版本,还划了重点。此举被皇帝斥为“幸灾乐祸”“幸灾喜事”。后来,贵州巡抚开泰又在龙氏家中搜出了一份康熙年间的伪诏。看起来,他非常热衷收集政治秘闻。龙氏最终被凌迟处死,但仍不能终止“谣传”,食客各自抄了一份回家。

再回来看湖北。江西商人陈俊臣从一家药材铺中借看伪稿并带回店中,云南铜贩左羹陶以及往来赣、鄂的布商监生朱步兰将其带到云南,其间多人传抄,四川与贵州的武官圈中开始出现伪稿的消息。

贵州安顺府普定县提塘吴士周拿到手后,未能识别伪稿,以为是“奏过的本章”,竟抄写数份转给同僚[3]。

稿件传到高级官僚千把总李秀林处,他觉得不妙,遂上报给贵州古州镇总兵官宋爱,贵州巡抚开泰、云贵总督硕色亦同时接报。

硕色高度敏感,反应迅速,第二天即上报皇帝。此时已是乾隆十六

[1] 《尹继善奏拿获湖北传抄伪稿案之严右箴折》,乾隆十六年十二月十三日,上海书店出版社编:《清代文字狱档》,第 804 页。

[2] 《硕色奏龙乾惕并非捏造伪稿之人折》,乾隆十六年十二月十二日,上海书店出版社编:《清代文字狱档》,第 800 页。

[3] 同上。

年七月初。

乾隆十六年八月初五，乾隆帝发布上谕，怒斥此事乃“假托廷臣名目，胆肆讪谤，甚至捏造朱批”[1]，“显系大恶逆徒，逞其狂悖，不法已极”，要求直隶、河南、山东、山西、湖北、湖南、贵州，“选派贤员密加缉访，一有踪迹，即行严拿”，“务须密之又密”，彻底查出始作俑者。[2]

## “五不解，十大过”

“伪稿”上到底写了什么，值得帝国官、民争相传播？

由于乾隆帝已将查出的伪稿全部销毁，官员奏折亦未谈及详细，皇帝更没有公开撰文驳斥，后人只能从鸡零狗碎的材料中爬梳蛛丝马迹，知其梗概[3]。

所谓“五不解、十大过”，综合起来有两大要点：

一是抨击皇帝南巡。江南官贵震案中，皇帝南巡，“江宁省城因修御路”，地方官将官贵震妻舅郑鹤年的房屋拆了，“是以不甘”。官员以此推断官氏有捏造动机，表明稿中必有这项指责。

关于南巡，乾隆帝也意识到了因需求过多而对地方造成的损耗，遂以蠲免赋税作为补偿，但地方官为了邀赏，往往差遣居民服役、修路、建楼、造景，大兴面子工程，军、民不胜其苦。江西绿营官员卢鲁生被指捏造伪稿的动机是“虑及办差赔累”，就充分说明了这点。

二是指责皇帝冤杀张广泗。张广泗是乾隆十二年平定金川之役中的

[1] 《严拿传播伪稿逆徒谕》，乾隆十六年八月初五，上海书店出版社编：《清代文字狱档》，第 702 页。

[2] 《清高宗实录》，卷三百九十六，乾隆十六年八月戊戌日条。

[3] 详细内容可参见陈东林、徐怀宝：《乾隆朝一起特殊文字狱》，载《故宫博物院院刊》1984 年第 1 期。

大将，因指挥失当被逮捕至京，皇帝亲自审问，认罪遭拒，竟处以极刑，民间多以为冤。

乾隆十七年正月，乾隆帝说“伪稿内以张广泗有功，张广泗乃贵州总督……”，一度怀疑首犯是张广泗的同党。九月，他要求官员审查案犯时，要特别留意“是否与张广泗有亲，及平日与张广泗往来情意若何”[1]。

奏稿虽然为假，但伪造之举说明，民间有人对乾隆帝诛杀大臣、靡费民力的行为很不满。而官、民四处传播，比伪稿本身更让皇帝感到不安。皇帝不会忘记“曾静案”给先帝带来的统治合法性危机，不过，与雍正帝编纂《大义觉迷录》予以公开驳斥不同，乾隆帝更愿意暗中低调处理，尽量把事态往小处控制，他乐意将传抄犯视为愚蒙无知之徒，只需抓住捏造之首犯即可，其余从轻处理。对此，官员必须负起责任。

## 谜之懈怠

必须说明的是，上述伪稿案，传播轨迹并非如此“线性”，而是在不同时间、不同空间散播，杂乱无章。传播时间与抓获并告知皇帝的时间并不同步，甚至相去甚远，比如已知最早的伪稿案发生在乾隆十五年七月，但传到皇帝耳朵里，却要到乾隆十七年十二月——两年多才被“发现”。

这固然与地域辽远、文书传递需时过长有关，但官僚的故意拖延、迟滞，亦致行政低效。比如早在乾隆十六年四月，山东即发现了伪稿，但巡抚准泰以“无庸深求，不必具奏”[2]将下属禀帖发还，还将来源改

[1] 《清高宗实录》，卷四百二十二，乾隆十七年九月乙丑日条。

[2] 《和其衷奏请密谕两江督臣严究逆稿来历折》，乾隆十六年八月十七日，上海书店出版社编:《清代文字狱档》，第 703-704 页。

为“拾自途中”。经按察使和其衷上奏方才抖出此事，查得官贵震案。

类似情形不胜枚举，所以也就不难理解，为何伪稿早已流传，但消息却没有从近在咫尺的直隶、山东以及富庶的江南传出，而是从边疆之地的云贵发现。

然而即便是云贵地区，官僚的处理亦未见得步调一致。云贵总督硕色反应迅速，他曾因查办“曾静案”受到表彰，对类似案件颇有经验，所以在截获伪稿后的第二天上报皇帝，审案亦非常高效，一个月内即将案情查明，把来源指向湖北，清除了本省库存，很快便置身事外，也赢得皇帝表扬：“所办可嘉。”

相比之下，贵州巡抚开泰的反应就是“谜之缓慢”，伪稿最先在贵州截获，而他却比远在昆明的硕色足足晚了 20 天才上奏[1]。开泰意识到这一政治风险，在首次上奏的奏折中，隐去了为何迟奏的说明，而是历数抓捕行动，结论与硕色一致，他试图告诉皇帝，没有及时上奏，乃因案情不明。

在皇帝回复之前，开泰又上一折以表“实心办事”，但乾隆帝不吃这一套，斥责他“其奏甚属迟缓”，看到伪稿，理应“愤恨交迫，急不待时”，怎么可以迟迟不发？“独何心耶？”开泰的抓捕行动成了炮轰的靶子，“此种逆词，辗转抄录，其中必有凶恶渠魁，利于处处发觉……岂得谓一一根究，唯恐株连者多，遂不彻底查拿，使逆党稍有漏网耶？”[2]皇帝告诫开泰，“倘再不知奋激，”而只是当作平常案件看待，“则自取罪戾”。[3]

[1] 《开泰奏审讯提塘吴士周等情形折》，乾隆十六年七月二十二日，上海书店出版社编：《清代文字狱档》，第 699 页。

[2] 《开泰务须实力办案谕》，乾隆十六年八月初十，上海书店出版社编：《清代文字狱档》，第 711 页。

[3] 《清高宗实录》，卷三百九十七，乾隆十六年八月乙卯日条。

秘密奏折制度下，皇帝与有奏事权的官员单线联系，同僚之间不清楚各自向皇帝的报告内容。如若皇帝从别的管道更早获知其辖地的信息，督抚汇报迟缓或明知不奏，必将受到渎职、懈怠的斥责，忠心亦会受到质疑。如果真不知，亦有“失察”之罪。所以，奏与不奏，何时奏、如何奏，为何不奏，关乎官员的政治生命，需要仔细拿捏，开泰迟奏，就在于揣摩时间太长。

但这远比“不奏”面临的政治风险要小。山东巡抚准泰在乾隆十六年四月接报后成功捂住，八月接到皇帝谕旨要求搜查时，顿时慌了，他意识到“从前办理错谬”，“一时没主意，想着要奏又怕迟了，欲待不奏心实害怕”[1]，激烈的思想斗争后，最终选择不奏。皇帝将他革职，当作反面教材遍谕其他督抚。

皇帝斥责开泰的同时，各地已接谕旨四处搜捕捏造伪稿者。云贵将伪稿来源指向湖北，湖广总督恒文表现得甚为“积极”，八月内就连上三折，将线索查了个干净，但捏造伪稿之人仍无踪影。案犯只是交代，伪稿来自江西。

湖北把皮球踢向江西，但该省份不在皇帝要求查奏的地域之内，恰在月底，开泰告诉乾隆帝，云贵稿件的另一源头来自四川[2]。这意味着，已知有 9 个省份出现伪稿踪迹。伪稿流传范围比皇帝想象的还要大。

## 不寻常的恼怒

皇帝亲手曝光准泰的瞒报行为后，伪稿案没法“密之又密”。一个

---

[1] 《兆惠奏遵旨讯明准泰隐匿发现伪稿情形折》，乾隆十六年九月八日，上海书店编：《清代文字狱档》，第 730—731 页。

[2] 《开泰奏滇黔传抄伪稿来自鄂省折》，乾隆十六年八月二十日，上海书店出版社编：《清代文字狱档》，第 710 页。

月后，督抚的查办消息陆续传至京城，乾隆帝却异常恼怒。

第一个惹怒皇帝的人是山西巡抚阿思哈，他声称接谕后“自当凛遵前旨，密访严拿，实力侦缉，断不敢稍有泄漏”，这本是表忠心的“规定动作”，皇帝却大为光火，认为“此不过敷衍搪塞之词，谁不能作此语，足见其并未实心办理！”理由是直隶与山西交界地方查获了传抄伪稿犯，其中就有山西人，而山西“乡人喜谈乐道”，“尤非他省可比，必有传抄乐祸之人”，由此推断，阿思哈“接谕后不过以空言虚应故事”。[1]

火上浇油的是湖南巡抚杨锡绂，谕旨发出一个月内，杨锡绂奏折上得勤，但多是其如何派人搜捕，如何与其他省份公文往来交换信息，未见实际审案情形。皇帝沉默了一阵后，终于在九月十一日的奏折上发飙，批示：“仍属塞责完事，不见实心办理也！”[2]

与杨锡绂、阿思哈不同，四川总督策楞并无敷衍塞责的大过，云贵地区发现伪稿案后，策楞还在皇帝发给谕旨之前就主动调查，只是没有及时上奏。但这也让皇帝很生气，“策楞受恩深重，非他省督抚可比，一见此等悖逆之词，理应一面飞章驰奏，一面实力跟查，乃直至接奉廷寄方具折奏闻，显系观望迟回，并无痛心疾首之意，平日受朕豢养成全厚恩者，当如是乎？”[3]对皇帝来说，策楞是“受恩深重、非他省督抚可比”的心腹，而他却“迟回观望”，不够忠心。

官员表现不佳，不难理解。密奏制度下，皇帝具有掌握更多信息渠道的优势，官员与皇帝之间很容易出现信息上的不对称。凡遇有皇帝敦促的涉及“政治罪”案件，官员往往利用较为漫长的公文传递时间来思

[1]《着申饬阿思哈敷衍搪塞谕》，乾隆十六年九月初十，上海书店出版社编:《清代文字狱档》，第733–734页。

[2]《杨锡绂奏江起保已拿获解送鄂省折》，乾隆十六年九月十一日，上海书店出版社编:《清代文字狱档》，第735页。

[3]《策楞奏奉旨复奏办理伪稿案迟缓缘由折》，乾隆十六年九月二十八日，上海书店出版社编:《清代文字狱档》，第759–760页。

考处置办法。有技巧地“懈怠”“拖延”“观望”,是降低风险的有效手段。清朝的制度设计亦为这种“技巧”提供了操作空间。

清制，唯死刑方须上交中央处理，流刑以下的案件，督抚可自行处理，以准泰为例，将预先接到的线报退回，其实是巡抚的合法职权，所谓“不法”之处是隐匿案情，但隐匿能带来实实在在的好处，起码会免去一些“麻烦”。

已积累不少执政经验的皇帝看穿了这一切，他对官吏敷衍、懈怠、互相踢皮球的习气有充分的了解，所以就不难理解，乾隆帝为何在查办之初就对各级督抚施以重压，甚至在尚未了解全局的情况下，就急不可耐地分别在八月二十二日、二十三日、二十四日、二十八日训斥贵州巡抚开泰、直隶总督方观承、四川总督策楞、江西巡抚舒辂，告诫他们必须“实力搜缉”,“不得稍存诿卸之见”,其内心的极度焦虑就来自对官僚不良习气的担忧。

这时候，所有督抚应该明白，向皇帝表明境内已查出伪稿，不论是否“首犯”,就能避免惹火上身。如果接壤省份查出伪稿，本省却久不见奏闻，该省督抚必遭训斥。比如福建，皇帝发布谕旨三个多月后无任何动静，经主动询问，两个月后，福建巡抚潘思榘的搜查报告方才递到皇帝跟前。对此，乾隆帝既没有威胁惩罚，亦无褒奖，只有一句反问:“汝等以为绝无者，如何？”[1]

## 最后一根稻草

高压之下，各地督抚为保全自己，常用的办法，还是踢皮球——把

[1] 《潘思渠奏查出传抄伪稿要犯戴岳万等折》，乾隆十六年十一月十七日，上海书店出版社编:《清代文字狱档》，第783页。

伪稿来源、线索引向他省。

乾隆十六年八月以来，皇帝就见识了这道奇景：云贵踢给湖北、四川，湖北、四川踢给江西、河南，江西与山东一起发力将球踢向江苏、浙江。山西、直隶之间互相踢来踢去。案件越来越多，被捕的人数高达上千。在来来往往的公文中，江西、江苏、浙江一带告知已查出了更多“来源”。皇帝的目光亦随之转向江南，关心了三件大案。

如前所述，官贵震案由山东的线索牵出。江西巡抚鄂容安信誓旦旦地声称官贵震是捏造伪稿的首犯，皇帝大喜过望，但后来查明稿件转抄自扬州的木行商人，再往上追溯，来源既多又混，没法细究。

皇帝寄希望于另一起“天一堂案”，却被告知，伪稿案源头是已经病故的两名商人，线索再度中断。

事实上，将传抄线索引向已故的熟人，是犯人为避免严酷刑罚的惯用手段，既能保全自己（皇帝要求官员抓到首犯为要，传抄之犯轻罚即可），又摸准了官员尽速结案心理（因为死人无据可查），从而能很快出狱；另一招则是混供，变换多个来源，增加查办成本，期待能不了了之。

搜捕行动一年来，乾隆帝穿梭于繁杂的线索、程序化的公文之中，被“忽此忽彼，似近复远”[1]的案情弄得晕头转向，思维混乱，时而认为官贵震案能问出首犯，时而推断首犯出自湖南（只因“曾静案”在先，可能余党未尽），又时而纠结江南提督吴进义是否看过伪稿等细枝末节。

首犯仍无头绪。皇帝很郁闷，“又无望，殊觉愤懑也”，他告诉两江总督尹继善，“尚无头绪，殊觉愤懑也……卿有何别策，试言之”[2]。

[1] 《认真办理可赎前愆谕》，乾隆十七年四月十七日，上海书店出版社编：《清代文字狱档》，第 847 页。

[2] 《尹继善奏究出官贵震传抄伪稿得自黄景良折》，乾隆十六年十二月十三日，上海书店出版社编：《清代文字狱档》，第 804 页。

尹继善没有新办法，依然只能沿用低效的查案速度审问犯人，寻找线索，各省之间的驿路上很热闹，但首犯始终未见。

皇帝催逼虽急，地方官仍一筹莫展，左冲右突之下，查出官员施廷翰之子传抄过伪稿，故被立为“施廷翰伪稿案”。作为江西粮道官员，施廷翰在所有涉案官员中级别最高。皇帝寄予厚望，要求审案官务必审个水落石出，顺带愤怒地指责了各省审理的潜规则：

> （伪稿案）及今一年有余，茫如入海算沙，了无头绪，此皆因各督抚等一切委之属员，根据详禀供词虚文塞责，并未实心研究实力查办，承办之员往往推卸邻境隔省隔属，辗转关查，挨延时日，而其中情伪百出，有挟仇诬扳者，有受嘱开脱者，有畏刑妄承者，甚至教供、串供，附会迁就，株连扰累，不胜其烦，而正线转迷，首犯尚悠然事外。[1]

皇帝告诫审案官不能重蹈不良习气。然而，地方官联合军机处官员花了一年多时间详细审理、追查，最终查明施案乃是由一连串谎供堆起来的冤案。

这时已是乾隆十七年底，旷日持久的追查已令皇帝心力交瘁，施廷翰案成了压垮搜捕行动的最后一根稻草，地方官迎来皇帝怒火的大爆发。

皇帝重新审视各省呈上来的折子，得出结论：“一切听断案件率皆委之属员取供成招，及解至督抚亲审，不过就其已成之狱，略为摘问而已。”[2] 督抚并不“实心办事”，审案时又“将就完案”，就连素来办事

[1] 《伪稿首犯杳无下落思之良为愧懑谕》，乾隆十七年十月十九日，上海书店出版社编：《清代文字狱档》，第 900 页。

[2] 《各省所有现办传抄各案督抚必须亲提确讯谕》，乾隆十七年十一月十一日，上海书店出版社编：《清代文字狱档》，第 902 页。

得力的尹继善，亦质疑其“岂非积习横据于胸中所流露者耶？”[1]

虽然明确指出各地审案的潜规则，但并未促进追查。皇帝的局限在于，他在事发现场千里之外，只能通过奏折了解被精心撰写的文字包裹起来的“真相”，这类信息一旦过多而“超载”，就需要过人的判断力，否则真相很容易被遮蔽。40岁的乾隆帝即便年富力强，握有强大的皇权，却未必能挣脱信息的束缚，碾压得过更强大的官场规则。从这个意义上来说，官僚比皇帝更容易操控对方。

## “替罪羊”

乾隆十七年底，该案仍久拖未决，皇帝已对追查首犯失去信心，但又不便不了了之，“既已延及数省，迟至经年，断无骤然中止之理”[2]，此事“殊于大清国体统颜面有关”[3]。

这时，江西再发现刘时达案，恰如前述，该案发生时间最早，就凭这点，皇帝就判定此为首犯。案犯被迅速以大逆罪“明正典刑”，草草结案，这时已是乾隆十八年春天。

学界普遍认为，刘时达案是一起冤案。

据学者陈东林考证，首先，伪稿中所见“工部尚书孙嘉淦”头衔，是乾隆十五年七月二十日之后的事情，而伪稿于乾隆十五年七月编造，孙嘉淦任工部尚书的消息，以当时最快的驿马传递速度算，传到江西起码要到八月，刘时达等人不可能在七月二十日之前就预知孙嘉淦任工部尚书，编造时间上说不过去。

[1] 《清高宗实录》，卷四百二十九，乾隆十七年十二月己酉日条。

[2] 《清高宗实录》，卷四百二十九，乾隆十七年十二月辛亥日条。

[3] 《尹继善应派员赴赣专查传抄伪稿案谕》，乾隆十六年十一月十一日，上海书店出版社编：《清代文字狱档》，第778页。

其次，伪稿大肆指责的大学士鄂尔泰、张廷玉、徐本，尚书讷亲等人，多于伪稿编造前一年甚至三年就已故去，刘时达等人没必要冒着杀头之罪来抨击一群已经死去的权臣。

更可疑的是，整个审案过程混乱无序，刘某等人指东指西，后又全部翻供，忽而又全部承认编造。蹊跷的是，审理过程中皇帝还特发《现当紧要之时务虚镇静办理谕》，告诫临近省份浙江不要节外生枝，疑似担忧过多线索会再让该案拖入泥淖。结果出来后，乾隆帝不似前案屡次追问，而是立即说“全行昭著，无可候质”[1]。刘时达等人很可能不幸沦为替罪羊，首犯仍是个谜。

“真相”大白后，虽已意识到帝国官场弊端，皇帝却无力改善，仅对查办官员略示薄惩。皇权与官僚机器的较量，在十几年后爆发的“叫魂”案中更为激烈。

[1] 《现当紧要之时务须镇静办理谕》，乾隆十八年正月二十日，上海书店出版社编：《清代文字狱档》，第941页。

# 荒唐的“谋反”

乾隆十七年（1752年）四月，乾隆帝为追查“孙嘉淦伪稿案”焦虑不已，湖北罗田县农民马朝柱“谋反”案又摆上案头。湖广总督永常告诉乾隆帝，其属下在罗田县天堂寨拿获一批“反贼”，他们集资造兵器、编写口号、拟定仪式，意图光复大明。

党羽抓了不少，但为首的马朝柱逃了。于是，与“孙案”相似的情节又开始了，乾隆帝与督抚们一道，重演“切责、抓人、无果、再切责、制造冤案、切责”的闹剧。

“行动”失败后，马朝柱始终没现身，但他的故事不断流传，几十年后，竟以创始人的身份，被江西的一个天地会组织供奉起来。

而再回头来看马朝柱的所谓“起事”，更像一个彻头彻尾的骗局，该案在很长一段时间内成为乾隆帝的一块心病。

## “天堂寨”的秘密

对农民马朝柱谋反这事儿，朝廷的官员慢了可不止半拍。

从密谋搞事到乾隆十七年被发现，马朝柱及其同伙在官府眼皮子底下活跃了五年之久。据湖广总督永常奏报，早在乾隆十二年，天堂寨两大核心人物——马朝柱与正修和尚发布了第一个耸人听闻的传说。

马朝柱说，自己16岁时，神在梦里指示他去护国寺找一位姓杨的师傅，结果真的找到了。20岁那年，神又说安徽桐城万山九龙洞有兵书、宝剑，“往取得之”[1]。

把自己描述成能与神沟通的人，通常是搞事的第一步，第二步就是亮出有影响力的领导名头与旗号。马朝柱说，西洋住着一位前明后裔，名叫朱洪锦，手下有大学士张锡玉、吴三桂的子孙吴成云，麾下更有三万七千大兵，他自己则是这支队伍的军师。他们的目的是光复大明。

这些故事被制成书籍、传单在天堂寨下传播。为了让人信服，马朝柱还托人打造令旗、宝剑、铜镜、令牌，刻“太朝军令”“并金枪”字样，预先放入山洞中，约人去取，力证所梦不虚。马朝柱还说，他能用遮天伞、撑天扇将士兵从西洋运送到中国，声称大乱来临，交钱入伙，可保平安。

很快，“被诱上名者众”“各歃血吞符”[2]。乾隆十六年五月，马朝柱的兄弟以及行医胡济修，各担任心腹与“谋士”之职，组织初具雏形，并派人大造舆论，写赞词、檄文，托言得自“西洋大都督吴成云”，在洞里向信徒展示能施法术的镜子、旗子，还要求信徒统一发型，“以发辫外圈蓄发为记”[3]，并在庙宇、商店设点招收信徒。

看起来有模有样，但也曾露出马脚。马朝柱曾向信徒拿出暗中制好的蟒袍、补褂、顶帽等服饰，托言是西洋所赐，然而明眼人一瞧就知道

[1] 中国人民大学清史研究所编:《康雍乾时期城乡人民反抗斗争资料（下）》，第657页。

[2]《清高宗实录》，卷四百十六，乾隆十七年六月甲辰日条。

[3] 中国人民大学清史研究所编:《康雍乾时期城乡人民反抗斗争资料（下）》，第657-663页。

那是戏服，称是“本朝服色”[1]，“疑之”。

为了释疑，马朝柱伪造一份诏令给他的心腹，秘密赶往黄鹤楼，说西洋人乘云驾雾来到黄鹤楼颁诏，已托胡济修去拿，久候多时的心腹将100张刻好的诏书交给后者。回到天堂寨，胡济修“对众开读，众果不疑”。

这在如今看来匪夷所思之事，当时的人真的相信了。在他们的认知里，现实中代表合法性的诏书与所信仰的神力，同样不可质疑。哪怕是“前明诏书”，百年之后仍能让民众相信并顺从。

收服人心后，马朝柱开始谋划更大的发展。他先是敛财，诏书分发给信徒胡南山、吴方美、吴方曙等人，每张收了20两银子；然后委托铁匠造兵器，支使信众购买硫磺，刻下“统掌山河、普安社稷、既受天命、福禄永昌”的印文。

乾隆十七年，藏了五年的行动逐渐暴露，当地“流言四起”，罗田县令冯孙龙知道后派人调查，得出“不过是烧炭农民，不是什么反贼”的结论。湖广总督永常起疑，命再次严查。

天堂寨的秘密，逐渐传到了乾隆帝的耳朵里。

## 坏事变成好事

由于目标与目的地十分明确，湖北官兵很快就包围了天堂寨，马朝柱原本想率众抵抗，见官兵人多，便与一百多名信徒执旗突围，此后再未现身。

马朝柱脱逃意味着搜捕行动的失败，但经湖广总督永常等人的掩饰，这一点变得不那么重要。

永常等人声称，马氏的家人俱被拿获，又搜出“谋反”物证，“致

[1]《清高宗实录》，卷四百十六，乾隆十七年六月甲辰日条。

令首犯远扬”的责任人是罗田县令冯孙龙，他虽然参与追捕，但没有到寨内搜查[1]。

永常还告诉皇帝，自己亲自统领200名官兵到罗田县指挥，这一点也被湖北巡抚恒文证实。皇帝点了个赞。在四月十四日的奏折里，永常大篇幅记述其抓捕经过，并初步推定马朝柱逃往武昌、汉阳一带，还审出同伙名单，如张锡玉、吴承云、朱元成、李永爵、方珍、胡南山、董有功、杨老四等，他们散居安徽、河南、江西各地，四川还有新据点“西洋寨”。这些信息皆已知会相关督抚。

抓捕、首犯脱逃责任追究、审问，这一连串动作，让永常达到既把好事做尽，又把其他督抚搅进来稀释责任与压力的目的。不仅如此，永常还力陈“地方文武，狃于隔省陋习，不能整顿稽查，平时耳目多疏，临事又怀瞻顾”[2]，自己不得不亲入实地“慎重办理”。

种种作为，特别是亲自追捕一事，深得皇帝之心，被表扬“甚属可嘉”。皇帝不止一次痛陈“外省陋习，不过虚文塞责”，指责督抚安坐衙门，委之一二干员，自己不实心查拿。而永常刻意“反常”，可谓抓住了乾隆帝的痛点。恒文也深知“亲力亲为”的好处，永常上奏五天后，他向皇帝特别强调，虽然已经抓获同伙胡南山，但自己因为在监考，所以“不能亲审”[3]，主动认错，又反复陈述追捕安排。皇帝怒赞其“办理甚属可嘉”。

湖北的上佳表现，乾隆帝有意将其树为典范，他告诉帝国官员，“永

[1] 《清军搜查天堂寨并剿洗天马寨情形》，乾隆十七年四月十二日，中国第一历史档案馆合编：《清代农民战争史资料选编》，中国人民大学出版社，1991年，第157页。

[2] 《清军剿洗天堂、天马两寨并拿获三四十人》，乾隆十七年四月十四日，中国第一历史档案馆合编：《清代农民战争史资料选编》，第159页。

[3] 《胡南山被拿获并审讯情形》，乾隆十七年四月十七日，中国第一历史档案馆合编：《清代农民战争史资料选编》，第164页。

常在楚，已四出密咨，甚得查办之道”[1]，充分肯定在皇帝发现之前知会各地的举动，还不止一次表扬永常“亲赴”督办之举，而“其未经奏闻者”，要放在平时，定会遭来忠心是否不够的质疑，这回乾隆帝则示以同情之理解，认为“当俟办有头绪”，给予永常、恒文以及蕲州府知府李珌记大功——地方官成功扭转了问责态势，把可预见的坏事变成了好事。

## “外省陋习”

然而进入“搜捕正犯”阶段，皇帝没有高兴太久，君臣又进入了熟悉的老套路。

自四月初八到五月十七日，永常、恒文以及两江总督尹继善轮番上奏，更多是永常等人的碎碎念，皇帝频繁接到抓获马朝柱党羽的奏报，马朝柱本人则未见踪影。一开始地方官以抓到的人来邀赏，但渐渐地就不那么管用了。皇帝多以“知道了，正犯尚未就擒，应竭力缉拿，不可一奏了事”[2]训诫，虽然将未能及时觉察马朝柱案的罗田县知县冯孙龙斩首以儆效尤，但此举没有招致更卖力的搜拿，百余名案犯——这是马朝柱团伙突围时的人数——被抓，其中无辜者居多。

皇帝逐渐变得不耐烦，频繁干预审案细节。河南巡抚蒋炳根据湖北给的线索抓住了所谓的同伙张德远，但因证据不足将其释放，皇帝甚为不满，认为“乃据张德远一面之词，即信为仇扳，从轻了结，蒋炳办理之处殊属疏纵马朝柱等”[3]，后来蒋炳将二犯押到湖北，审出果系逆党

[1]《清高宗实录》，卷四百十三，乾隆十七年四月己酉日条。

[2]《清高宗实录》，卷四百十三，乾隆十七年四月庚戌日条。

[3]《清高宗实录》，卷四百十四，乾隆十七年五月辛酉日条。

案犯，乾隆帝不无得意地说，“汝前所办，差乎？否乎？”[1]

乾隆帝对江南方面的审理也很有意见，认为审理太过粗糙，江南官员即便抓住了马朝柱的老朋友正修和尚，却没有问出马朝柱的去向，他质疑尹继善“久历封疆，自当更为熟练，亦义无可辞，岂有于丧心背逆之匪犯、尚存姑息邀名之见者？”“倘有疏漏，必于尹继善是问。”[2]

为此，皇帝立下重典，将“一二人为首者正法，须视其情重者，多行诛戮数人，庶奸民知所畏惧”[3]，除了对未来与马朝柱对质的重要案犯暂行监禁外，其余一概正法。这意味着，尹继善所获的一百多名案犯[4]，多数都会人头落地。

五月十五日，皇帝再斥地方官的陋习，“率以虚文了事，并不实力查拿，悬案任其久稽，惟于岁终出具境内并无该犯踪迹印结而已”[5]，指责所谓抓捕只是做做样子，因而严令督抚，能将首犯抓到的就有功，“若获自他省，凡经过地方，未经盘诘得实者，必当查明治罪，毋谓朕之不戒也，各宜勉之，慎之”[6]。

换言之，如果马朝柱在湖南抓到了，那么凡是他经过的地方，比如湖北、江西、安徽、河南等地的官员，都将治罪。

对这一套路，地方官想必熟稔于心，因为这道旨意极像奏折制度下的潜规则：官员之间以及君臣之间都在进行着信息控制的竞赛，若皇帝或同僚比你更早知道辖境内的勾当，你就会被治以失察或渎职之罪。

皇帝严厉的谕旨的确加剧了官员的竞争态势。五月中旬后，四川、

---

[1]《清高宗实录》，卷四百十五，乾隆十七年五月己丑日条。

[2]《清高宗实录》，卷四百十四，乾隆十七年五月癸酉日条。

[3] 同上。

[4]《尹继善奏报江省已获马朝柱案内伙党一百余名》，乾隆十七年五月初七，中国第一历史档案馆合编:《清代农民战争史资料选编》，第 159 页。

[5]《清高宗实录》，卷四百十四，乾隆十七年五月乙亥日条。

[6] 同上。

安徽、广西、贵州、江西、河南等地均有进展，马朝柱虽然没有落网，但党羽的供词清晰地描绘出他起事的经过。六月之后，督抚多已开始上报审案情形，一串串匪夷所思的案情浮出水面。

## 冤案如何形成

朝廷无孔不入的搜查，在基层造成巨大恐慌，稍与马朝柱有所瓜葛之人，就会被怀疑、追捕，进而收押。耶稣会士罗伊神父回忆：

> 为了逮捕一个有名的叛逆者——他在几年前出现，但现在恐怕已经不在世，全国进行了多年的严厉搜查，每天都引起很多麻烦事……许多无辜民众，因为一点点的嫌疑，就被逮捕、讯问、下狱……[1]

罗伊的描述在另一本清代笔记《明斋小识》中得到了部分印证，据该书记载，湖南浏阳县居民因为与马朝柱身边的“军师”名字相同而被抓，当地知县张宏健搜集田庐坟墓、历年完税印串等证据，还以年貌籍贯不符等缘由力证清白，力请放人，但官兵并不理会，以为证据是捏造的，乃“颠倒误写，实系逃逆”。最终，知县花了不少钱上下打点，“居民始得无事”。

而民间亦借马朝柱大兴陷害之风。九月三十日，浙江常山县百姓左双兴捡到了一封马朝柱寄给玉山县民朱捷三的信，信中约定同谋叛逆。地方官抓了 37 人，后经查明，信乃伪造，事乃嫁祸。十月，皇帝收到

[1] 转引自铃木中正：《乾隆十七年马朝柱的反清运动》，载《中华文史论丛》1981 年第 2 期。

不止一封奏报，内称江西的道路、江苏的士兵营房、安徽的店铺，皆可见冒充马朝柱写的帖子[1]。乾隆帝亦明白，这些帖子“皆不问可知为挟仇诬陷”[2]，要求官员重处造假者，但对贴内提到的人名“概置不问”，意在缩窄打击面。然而到了年底，正犯仍然未得，乾隆帝急不可耐，又决定揭帖内的人名也要审讯。

这鼓励了那些“挟仇诬陷”之徒，乾隆十八年五月，湖北罗山县知县汪沁就被手下的几名文吏摆了一道，后者伪造一封马朝柱写给汪沁的书信，意指二者互相勾结。真相大白后，乾隆帝感慨，“马朝柱一日不获，此等侧见旁出、鬼蜮伎俩不息”[3]。

一年多的抓捕行动中，马朝柱的身边人，比如军师、“将帅”、联络人还有家人多已落网，乾隆帝命令即刻正法，不需报部。重典之下，正犯不见，而冤狱不断产生。

落后的刑侦手段导致无辜者蒙受皮肉之苦，乾隆十七年七月二十六日，四川捕役仅凭湖广人柳春来的年貌、疤痣、须发、牙齿与马朝柱相似，即断定其为首犯，提到湖北后，马朝柱家人无一认识，柳春来才脱离冤狱。

为了拿赏，地方捕役亦会勾结群众，合谋造假。乾隆十七年八月，湖南老百姓李国栋自认是马朝柱同伙。后经查明，不过是捕役教他供认，拿钱后再合伙分成。乾隆帝颇为恼怒：“现今尚在严拿，而已有此等冒赏情弊，真犯一日不获，则远近之造作假伪情弊百出。”[4]

---

[1] 《哈攀龙奏清军饬属严缉马朝柱等情形》，乾隆十七年十月初二，中国第一历史档案馆合编：《清代农民战争史资料选编》，第 203 页。

[2] 《清高宗实录》，卷四百二十四，乾隆十七年十月壬寅日条。

[3] 《清高宗实录》，卷四百三十八，乾隆十八年五月己巳日条。

[4] 《清高宗实录》，卷四百二十一，乾隆十七年八月己酉日条。

## “吴方曙案”

事实上，地方官迫于追捕压力滥用刑讯逼供，是导致多数冤案的共同原因，“吴方曙案”就是一个案例。

乾隆十七年七月初二，号称马朝柱寨内“将帅”的吴方美以及联络人吴方曙落网，湖北巡抚恒文认为“此为助逆最要之犯”[1]，而皇帝亦颇为兴奋，寄予厚望，“此二犯既得，再上紧缉捕，恐彼游魂，亦难兔脱矣！”要求“备极严刑，设法追究，务得正犯，方了此局”[2]。

经审问，吴方美承认交了30两银子，帮马朝柱打理寨内事务，吴方曙仅表示认得马朝柱。恒文比较二人供词，发现符合之处甚多，认定“此为正犯无疑”，遂急急正法，但马朝柱行踪仍然没有问出。

两个月后，广西巡抚定长告诉乾隆帝，他们抓住了吴方曙。尽管湖北方面已经告知，吴方曙已经正法，但定长说仍不敢“故为开脱”，审讯得知其原名吴晟相，冒称吴方曙，乃因“解楚认非正身，即可释放”，想钻非真人即释放的空子，又坚称所谓的马朝柱逃处住所，乃惧刑捏造。[3]

不过，恒文发现其对马朝柱起事经过非常熟悉，谋叛事发后又削发为僧，种种迹象表明，“其为逆党，实无疑义”，但又不敢做主，将“吴晟相”解往湖北，那里是首次抓到“吴方曙”的地方。

乾隆帝十分重视，再三告诫押解途中毋使该犯逃脱，要求湖广方面

[1]《永常等奏吴方美等被获并讯供情形》，乾隆十七年七月初二，中国第一历史档案馆合编：《清代农民战争史资料选编》，第192页。

[2]《清高宗实录》，卷四百十九，乾隆十七年七月戊子日条。

[3]《定长奏吴晟相在桂被获讯明解楚质讯》，乾隆十七年九月初六，中国第一历史档案馆合编：《清代农民战争史资料选编》，第199-200页。

“将新获之吴方曙，详悉研究，不必回护”[1]。

万万没想到，“吴方曙”一见湖北巡抚恒文就“极口呼冤”，随后查明的案情，几乎颠覆了广西的结论[2]。

原来，吴方曙原名也不叫吴晟相，而是罗晟相，乃湖南城步县人士，剃发为僧是在马朝柱谋叛事发之前而不是之后，入寺之后从未出远门，亦从未见过马朝柱。在广西巡抚定长审问之前，他还在临桂县田志隆处受了一顿重刑，所有关于马朝柱的细节，都是被迫说出的：

> （罗晟相）实因临桂县田县主（田志隆）把小的夹了一夹棍，次早又将烧红铁链放在地上，叫小的把光膝头跪在燧上，叫差头扯着小的耳朵，受不过了，只得妄认。[3]

既然罗晟相对马朝柱一无所知，他供出的诸多细节从哪来？罗晟相说，实属田知县教供、诱供而来：“田县主叫差头拿笔要小的写蕲州（马朝柱案发地），小的不晓蕲字，才写得一个‘齐’字，就打了十五个嘴巴，又要写家乡，小的不知吴方曙的住处，田县主又擀起小的来，只得依着吴字就说是吴家坊，又问是哪一甲，只得信口说是六甲，又问天堂寨的话，小的供是城步县的苗子，实在不知，如何供得来。田县主说，讨夹么，小的只得混认了。”[4]

[1] 《清高宗实录》，卷四百二十，乾隆十七年八月癸巳日条。

[2] 《永常奏吴晟相谎供系吴方曙前后审讯情形》，乾隆十八年四月初八，中国第一历史档案馆合编：《清代农民战争史资料选编》，第206–210页。

[3] 《永常奏吴晟相谎供系吴方曙前后审讯情形》，乾隆十八年四月初八，中国第一历史档案馆合编：《清代农民战争史资料选编》，第208页。

[4] 同上。

当问及何以改名吴晟相、吴方曙，罗晟相亦称乃刑逼所致，其他细节，如“烧炭，看门，做军师，画图形”以及多人姓名，“都是田县主那样问，小的只图免刑，就是那样答应的”，永常还核实了关于马朝柱的其他供词，确系子虚乌有，而对自身住处、行踪以及亲族的供述，则句句属实。

很显然，罗晟相案是一起彻头彻尾的假案、冤案，乾隆帝亦最终认定湖北所获之吴方曙是真，但并没有惩罚冤案制造者。该案之所以产生，刑讯逼供是直接原因，但皇权的不断催逼以及省份之间抓捕的竞争机制，让懒惰的地方官更有制造假案、获取免责筹码的欲望，而冤案制造者少有问责的事实，则变相鼓励地方官不择手段、捕风捉影。

生活在这一时期的传教士对此印象很深，就连他们自己也成了受害者。

乾隆二十一年，拉马什（La-math）神父回忆：“一切欧洲人，都被视作四年前在湖广发现的马朝柱事件的同伙。”[1] 罗伊神父说，他的同事一听到马朝柱就感到不安，“周围弥漫一种恐怖气氛……因为是外国人的缘故，我被看成是他的同伙而被逮捕过两三次”。

之所以盯上外国人，也许是地方官想起了马朝柱同伙所供的“西洋寨”线索，朝廷认为这是欧洲的阴谋，然而再审得知，“西洋寨”位于四川。四川总督策楞拼命搜查，却找不到西洋寨的任何痕迹[2]，这很可能又是刑讯逼出来的谎供。

令人更沮丧的消息也许来自马朝柱的谋主正修和尚、副手胡济修，

---

[1] 转引自铃木中正：《乾隆十七年马朝柱的反清运动》，载《中华文史论丛》1981年第2期。

[2] 《策楞奏清政府严查四川峨眉山并无西洋寨及严缉马朝柱等》，乾隆十七年五月十九日，中国第一历史档案馆合编：《清代农民战争史资料选编》，第187–189页。

二人于乾隆十七年七月落网后供称，马朝柱并不识字，其所有鼓动人心的宣传，诸如大明后裔、吴三桂后人以及其他要人均是捏造，无一是真[1]。

虽然鼓吹的内容是假，但皇帝更关心行为本身，尤其是马朝柱的下落。于是，督抚们在皇帝的催逼之下，历经一年多的搜查，马朝柱的毛都没找到。一切看起来都是白费力气，冤案可能是抓捕行动结出来的唯一“硕果”。

## 一块心病

乾隆帝是否担忧过马朝柱以遮天伞从西洋运兵反清复明？就算没有和尚正修所供捏造之语，有着良好儒家修为的皇帝，想必也是不信的。

在看到正修的供词后，皇帝更关心的是所供姓名而不是运兵法术，这些人是抓捕马朝柱的线索，因为马朝柱不获，“未足以严首恶而正人心”[2]。

“严首恶”之恶，自然是指大清律中的十恶之首“叛逆”，而“正人心”，则是担心叛逆会诱发不可言说的政治风波。

毕竟，马朝柱以发辫外圈蓄发为标识，自己还“把胡子、辫子都剃了”，且以反清复明为号召，极容易勾起百姓对一百多年前满洲入主中原之初强加给汉人的惨痛记忆。诸多冒充马朝柱的帖子频繁出现就说明时人熟练地利用了记忆内蕴含的反抗因素。乾隆帝要做的，是尽可能避免文书继续传播，越少人知道越好。所以，当乾隆十七年九月，皇帝得知徐州府将假冒帖抄发给捕役后，非常恼火：

---

[1] 《永常等奏僧正修供认吴成云等姓名俱系捏造》，乾隆十七年七月十三日，中国第一历史档案馆合编：《清代农民战争史资料选编》，第 194–195 页。

[2] 《清高宗实录》，卷四百十九，乾隆十七年七月丁丑日条。

此等逆词，止可抄录进呈，其原稿或应封固，留对笔迹，非承审官员，不当令见，结案时即行销毁，并不当存留案牍，何得公然抄播，使无知愚民，抄录传看，转滋煽惑，是正堕奸民术中矣……[1]

皇帝并不愿意将煽动无知愚民谋反挑明了说，只说“煽惑”，正是为了避免敏感之事公开化。然而，这种自欺欺人的举动没能减少其内心一丁点忧虑。马朝柱一日不被正法，谋反的风险就将继续存在，始终在皇帝心头盘旋，令其感到如芒在背，如坐针毡。但这一切又不可明说，皇帝就将怒气撒到督抚身上：“看来外省督抚办事，惟尚虚伪，习气未除，朕极力教诲，终不知改，实觉愤懑也。”[2]“楚省之马朝柱等，尚未就获……用尔等督抚，所为何事！”[3]

回过头来看马朝柱所为，真能威胁到朝廷吗？

据破获的“骨干”供词，他们多是被马朝柱所谓的梦话，以及不靠谱的承诺吸引而至，加入时还要交银子，这表明，马朝柱敛财的兴趣大于谋反的兴趣，官兵搜出的兵器，也许更像他对信徒做出的交代。谋划五年，竟无所成，官兵一击即溃，这一谋反团伙更像是一群乌合之众。

当然，终乾隆朝，马朝柱都没有现身，上述只是猜测，其背后真正动机，以及下落何在，终究成谜，成为乾隆帝的一块心病，时时左右着乾隆帝在十四年后“叫魂案”中的情绪。

马朝柱到底去哪了？

乾隆六十年，江西的一个天地会组织的仪式中，马朝柱被供奉为创始人。

---

[1]《清高宗实录》，卷四百二十三，乾隆十七年九月甲申日条。

[2] 同上。

[3]《清高宗实录》，卷四百二十五，乾隆十七年十月丁巳日条。

他或许已经死去，但故事活了下来，经后人不断肢解、演绎、改造，以一种别样的面目与朝廷继续相处。

# 自家人的威胁

乾隆十八年（1753年），乾隆帝突发一道谕旨，禁止大臣与宗室诸王结交。谕旨声称：“皇考世宗宪皇帝时，因朝臣与诸王交接往来，曾经降旨训谕，深戒党援……朕临御以来……诸王中一二节遴者，竟有招纳之事，而大臣中亦有在王府往来者……”[1]

很明显，皇帝担忧宗室朋党死灰复燃，下旨意在遏止。

虽然乾隆帝在即位之初，一改乃父苛待宗室之风，释放在押亲王，恢复爵位，但对待任何威胁其皇位的宗室毫不手软。康熙朝废太子允礽之子弘皙的下场就是个例子。

此事已经过去十四年之久，但乾隆帝的不安全感，似乎并没有随之消失。

## 老问题

乾隆帝抑制诸王与朝臣往来，不过是延续雍正帝的旧政策。

[1] 文庆、李宗昉等编：《钦定国子监志》，北京古籍出版社，2000年，卷首。

谕旨中提到的雍正帝“降旨训谕,深戒党援”,应特指乃父撰写的《朋党论》。雍正帝上位后干掉八爷党，对诸王朋党深为痛恨,《朋党论》将结党视为“逆天悖义”，可“陷于诛绝之罪”[1]。

经过雍正帝十三年的整顿，乾隆帝登基时，宗室作为足够威胁皇权的政治势力，已经七零八落，皇帝有足够自信来宽待宗室，诸如恢复八爷党子孙的爵位，容忍一些宗室人员的小过失等，也为皇帝博得了仁慈的美名。据《啸亭杂录》记载，雍正第五子、乾隆帝生母的养子弘昼，喜好丧仪，爱吃祭品，还嚣张跋扈（曾因与大学士讷亲不和，当着皇帝的面打他），对这位王爷，皇帝十分宽容，即便弘昼当着文武百官的面顶撞他，皇帝亦能够“哈哈”以对，不予追究。

但这仅限于个人私德，搞小圈子、团团伙伙的行径，乾隆帝还是没法容忍。乾隆四年，乾隆帝发现废太子允礽之子弘晳有觊觎皇位之心，便派人捉拿，审实得知，弘晳暗中听信术士安泰的邪术，曾在后者举行“祖师降临”仪式时询问:“准噶尔能否到京？天下太平与否？皇上寿算如何？将来我还升腾与否？”[2] 盼望政局突变。不料事败，弘晳被乾隆帝罚“在景山东果园永远圈禁”，剥夺政治权利终身。而雍正帝的兄弟、乾隆帝的叔叔允禄曾赠送官家物品给弘晳，皇帝怀疑二人结党，将允禄罚俸五年。再往深追究，皇帝发现，其兄弟弘升、弘昌、弘晈均与允禄有往来,虽然允禄在皇帝眼中“乃一庸碌之人”,但兄弟们皆“群相趋奉”,朋党之疑似已坐实,且“有尾大不掉之势”,乾隆帝迅速出击,一锅端掉。

弘昌等人与允禄的遭遇，很容易让人想到雍正帝当政时，弘时（乾隆帝之兄）与政敌允禩的往事。两人因过从甚密，被雍正帝拆散，弘时被逐，允禩遭圈禁。乾隆帝的处理算是客气，幸运的是，尽管登基时，

[1] 《清世宗实录》，卷二十二，雍正二年七月丁巳日条。

[2] 王先谦编:《东华录 东华续录》，卷三。

朝廷已有明显的大臣朋党气象，但与宗室并未有过多勾连。

乾隆登基之初的朋党，即围绕在大学士鄂尔泰和张廷玉周围的满洲党与汉人党，二人是雍正帝亲自提拔上来的重臣，并受遗命辅政。雍正帝去世后，二人水火不容，争风吃醋，鄂若同之，张必反之，相互倾轧。乾隆帝刚刚上位时，尚不敢乱动他们，但已有了拔掉他们的意图。乾隆十年，随着鄂尔泰去世，以及鄂党在前线战事的失利，皇帝打压了不少靠军功起家的鄂党，而张党又知进退，刻意低调，两党之争逐渐式微，乾隆帝亦提拔了自己人如傅恒、阿桂上位。

然而两党的余温尚存，乾隆十八年的这道谕旨，有意提及雍正帝“整饬风俗、防弊遏邪”打击朋党的苦心，似在警告那些与诸王来往的朝臣，不要逼他像乃父那样行事。

## 旧制度

事实上，朝臣与宗室、王公之间的来往，有一项制度口子是没法关闭的，乾隆帝亦承认，结交往来之习，“旗员素隶各王门下者，本自不禁”[1]，这便是八旗领主制。

努尔哈赤在晚年时，将八旗旗主之位分配给自己亲近的子侄统领，虽有利于团结，但也威胁到后继者的皇权。经皇太极与顺治帝两代人努力，八旗制度逐渐形成皇帝自将上三旗（先是镶黄旗、正黄旗、正蓝旗，多尔衮倒台后，变成镶黄旗、正黄旗、正白旗），其他王公分掌下五旗的格局。旗人作为最小的人身单位，各依其主。

康熙帝把下五旗当作分封兄弟、子孙的场所，一旗往往有数名王公，与原旗主共治，原有旗主权力被拆散。后来，皇帝再削减旗主王公府属

---

[1] 《清高宗实录》，卷四百四十，乾隆十八年六月庚申日条。

的官员，把所领有的旗人单位——佐领及其领有的旗丁统一划归到各旗都统管理，而都统直接受命于皇帝。自此，皇帝大权在握，旗主与旗务无缘。

在大的制度框架下，旗主的确没法干涉旗务，但皇帝没有做绝，为优待部分王公，会将上三旗内若干佐领下的旗人、包衣划为“私属”。王公往往把后者当作奴才传唤使用，以致部分旗人只知其主，不知皇帝。一些仕途顺遂的旗人，哪怕飞黄腾达做到总督级别的高官，面对王公的横加勒索亦无可奈何。

雍正帝上位后，再度钳制王公与旗人的私人关系：减少私属佐领人数，禁止旗主擅自对所属旗人治罪，更不得干涉所属旗人官员的升迁、罢黜。这样，旗人始得脱离王公、宗室旗主的束缚，成为“国家”的旗人。

然而，旗人与王公旗主的这层表面上的隶属关系是难以摆脱的，甚至是某些旗人不愿意摆脱的，所以雍正帝并不禁止私人往来，“犹许岁时庆吊，趋谒如制”[1]，在日常节日等人情往来场合，低阶旗人利用王公、宗室终身享有的特权进行请托、说情，是再正常不过的事，乾隆帝谕旨中称“旗员素隶各王门下者……其非本门及汉大臣，则全无交涉”[2]，反推可知本门及满大臣与旗主的交涉情形。这项旧制度安排，若无皇权的强力压制，口子会越来越大，朋党之祸、认养私人的情形定会再起，这在晚清变得常见。

## 不安全感

皇帝六月的这道谕旨，对非本门及汉大臣的交涉非常担心，“岁时

[1] 昭梿：《啸亭杂录》，卷二，《王府属下》，中华书局，1980年，第29页。
[2] 同上。

投刺，即开促膝密谈之端；形迹未绝，保无掣肘显为之事”，“且其意将以此为荣耶？抑别有所为耶？”[1]

对于这些交涉细节，饱读史书的乾隆帝不可谓不熟悉，离皇帝最近的雍正朝就有科甲朋党，更别说被当成朋党祸国反面例子反复训谕的前明了。事实上，皇帝发布这道谕旨之前，就已有了打击朋党的现实经验。

如前所述，鄂尔泰与张廷玉依靠前朝的经营，在朝中形成依附于己的两大势力：满党与汉党。乾隆帝执政之初并未妄动，直到乾隆六年才找到机会——先拿鄂尔泰党开刀。

这便是仲永檀案[2]。仲永檀是乾隆元年的进士，以鄂尔泰门生自居。乾隆六年，时任翰林院检讨的仲永檀密奏，礼部侍郎吴家驹收受劣迹（行贿）官员、已故工部凿匠俞君弼馈银 100 两，侵吞公款 2000 两，而张廷玉等人还差人给故去的俞君弼送帖。仲永檀暗示张廷玉、吴家驹与劣迹官员俞君弼有某种联系。

由于吴家驹攀附张廷玉，被视为张党，仲永檀此举，可看作鄂党有意打击张党。一开始皇帝不信，后来吴家驹认罪，便将其革职，但并没有严厉追究张廷玉的行为，认为“全属子虚”，可见对张廷玉的偏爱。

没有扳倒张廷玉，仲永檀也得到升职，但并没有阻止他的厄运降临。皇帝对其奏折中“向来密奏留中事件，外闻旋即知之。此必有串通左右，暗为宣泄者”[3]一语起了疑心，认为把密奏留下不发的事只有皇帝本人自己知道，何以“外闻旋即知之”？“暗为宣泄者”是谁？经调查发现，此事由两江总督鄂容安泄露于仲永檀，两人密谋利用俞君弼案来打击张廷玉。皇帝指责二人结党，还斥责鄂尔泰荐举非人，张党乘势要求将鄂

---

[1] 《清高宗实录》，卷四百四十，乾隆十八年六月庚申日条。

[2] 详细考证参见赖惠敏《论乾隆朝初期的满党与汉党》，载“中央研究院近代史研究所”编《近世家族与政治比较历史论文集》。

[3] 李桓：《国朝耆献类征》，卷八十一，广陵书社，2007 年，第 43 页。

尔泰革职。

鄂容安是鄂尔泰的长子，皇帝自然不能遽然动摇这名满洲权贵的根基，便将其从轻发落，而仲永檀则下狱，遭另一名政敌刑部尚书张照在狱中设计毒死，而张照又曾与鄂党首领鄂尔泰有过节。仲永檀以生命的代价，全盘承受了二人的恩怨，死得很冤。

不过乾隆帝并没有放弃追击鄂党的意思，乾隆十年鄂尔泰死后，皇帝以贻误军机为由诛杀大将张广泗，鄂党为之震动。而张党毫发无伤，但并未乘机扩张势力。一方面，张党本身低调，多加约束，皇帝不满之处仅限于张廷玉本人的礼节有亏；另一方面，雍正帝许诺给予张廷玉附祀太庙（汉臣仅有）的待遇，皇帝不好擅加贬斥；更重要的是，张党虽众，多是文吏，没法威胁到皇权，而鄂党多是军功起家，鄂尔泰本人又在雍正帝死后，对乾隆帝甚为轻蔑，常常自比诸葛亮，功高震主，这与当年雍正帝杀年羹尧的背景十分相似。

到乾隆十八年发这道谕旨时，张廷玉并未故去，鄂尔泰党势力仍在。在此前后，虽然并没有发生足以威胁皇权的大臣与王公结党事件，但对于热衷独揽大权的乾隆帝来说，二者之间的一切走动，哪怕是正常的诗酒唱和，都是可疑的，都是不安全感的来源。何况，前朝旧臣仍在，自己有意提拔的人羽翼未丰，皇帝借助看起来并不相干的朝臣结交王公之事发布谕旨，似更有敲打张、鄂两党的意味。

待两年后，鄂尔泰门生内阁大学士胡中藻陷于“文字狱”，他在数年前任广西学政时写下的诗文被人翻了出来，发现其中“一把心肠论浊清”中里的“浊清”二字有意讽刺本朝，是为大逆。这件罪责可轻可重的大案，皇帝选择从重，胡中藻被斩首，又再借机牵连鄂尔泰家族，鄂党几乎被连根拔起。历经二十年，皇帝踩在“满党”之上，最终确立至高无上的权威。

# 满洲诗案

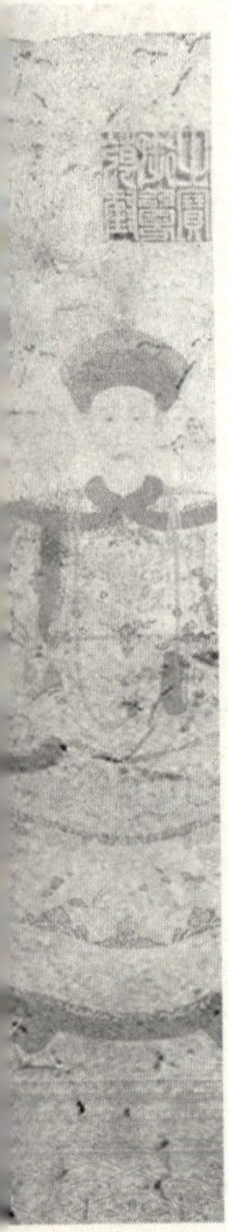

乾隆十九年(1754年)九月,乾隆帝回东北老家盛京(今沈阳)祭祖,他看到祭祀仪器准备得很不用心,就将主管此事的一名满洲官员发配黑龙江。

这名官员名叫世臣,是名满洲进士,官居盛京礼部侍郎,乾隆十七年,调任离京千里之外的盛京。期间,世臣过得并不开心,更糟的是,这种“不高兴”被皇帝发现了。

皇帝在世臣的一首诗中发现了他的负面情绪,并逐句批判。诸如“霜侵鬓朽叹途穷”“秋色招人懒上朝”“半轮秋月西沈夜”“应照长安尔我家”,乾隆帝看到了抱怨、狂妄甚至对满洲龙兴之地的诋毁,认为世臣“居心不可问”。

乾隆帝如此定性这首诗,不啻宣告了世臣仕途的终结。

被贬第二年,世臣忧愤而死,而他的案例被传遍满洲旗人世界,“诗酒陶情,废乃公事”,诗歌巨子乾隆帝看不惯诗与酒,意在告诫满人,要警惕汉化。

## 仕途煎熬

世臣并不冤。

乾隆帝对诗歌有着持久的兴趣，写诗五万首，其鉴赏水平当然不差，他在“霜侵鬓朽叹途穷”[1]中，看出世臣自比苏轼贬谪，看出他仕途的无望，的确摸准了世臣的心。

追溯世臣来到盛京之前的履历，会发现他的悲观是有理由的。

他本有着很好的仕途资本，出身满洲正白旗，雍正五年中了进士[2]——舍旗人入仕的诸多特权不用，偏选最难的科举，而且还成功，这在满洲人当中非常少见。

中进士同一年，授翰林院庶吉士，终雍正一朝，世臣一直在翰林院待着，充任起居注官。乾隆帝即位初，世臣担任侍讲学士，任皇帝经史顾问。在一次翰林院考试中，与清代著名词人朱续晫同列二等，可见其文学造诣并不低。按照惯例，翰林学士在观政一段时间后，会调入六部充当侍郎，再外放知府、知县、按察使，若办差得当，官居封疆大吏不是没有可能。

然而这一标准的升迁路线，与世臣无缘。

皇帝在最初几年，通常派遣世臣做一些祭祀古圣王陵墓、稽查八旗学校等杂活，乾隆十三年，世臣终于有了一份实职——任通政使臣，掌校阅题本；同年十月，调任内阁学士兼礼部侍郎，此时距其进士及第已过去了 18 年。

熬了 18 年的观政实习生涯，方得以授实际职务，这不能说是最慢的，但一定很折磨人，特别是看到同样是进士出身的满洲镶黄旗人尹继善仅

[1] 《清高宗实录》，卷四百七十二，乾隆十七年九月庚寅日条。

[2] 钱仲联编：《清诗纪事·雍正朝卷·世臣》，凤凰出版社，2003 年，第 4381 页。

花5年即获实职，更不用说那些未获功名就飞黄腾达的满洲人士，个中滋味，可想而知。

也就不难理解，在翰林生涯十周年之际，世臣被人举报稽差八旗宗学时“性情偏执，不甚安静”[1]，似透出仕途上的焦虑，而随后在呈送皇帝的奏章里，世臣更招来责罚。他引“即墨阿大夫”的典故（战国时齐国即墨阿大夫品行端正却遭小人毁谤，齐王派人调查后最终得证清白的事），为自己辩白，暗指遭人陷害。不料，乾隆帝却以世臣将皇帝比作“听谗言”之君为由，处分了他。

此事虽然没有完全断了世臣的仕途，但应当影响了获得实职的时间。八年之后，世臣获授礼部侍郎一职。乾隆十四年，到长白山负责祭祀事宜；次年，任盛京兵部侍郎；乾隆十七年，再改任盛京礼部侍郎。

被擢用的官位，面临未知的转折。

## 罗织高手

作为京官的世臣走的也是“外放”一途，毕竟离开了京城到外地任职，然而盛京在关外，不同于关内的任何一处地方。

盛京是大清的龙兴之地，入关前，努尔哈赤及其后继者在此经营许久，已有相当的规模。入关后，清朝仿明代南京规制，设立户、礼、工、刑、兵五部侍郎，处理当地旗务。不过，与明朝不同，这些官职并不是官员迁转的阶梯，而是用来安置满洲八旗成员的遗缺，不少官员直接从当地八旗驻防官兵中选任[2]。身为进士的世臣，外放于关外，与这样的人为伍，内心自然会很不平衡。

---

[1] 《清高宗实录》，卷一百三十二，乾隆五年十二月癸卯日条。

[2] 陆建英：《陪都盛京旗人成分考》，支运亭主编《八旗制度与满族文化》，辽宁民族出版社，2002年，第242页。

同僚素质较低，并非世臣唯一抱怨的地方，还有生活上的不适应。盛京萧索贫寒，比不得京师的繁华热闹，所以自康熙朝以来，不少满洲京官不愿意去盛京任职。康熙二十一年，查库因不愿到奉天任副都统被革职，盛京将军安珠“每向人言，原来京作部院文官”，世臣亦有着同样的心情，在京城过惯了灯红酒绿、奢侈富贵的生活，遽然来到关外寂寥的盛京，而处理的又多是皇帝东巡、秋狄的后勤琐事，升官路窄，他空有进士之才，油然生出被贬谪之感，与同样屡遭贬谪的苏轼隔世相怜，亦是极正常的事。

诗云“秋色招人懒上朝”“半轮秋月西沈夜”“应照长安尔我家”，应是世臣生活状态的真实写照，思乡情绪的真实表达。

但乾隆帝并不这样认为，在他眼中，“盛京为我朝龙兴重地，自定鼎以来，设立五部侍郎及奉天尹丞等官，分理庶政，教养旗民，责任綦重”，盛京的官员很重要，而且距京师不远，“仅千有余里”，世臣为满洲旗人，“岂可遂忘根本？”况且“盛京固我丰沛旧乡”，满洲人理应以盛京为家，而不应独思自己在京师的小家。[1]

所以，带着道德的有色眼镜来看世臣的诗，自然满是问题：

> 世臣本属庸材（才），粗通腐文，徒以资深，擢用至盛京礼部侍郎，乃其诗稿中，至有“霜侵鬓朽叹途穷”之句，几自拟于苏轼之谪黄州，自思以彼其品其学，与苏轼执鞭，将唾而棰之，且卿贰崇阶，有何途穷之叹？[2]

“庸才”“粗通腐文”，自比苏轼，均为不妥；盛京礼部侍郎已是高

[1] 《清高宗实录》，卷四百七十二，乾隆十九年九月庚寅日条。

[2] 同上。

官“崇阶”，竟自比贬谪，还有“途穷之叹”，更加失当。

乾隆帝紧追不舍，逐句批判：

> 又云“秋色招人懒上朝”，寅清重职，自应夙夜靖共，乃以疏懒鸣高，其何以为庶寮表率？又云“半轮秋月西沉夜”，“应照长安尔我家”。独不思盛京固我丰沛旧乡卿？世臣居心不可问如此，则昨之革职发遣，尚属轻典。[1]

“懒上朝”，被视为宣扬“懒政”，正常的思乡情绪，被视为贬低、诋毁龙兴之地。凡此种种，“居心不可问”，因而，乾隆帝认为革职发配的处罚算是很轻的了。

有理由相信，满洲官员世臣作诗时，一定不会想到读者乾隆帝会有这般丰富的联想。从这个意义上来说，一首诗竟被牵扯出如此多超越正常诗歌解读之外的政治含义，实是意料之外的冤屈，而乾隆帝仅凭一首诗，就将已发配的世臣罪加一等，不愧为罗织文字罪名之高手。

## 为汉化背锅

世臣的满洲人身份间接导致了被发配黑龙江的后果。

乾隆帝说他“豫（预）备一切祭器，俱甚潦草，且多错误”，若放在平时，罚俸已是处罚上限，而经皇帝一番推演，情节变得严重起来，“陵寝事宜，所关甚重”，世臣又“系专司大员”，还是“满洲世仆”，“草率办理”，“殊失满洲臣仆敬事之意”，因而“非寻常过失可比”。上纲上线

[1] 《清高宗实录》，卷四百七十二，乾隆十九年九月庚寅日条。

之后，又以小见大，由此及彼，“朕亲诣尚且如此，寻常祭祀，尚可问乎？”[1]

皇帝认为，身为“满洲世仆”，竟然在龙兴之地办事草率，过失已非寻常可比，可见满人身份成为上纲上线的最大理由。

说完获罪之由，皇帝由此及彼，转向世臣的文字，逐句批判诗歌，还将世臣的行为当作反面教材，警醒官僚，最终玩出一把“升华”的戏码：

> 纵情诗酒，最为居官恶习，以满员而官盛京，尚抑郁无聊，形诸吟咏，则从前汉人之以出关为畏途，又不足怪矣，此地风俗素淳，甚恐为此辈所坏，嗣后盛京各官，当深以此为戒，其有不思敬供厥职，妄以诗酒陶情，废乃公事者，朕必重治其罪。[2]

言外之意是，当官最不应纵情诗酒，满洲人更不应该在盛京因为无聊而“形诸吟咏”，染上文人习气，不仅有害公事，更败坏盛京淳朴的风俗。

至此，世臣之“罪”加上了别的由头，被皇帝消费得干干净净，其可能至死都不知道，皇帝惩罚他别有用意，他担心满洲人热衷吟诗作对，失去特性，忘记骑射的立国之本。这种担心背后，则是包括世臣在内的满洲人逐渐“汉化”的现实。

然而算起来，满洲人“汉化”的阀门，恰是皇族启动的。

入关前，八旗贵族即延请汉人为师，康熙年间安亲王岳乐之子岳端热衷诗画、戏曲，与孔尚任交往甚密，权臣纳兰明珠的儿子纳兰性德更是一代词人。皇族倾慕汉文化，普通的八旗子弟与汉人接触更频繁，又由于他们只需当兵，不事生计，生活优裕，汉化的机会更多。因而旗人醉心诗酒，以儒者自居者不少。鉴于此，乾隆帝担忧汉人习气，弱化满

---

[1] 《清高宗实录》，卷四百七十二，乾隆十九年九月戊子日条。

[2] 《清高宗实录》，卷四百七十二，乾隆十九年九月庚寅日条。

洲人弓马娴熟的技艺，导致八旗战斗力下降。他曾写诗感叹：

八旗读书人，假借词林授。
然以染汉习，率多忘其旧。
问以弓马事，曰我读书秀。
及至问文章，曰我旗人胄。
两歧矢进退，故鲜大成就。[1]

在皇帝看来，满洲“根本”已经受到汉化的威胁。为保住“国语、骑射”的特色，他要求特定地区（如边疆、盛京）满人官员用满语奏事，奏本以满汉双语誊写，满洲人的姓氏不准改汉姓，更不许模仿汉人取别字、别号。

世臣的诗文恰好被抓成了满洲官员汉化的典型，这也是乾隆帝以一件鸡毛蒜皮的小事惩罚完世臣之后还不过瘾，仍派人搜其诗集，大加批判，大做文章的原因之一。

然而皇帝阻止满洲人汉化的愿望注定落空，因为乾隆帝本人就是“汉化”的带头人，吟诗作对、卖弄文字、附庸风雅，他比其父、其祖来得更勤快，他一方面痛斥旗人卖弄文才，一方面自己又爱在大臣面前炫耀诗词。这一矛盾行为，自然不能让普通满人服气。

“汉化”趋势因而没法阻挡，到嘉庆时不少满人已经不会说满语，更不会读写满文。旗人群体中已出产一大批风雅之士，比如宗室昭琏等一批清代笔记的记录者，便是“汉化”的成效。

世臣为全体满人背了锅。

[1] 清高宗：《御制诗四集》，卷五十九。

# 有限文字狱

乾隆二十年（1755 年）二月，广西巡抚卫哲治接乾隆帝密谕：将内阁大学士胡中藻任广西学政时“所出试题及与人唱和诗文并一切恶迹严行察出速奏”[1]。皇帝还声称，若稍有姑息，事“关汝身家性命”。

这一谕旨毫无预兆，皇帝告诫，调查须“慎之密之”。另一边，陕甘总督刘统勋接通知，前往甘肃巡抚鄂昌署中搜查“与胡中藻往来应酬之诗文、书信”[2]。

很快，乾隆帝看到了二人的诗文，特别关注了胡中藻的《坚磨生诗钞》，他从中摘出悖逆文字，逐句批判。最终，胡中藻被判斩立决，鄂昌作为从犯，赐自尽。

不过，依处理结果来看，这一由皇帝主动发起、精确打击的“文字狱”，有更复杂的动因，语言文字之罪，或许只是徒有其表的外衣。

---

[1] 《卫哲治复奏查出胡中藻诗文折》，乾隆二十年二月二十三日，上海书店出版社编：《清代文字狱档》，第 34 页。

[2] 《刘统勋奏赴兰查办鄂昌诗文书信折》，乾隆二十年三月十一日，上海书店出版社编：《清代文字狱档》，第 35 页。

## “浊”清之罪

乾隆帝给胡中藻所加的“悖逆”之罪，全从其诗文集《坚磨生诗钞》中解读而来，皇帝以己意逐句批判，写成一篇两千多字的谕旨。

皇帝觉得本朝治理远超过汉、唐、宋、明，而胡中藻却说，“一世无日月”“又降一世夏秋冬”，即暗讽大清波折不断，“尚有人心乎？”更明显的“悖逆”是“一把心肠论浊清”[1]，“浊”字加于国号之上，“尚有肺腑？”而诗句“天非开清泰”“斯文欲被蛮”则踩中了“种族”的敏感词。乾隆帝认为，“满洲俗称汉人曰‘蛮子’，汉人亦俗称满洲曰‘达子’，此不过如乡籍而言，即孟子所谓‘东夷’‘西夷’是也，如以蛮为斯文之辱，则汉人称满洲曰达子者亦将有罪乎？”这是在挑拨满汉族群。

皇帝又指胡中藻刻意区分南北，暗讽朝廷出现朋党。证据是，“南斗送我南，北斗送我北，南北斗中间，不能一黍阔”，指南北之间的党人水火不容，又如“三才生后生今日”，将“今日”置于“天地人三才”之后，“指斥之意”昭然若揭。用词不当的，还有“亦天之子亦莱衣”[2]，“亦”字“悖慢已极”。

更恼怒的是，皇帝判断胡中藻暗中诽谤他本人，比如“老佛如今无病病，朝门闻说不开开，尤为奇诞”，“朕每日听政召见臣工，何乃有朝门不开之语？”又如“一川水已快南巡”“周王儿彼因时迈”，讽皇帝如周王一样“南征而不复”却“不觉”，还有“那是偏灾今降雨，况如平日佛燃灯”，则在指责乾隆帝救灾反应太慢，“朕一闻灾歉立加赈恤，何乃谓如佛灯之难觏耶？”

[1] 《胡中藻等俟拿解到京交大学士等审拟谕》，乾隆二十年三月十三日，上海书店出版社编：《清代文字狱档》，第 36 页。

[2] 《胡中藻等俟拿解到京交大学士等审拟谕》，乾隆二十年三月十三日，上海书出版社店编：《清代文字狱档》，第 37 页。

而在胡中藻所出试题内，皇帝还提出“乾三爻不像龙说”，认为龙与“隆”同音，乾不像隆，“诋毁之意可见”。不仅如此，皇帝还发现了指责已故孝贤皇后干政的诗句，即“并花已觉单无蒂”，皇帝辩称：“孝贤皇后……正位中宫，母仪天下者一十三年……朕亦何尝令有干与朝政、骄纵外家之事？”[1]

也许让胡中藻抓狂的是，皇帝还对诗中的“君”“父”顺序吹毛求疵。看到诗句“其夫我父属，妻皆母道之；女君君一体，焉得漠然为”，皇帝说，“夫‘君父’人之通称，‘君’应冠于‘父’之上，曰‘父君’尚不可，而不过谓其父之类而已可乎？”提到帝、后，胡中藻直接以“夫”“妻”相称，“丧心病狂，一至于此”。

“一世璞谁完，吾身甑恐破”“若能自主张，除是脱缰锁”，皇帝据此认为胡中藻对仕途相当不满，又有诗句“琐沙偷射蜮，谗舌狠张箕”“青蝇投昊肯容辞”，皇帝认为这是暗指他身边有小人，以“谗舌青蝇”喻指重臣张廷玉。

细数诸多违碍之例，乾隆帝似乎意识到舆论或后人对兴文字狱会有异议，便自我辩解“从未尝以语言文字责人”，理由是，诗文措辞、用意“非语言文字之罪可比”，而是“谤及朝廷”的大罪，比如“一把心肠论浊清”“又降一世夏秋冬”，是明显的“叛逆”，纯属政治罪。

至于鄂昌，皇帝从满洲汉化的角度批判。乾隆帝称，鄂昌的《塞上吟》写得很差，“背谬之甚者”，竟称蒙古为“胡儿”，蒙古归附大清已久，还是满洲的坚定盟友，“乃目以胡儿”[2]，身为满洲人的鄂昌，岂不是自我诋毁？由此及彼，皇帝批判一些满洲人“近来多效汉人习气，往往

[1] 《胡中藻等俟拿解到京交大学士等审拟谕》，乾隆二十年三月十三日，上海书店出版社编：《清代文字狱档》，第 38 页。

[2] 《八旗务崇敦朴旧规谕》，乾隆二十年三月二十七日，上海书店出版社编：《清代文字狱档》，第 48 页。

稍解章句即妄为诗歌，动以浮夸相尚”，不知敦本务实，染上了借诗文诋毁讽刺恶习。

相比之下，鄂昌之罪轻，似能在满洲内部消化，不幸的是，他与胡中藻是好朋友，后者是其叔鄂尔泰的门生，自诩“西林第一门生”，以鄂党自居，这就问题大了。皇帝指责鄂昌任广西巡抚时，见胡中藻诗歌悖逆之处竟不自行指出，不知愤恨，还“与之往复唱和，实为丧心之尤”。

## 激情办案

胡中藻案是皇帝主动提出并交办的，与类似案子一样，皇帝不忘告诫刘统勋和卫哲治，查办时务必“慎之密之”，“不可预露风声”，以免打草惊蛇。

尚不清楚皇帝是从何处得来胡中藻诗文涉悖逆的消息，鄂、胡二人遭遇精确打击，定是皇帝预谋已久且有足够信心拿到想要的结果。卫哲治提交的胡中藻所出试题、唱和诗三十六首以及任陕西学政时的诗文一本，为皇帝三月十三日的长篇大论提供了充足的弹药，加上先入为主之成见，皇帝的“解读”自然得心应手。

“证据”到手后，谕旨发出，办案不用藏着掖着了，重点随之转移——不是获取更多证据，而是防止“谬种流传”。为此，皇帝换掉江西巡抚，命胡宝瑔走马上任，查抄胡中藻的江西老家，“倘查办不理，胡中藻或有供出藏匿销毁情形，必于胡宝瑔是问”[1]，这一相当强硬的措辞，在胡宝瑔与胡中藻之间暗设竞争机制，意味着胡宝瑔必须赶在胡中藻及其家人销毁、藏匿字迹之前，把需要的东西找出来。

[1] 《搜查胡中藻家并严讯根究谕》，乾隆二十年三月十八日，上海书店出版社编：《清代文字狱档》，第 42 页。

胡宝瑔花了10天时间将查办情形上奏，计查出四件朱批奏折，部分诗文稿、字稿，可以说，文字上的收获并不大，但重要的是，胡宝瑔已完全控制了胡中藻的亲友，控制了传播源。

这些人是80岁的老母、14岁的女儿、3岁的孙儿，俱是胡中藻最亲之人，但已不构成威胁，虽然其弟胡中藩在胡宝瑔眼里不是什么好鸟，即便加以诸如“狡诈、毫无学问、怀挟幸获”[1]等道德牵连，也未能查到悖逆字迹。

胡中藻官居一品，老家的友人仅仅是两名知县：江西石城知县李蕴芳，以及试用知县申发祥，二人被疑理由与鄂昌一致，即“互相标榜，党恶无耻”，胡宝瑔迅速将其看管起来。

乾隆帝对此相当满意，赞赏“所办甚是”。胡宝瑔刚刚上任即拿到如此奖赏，很不容易。再次上折时，他请求将胡中藻“亲戚、门生、举监向与亲密者”都抓住，“务在从重”[2]，不料碰了钉子，皇帝批示“亦不可过当”，不同意株连太多，仅要求对有贪赃前科的李蕴芳从重处罚，并查清为何乾隆十七年之后的三年内胡中藻没有写下诗文。

皇帝怀疑尚有“藏匿、搜查未到以及销毁灭迹”的诗文，但不愿意扩大事态，而是将其维持在文字议题本身。然而胡宝瑔办案热情似火，特别积极，不光监禁家属、奏请胡中藻家财罚没入官，还顺便参了江西按察使范廷楷一本，指其办事不力。胡宝瑔说，范廷楷在上任前曾查抄过一遍，但对胡中藻家人看护不严，“致有烧毁字迹、透漏银钱首饰之事”[3]，胡宝瑔疑二者是进士同年，范氏有意庇护胡中藻。

[1] 《胡宝瑔奏到任后再严查胡中藻家属折》，乾隆二十年三月二十四日，上海书店出版社编：《清代文字狱档》，第45页。

[2] 《胡宝瑔奏访拿胡中藻亲近折》，乾隆二十年三月二十四日，上海书店出版社编：《清代文字狱档》，第46页。

[3] 《胡宝瑔奏范廷楷疏纵胡中藻折》，乾隆二十年三月二十八日，上海书店出版社编：《清代文字狱档》，第49—50页。

告范廷楷一状，更可视作胡宝瑔推卸责任之举。面对皇帝何以胡中藻三年内无一诗文的询问，胡宝瑔没办法交代，因为在胡中藻家中没有找到相应档案。

他把球踢给范廷楷，似在告诉皇帝，范氏查抄时，纵容胡中藻家人烧了，也有可能是胡中藻藏得太深，他请求京官审问胡中藻时能问出下落，“其毁灭藏匿之处一一指出”，以便查办，意在避开皇帝对于“疏漏之罪”的责问。

乾隆帝并未有过激反应，仅以“知道了”敷衍。相比之下，他更感兴趣的是李蕴芳。胡中藻自比韩愈，而这名石城县知县自称“韩门”弟子，在皇帝批判之前，他似已得到其“师”或将出事的消息，便嘱咐其子将二人往来的信札、诗文全数焚毁。

后审讯得知，这些文字不过普通的丧事问候，偶有官司勾兑[1]。皇帝对此相当愤怒，“此人实可恶”，“非范廷楷之比尚可宽也”。

参了两名官员之后，三月二十八日之前，未有更多文字出现，胡宝瑔两周的查办之旅暂告一段落。

而那边厢，刘统勋仅上了四道折子就将鄂昌查了个干净，还查出了其他涉腐情形。

## “似过严矣”

与胡中藻不同的是，鄂昌在语言文字之罪外，还有受贿行为。时任殿试读卷官的史贻直曾写信请求时任甘肃巡抚的鄂昌为其次子奕昂谋一官半职，不妨于“甘藩之任”，“鼎力玉成”，鄂昌为此还收了点小钱，

[1] 《胡宝瑔奏查讯李蕴芳与胡中藻往来字迹折》，乾隆二十年三月二十八日，上海书店出版社编：《清代文字狱档》，第 52 页。

并与时任吏部尚书的黄廷桂“舞弊市恩”[1]。刘统勋称这事“非寻常贪鄙者”，意指鄂昌、黄廷桂以及史贻直结党。

但史贻直坚不承认向鄂昌请托之事，倒是鄂昌供认不讳。有此口供，皇帝认为鄂昌“所犯之罪甚重”。这一“言”外之罪，足以让皇帝狠狠地办了他，但皇帝仍强调他与胡中藻唱和往来，特别是看到大逆不道之词，“不但不知愤恨，而且引为同调”一事，实属“丧心已极”。

刘统勋提供了两条定罪依据，办事得力。皇帝不无傲娇地告诉刘统勋，“汝如此不瞻顾直奏，何愁不永受朕恩耶？”

主查胡中藻案的新任江西巡抚胡宝瑔，其执行力并不在刘统勋之下，但皇帝却并不甚满意。若依鄂昌案的标准，胡宝瑔在胡中藻的悖逆之文之外，查出李蕴芳与胡中藻“勾结”，已属有功，亦足以了结此案。然而他似乎“积极”过头，挖出了更多黑历史，比如胡中藻鱼肉乡里，“乡党受其荼毒，莫不怨恨”[2]，其父出殡时，一处民房因挡道被拆，时任按察使的范廷楷睁一只眼闭一只眼，反而惩办了被拆的百姓。又发现其拟的父母寿联，云“两仪自然偕老”“十千岁永偕堂上我乾坤”，实“狂纵肆逆至于如此”，但并未说清楚悖逆何在。

这些“用心”之处，没有招来皇帝的任何表态，仅以“已有旨了”“览”敷衍回复，但胡宝瑔仍锲而不舍，刘统勋上奏鄂昌贪贿行径的第二天，胡宝瑔请求京官审完胡中藻，若有新线索，不妨交给他去办，却立即招来皇帝一盆冷水：“令汝留心者乃谓此案之后，非指目今而言，似过

[1] 《刘统勋奏搜得鄂昌书札折》，乾隆二十年三月十四日，第 39–40 页；《刘统勋奏鄂昌行署查出诗稿折》，乾隆二十年三月二十八日，第 54 页，上海书店出版社编：《清代文字狱档》。

[2] 《胡宝瑔奏范廷楷纵容胡中藻折》，乾隆二十年三月二十八日，第 52 页；《胡宝瑔奏搜查胡中藻家中字迹折》，乾隆二十年三月二十八日，第 53 页，上海书店出版社编：《清代文字狱档》。

严矣，不必。”[1]

皇帝防止扩大化的意图很明显，不料，胡宝瑔还是会错了意。也许他认为查出李蕴芳与胡中藻勾结案招来嘉奖，便再参奏试用知县申发祥“平时推尊逆犯胡中藻，互相标榜，党恶无耻”，然而皇帝仍不领情：“皆不必究矣。”再转向李蕴芳案时，皇帝给了胡宝瑔最后的旨意：“李蕴芳从重定拟，其余一概从宽，不必究矣。”[2]

三次“不必究”，意味着皇帝已完全控制住事态，得到了想要的东西。乾隆二十年四月十一日，胡中藻案结。照例，皇帝要求针对某一人的惩罚拟旨合议时，各部门揣摩圣意，一般会将轻罪加重，重罪更重。这一“潜规则”的好处是，若轻罪由重判变轻，皇帝会获得仁慈美名，若重罪从重，各部门便会得到皇帝的嘉奖。

这次，也不例外。一个月前，奉旨调查的大学士、九卿、翰詹、科道拟了一出重惩意见：

> 胡中藻违天叛道，覆载不容，合依大逆凌迟处死，该犯的属男十六岁以上皆斩立决；张泰开明知该犯诗钞悖逆，乃敢助资刊版、出名作序，应照知情隐匿律斩立决。[3]

简言之，胡中藻灭族，刻书、作序者死。量刑比照雍正年间的查嗣庭文字狱案，该案中，当事人家族俱受牵连，无一幸免，事后还有人报

[1] 《胡宝瑔奏不敢稍懈搜查折》，乾隆三十年三月二十九日，上海书店出版社编：《清代文字狱档》，第 55 页。

[2] 《胡宝瑔奏拿问石城知县李蕴芳折》，乾隆二十年四月初二，上海书店出版社编：《清代文字狱档》，第 57 页。

[3] 《核定胡中藻等罪名旨》，乾隆二十年四月十一日，上海书店出版社编：《清代文字狱档》，第 58 页。

请应停止江西乡试[1]。可以说，惩罚将导致很坏的结果：由一人牵连整个家族，赶尽杀绝，再由家族牵连一地方的士子前途，必然招来万人唾骂。

意外的是，乾隆帝驳回了建议，仅处斩胡中藻、知县李蕴芳，亦“从宽改为应斩监候，秋后处决”。其他人俱“从宽免其缘坐”。至于鄂昌，“从宽赐令自尽”，留个全尸。至于请托索官的史贻直，保留原官品级打发回老家退休。

两案虽然始于“语言文字之罪”，处理结果却画风突变。

## 弦外之音

胡中藻案，若以雍正时期的文字狱标准衡量，皇帝只杀胡中藻一人，对其家人尽皆放过，抄家时还指示胡宝瑔留一些资产给其80岁的老母，其他家人亦从宽免罪，这些料理，可谓仁慈之至。

最惹人注目的却是案中受牵连的官员，鄂昌也好、李蕴芳也罢，乃至刻书、作序的同僚张泰开，亦分别受到不同程度的惩处。外围官员中，胡中藻亲家张绍渠的弟弟张绍衡也被卷进来。胡中藻说，张绍衡曾在京得知《坚磨生诗钞》已被呈上御览。皇帝怀疑，胡中藻回老家后之所以诗作甚少，肯定是张绍衡通风报信，一定有人泄密。张绍衡供称，消息得自户部侍郎、殿试读卷官裘曰修，而后者矢口否认，张绍衡一口咬定信源属实[2]。二人最终被革职。

至于鄂昌案，受牵连的则尽是其叔鄂尔泰家族中人，且皆身居要职。

[1] 《江西会乡试不必停行谕》，乾隆二十年四月十三日，上海书店出版社编：《清代文字狱档》，第60页。

[2] 《胡宝瑔奏拿获胡中藻亲戚张绍衡折》，乾隆二十年四月十七日，第62页；《准裘曰修等革职谕》，乾隆二十年五月二十四日，第65–66页，上海书店出版社编：《清代文字狱档》。

鄂尔泰之子鄂容安因为明知鄂昌与胡中藻来往甚密，竟不告发，“不知愤恨，反与唱酬，实属丧心之极”，被发配边疆。胡中藻怀有悖逆之心，而已故大学士鄂尔泰竟举荐他，不配享有贤良祠供奉，令撤出。当事人鄂昌被赐自尽，家人罚作奴婢。

基于上述情形，学界一般将此案看成皇帝打击鄂尔泰党人的由头[1]。毕竟该案中遭重罚的官员多与鄂尔泰有重要关系，如鄂尔泰家族成员，门生胡中藻，乃至同年进士史贻直（鄂昌甚至唤其为伯父），均遭整顿，这与当事人亲友遭大规模株连的情形大不相同。

借文字狱案打击朋党并非乾隆帝首创，乃父雍正帝就玩得纯熟，即如查嗣庭案，雍正帝借查嗣庭所出题目“维民所止”割掉“雍正”二字的头为由，杀掉了这名隆科多的旧人。胡中藻案亦不过是该情形的再现。

然而，皇帝不可能说明其真实用意，诸多要案遂穿着文字狱的外衣，戴着“悖逆”的政治罪面具出现，极大地震慑了高官。胡中藻案结不久，在籍终养的吏部尚书、浙江高官梁诗正“与人交接言谈时自必随时检点”，他告诉浙江按察使富勒浑：“笔墨招非、人心难测”，“凡仕途者遇有一切字迹必须时刻留心、免贻后患”，“向在内廷之时，唯与刘统勋二人从不以字迹与人交往，即偶有无用稿纸亦必焚毁”[2]，用乾隆帝自己的话说，梁诗正已经“知惧”。效果立见。

可以说，文字狱是皇帝驾驭、控制、威慑官僚的工具。官员诗文有无悖逆，全靠皇帝的一张嘴、一颗良心，并无明确的标准，由于解读一出即为定论，官员根本没法反驳，即便知道弦外之音，官员也不可能指

[1] 详细考证参见赖惠敏《论乾隆朝初期之满党与汉党》，载“中央研究院近代史研究所”编《近世家族与政治比较历史论文集》。

[2] 《富勒浑奏梁诗正谨慎畏惧折》，乾隆二十年六月十九日，上海书店出版社编：《清代文字狱档》，第66-68页。

出来，比如诗人沈德潜因“夺朱非正色，异种亦称王”获罪，真实原因是乾隆帝十分不爽其将为皇帝代笔的诗作收入个人文集，他若知真实原因，亦是有口难辩。

# 让死罪脱罪

乾隆二十一年（1756年）年底，一封奏折戳中了乾隆帝的神经。

折子来自江苏巡抚庄有恭。这名乾隆四年的广东状元因母丧丁忧离任，特向皇帝交代未完之事，其中有一件发生在九年前的案子。

庄有恭说，乾隆十二年，泰兴县捐职州同朱㖞犯死罪，愿意拿三万两白银赎命，而今还没有交齐，继任者需留心。

然而，乾隆帝在意的不是案情，而是庄有恭迟了数年才报告朝廷，其中还不乏违规之处。这让皇帝觉得自己被蒙在鼓里，感到“生杀大权操之臣下”，皇权受到了侵蚀。

皇帝深深怀疑庄有恭的动机以及背后的利益勾兑，便下令彻查。

## 案子一捂六年

该案缘起一次强奸未遂。乾隆十二年三月初三，江苏省泰兴县捐职州同朱㖞仆人梅二的雇工顾五，欲强奸百姓陶永盛的妻子，恰好被陶永盛的弟弟撞见，后者告知朱㖞。朱㖞命陶永盛吊打顾五，不料顾五被打死[1]。

庄有恭说，朱呐此前同时犯有两案，分别是打伤别家奴仆、重利盘剥他人财产，三案并罚，从重。《大清律例》规定：

> 豪强之人以威力挟制细缚人，及于私家拷打监禁者，不问有伤无伤，并杖八十。伤重至内损吐血以上，各验其伤；加凡斗伤二等，因而致死者，绞监候；若以威力主使他人，殴打而致死伤者，并以主使之人为首。

朱呐不是亲自动手的人，但令“陶永盛”吊打顾五致死一举表明，他是未经官府裁决、私下监禁他人的“威力主使”之人，依律判绞监候，死缓。

按照程序，此刻庄有恭应写明案情，上呈刑部，再交由皇帝裁决。但庄有恭并没有依规行事，而是等到九年后即将离任之时才如实报告。

庄有恭于乾隆十五年上任江苏巡抚，朱呐案发之时，江苏巡抚是安宁，但并未见安宁的处理态度。可以说，庄有恭是接了前任未尽的工作，此案九年后才上达天听，其责任集中在任上六年。

为何拖延这么久？据庄有恭的说法，朱呐被判绞监候后，其妻潘氏、堂弟朱煦多次主动找他“呈请情愿捐银三万两”赎罪。按察司讨论后的共识是，朱呐的行为“有应得之罪”，“但无致死之心”，可以交钱赎罪。庄有恭认为，朱呐只是让陶永盛殴打顾五，没有下令打死，而且顾五是朱呐仆人的雇工，与普通百姓的身份不同。重要的是，泰兴县有虫灾，赎金可拿来赈灾。之所以迟迟未奏，庄有恭说，六年来，三万

[1] 庄有恭：《奏为报明朱呐准罚银米赎罪事奏折》，乾隆二十一年十一月十七日，中国第一历史档案馆编：《庄有恭准朱呐捐银赎罪案》，载《历史档案》1990年第37期。

两白银只交了一万六千两，罚金未完，不能定案，等交齐了再上奏不迟。

庄有恭没有告诉皇帝，若及时上报，就拿不到三万两白银了，因为依律赎金只需三四千两白银。再者，即使定下三万两白银这个数，若在罚金交完之前就将案子结了，“人质”回家，其亲属自会拖延缴纳，这一点，直到两江总督尹继善彻查时，才由按察使许松佶口中说出[1]。

尽管庄有恭告诉乾隆帝，罚金并没有被私吞，而是用于泰兴、通州二州县赈灾，以及拨补泰兴县政府债务，但皇帝的重点似乎并不在此。在给庄有恭的回复中，皇帝提到“此事殊属不明”，不认可他的辩解。

庄有恭上奏 13 天后，乾隆二十一年十一月三十日，皇帝认定庄有恭不可能不知道死刑需要提请朝廷核定的规矩，“办事不应糊涂至此，看来必有别项情节”[2]，着令爱必达代理江苏巡抚，会同两江总督尹继善共同调查，还特别提到尹继善，“朕实不能保其必无周旋回护之处”，毕竟庄有恭考中进士那年，尹继善是阅卷官，二人有“师恩”。

## 死罪如何脱罪

案件一经细查，皇帝就获知了更多细节。按照往常习惯，着令彻查后，皇帝为防蒙蔽，往往会寻求多个信息源互参。然而，这次的有用信息不多。乾隆二十一年十二月初四，发出调查令的第五天，离任江苏布政使彭家屏报告皇帝，乾隆二十年时，该案尚未定，至于钱在

---

[1] 尹继善、爱必达：《为拟速将朱呐等押解来省严审事奏折》，乾隆二十一年十二月二十一日，中国第一历史档案馆编：《庄有恭准朱呐捐银赎罪案》，载《历史档案》1990 年第 37 期。

[2] 《清高宗实录》，卷五百二十六，乾隆二十一年十二月壬辰日条。

何处，交了多少，不清楚[1]。

不过，这类基本信息要查出并不难，尹继善、爱必达调查后告诉乾隆帝，钱皆听充公用属实，还有欠款未交属实，但赎金的具体流向与庄有恭所奏有差异。

庄有恭告诉乾隆帝，钱多用于赈济泰兴的虫灾，但经尹继善等人调查，所谓的“虫灾”是子虚乌有。更准确的描述是，泰兴县于乾隆二十年九月有冰雹之灾，但直到十一月才上报灾情，超出了规定的期限。按察使许松佶建议动用社谷先支给一个月的口粮，但远远不够，有的灾民还饿死在道旁，便再动用仓米煮粥抚恤，如果仓米还不够，就拿赎金买粮[2]。

庄有恭对灾情的描述不实，但钱没乱花属实。可疑的是，这三万两白银的交易并非一次达成，中间历经多次讨价还价。爱必达称，朱咍妻子潘氏先提出要交两万两白银赎罪，庄有恭驳回，三个月后，忽然加码至三万两，竟然获准。“前后办理情形，殊多疑窦”。庄有恭何以反复，两位办案官并未奏明，但朱咍及其亲属、许松佶的供词则道出了一切。

朱咍说，交钱赎罪并非主动提出，而是得到官府的授意，审理时许松佶、苏州府知府赵酉告诉他，“大人有要超豁你的意思，你应出些银子办公”[3]，当即开出十万两价码。朱咍坦承出不起，即便打

[1] 彭家屏：《为朱咍案系臬司审理事致军机处禀文》，乾隆二十一年十二月初四，中国第一历史档案馆编：《庄有恭准朱咍捐银赎罪案》，载《历史档案》1990年第37期。

[2] 庄有恭：《为拟速将朱咍等押解来省严审事奏折》，乾隆二十一年十二月二十一日，中国第一历史档案馆编：《庄有恭准朱咍捐银赎罪案》，载《历史档案》1990年第37期。

[3] 《朱咍等案犯供词》，乾隆二十二年正月十七日，中国第一历史档案馆编：《庄有恭准朱咍捐银赎罪案》，载《历史档案》1990年第37期。

五折，五万两，也出不起。赵西叫他自己看着办，朱呐答应交五千两，被拒，再酌增至两万两获准。这才有了朱呐妻子拿着两万两的银子找庄有恭的事，但庄有恭“嫌少”，于是再加一万两。

可以说，按察使许松佶、庄有恭的幕僚王者辅，都声称交三万两赎罪的事是庄有恭的主意，他向皇帝报告称朱呐家属“屡次赴辕哀吁，呈请情愿捐银”，显然是隐去了“授意”的事实[1]。

不过，在讨论赎金价位之前，朱呐的家属就已在外围“打点”，让死罪脱罪。首先，朱呐之妻以及弟弟朱煦、岳父在南京找到王者辅，试图通过他影响庄有恭将重罪改轻。同行的黄圣治及其朋友自谓与王者辅的儿子王锡昌交好，可代交银子。不料钱给了，所托之事却没做到。后来得知，他们各自私分了。被骗了一千两银子的朱呐家人再次找到王者辅的亲家杨镛，对方开口就要一万两银子，而且还不能保证一定能成事儿。一怒之下，朱煦等人打道回府。直到狱中的朱呐得知，庄有恭有意让他交钱赎罪，亲属这才直接找到巡抚大人[2]。

庄有恭为何动了要多罚银子的心思？他从泰兴县知县处得知，朱呐是个富豪，不在乎花十万八万两银子打一场官司，便“执意不肯轻结”[3]，直到敲定三万两。

可以说，庄有恭案与朱呐案结合在一起，案情十分简单，地方有灾，官府缺钱，富豪朱呐案发。一个要钱，一个要命，一个要赈灾，一个要脱罪，双方一拍即合。最终呈现的画面是，朱呐被敲竹杠补公用，

[1] 尹继善：《为报审讯朱呐案有关官民情形事奏折》，乾隆二十二年正月十七日，中国第一历史档案馆编：《庄有恭准朱呐捐银赎罪案》，载《历史档案》1990年第37期。

[2] 《朱呐供词》，乾隆二十二年正月十七日，中国第一历史档案馆编：《庄有恭准朱呐捐银赎罪案》，载《历史档案》1990年第37期。

[3] 傅恒：《为审拟庄有恭等情罪事奏折》，乾隆二十二年四月初十，中国第一历史档案馆编：《庄有恭准朱呐捐银赎罪案》，载《历史档案》1990年第37期。

官府为多罚银。罚完银，迟迟不奏。但这仅仅是一种叙述视角，到乾隆帝这儿，就不一样了。

## 总督的心思

朱呐案情足够细致，但皇帝所发谕旨无一问及该案的判罚轻重，他更关心该案中长出来的“庄有恭案”。结论一眼便知，庄有恭擅权匿奏，侵犯了支配人间生与死的皇权，兹事体大。

所以无论庄有恭及其同僚多么强调赎金用在了公共事务上，皇帝仍不为所动，且意欲穷追失职之责。在发下的第一道谕旨中，皇帝几乎全盘驳斥了庄有恭的辩解：

> 朱呐既从重归于殴死顾五案内，应拟绞监候。即据家属呈请，亦应俟题结核拟，再行据情奏明，饬部定议，岂有未经具题，遽行准赎之理？是外省督抚竟可虚拟罪名，饬司议赎，自行完结，不必上闻矣？从来无此理也。[1]

乾隆帝指出庄有恭的失职：拟绞监候未上报，家属呈请，亦未在朝廷核定罪名后再奏明。对此，庄有恭的确无话可说，即使他所声称的赎金公用，也遭来强烈质疑：

> 庄有恭于此案并未具奏，竟收其捐项，又以交银未足发县勒追，而奏折中多隐约其辞，竟至不能解……上年江省绅士随处捐赈，乃敦睦桑梓、乐善好施之谊，并非有罪可赎。若朱呐以煮赈

[1] 《清高宗实录》，卷五百二十六，乾隆二十一年十一月癸亥日条。

为名，赎缳首重罪，则江省众绅士岂皆有罪耶？且称该县有借动之项现不无亏缺，此又何谓耶？[1]

皇帝认为朱呐以煮赈为名赎死罪的处理方式不合情理，怀疑借此名义拿钱弥补县里的财政亏空。调查结果出炉后，所有情节无一例外地支持了皇帝的判断，皇帝却并没有揪住这些细节穷追猛打，而是集中在程序失当上。不过，这一次的追责对象变了，不是庄有恭，而是两江总督尹继善。“此案尹继善若有所闻，自应即时参奏，何以并未奏及？”

尹继善是皇帝器重的满洲大臣，在雍乾两朝，四次担任（含代理、兼任）肥差两江总督。乾隆十年到乾隆十三年，尹继善第二次担任两江总督，此间朱呐案发，庄有恭尚未上任。很明显，尹继善比庄有恭更早知道此案。皇帝怀疑尹继善没有奏及是在包庇庄有恭，他在尹继善与爱必达合奏的调查结论上批示：

（庄有恭）有如此悖谬之事，而总督尚在不知之理乎？且此事汝等所审甚迟，尹继善必俟爱必达共审，是又何心？速行奏来。[2]

尹继善的确比庄有恭慢了一步。作为既是心腹，又是情报的重要提供者，竟没有将活跃在眼皮子底下的“悖谬”之事及时上报，不仅会被认为失察，还会有损于作为“心腹”的信任，他见庄有恭自行上

[1] 《清高宗实录》，卷五百二十六，乾隆二十一年十一月癸亥日条。

[2] 尹继善、爱必达：《为拟速将朱呐等押解来省严审事奏折》，乾隆二十一年十二月二十一日，中国第一历史档案馆编：《庄有恭准朱呐捐银赎罪案》，载《历史档案》1990年第37期。

报此事，便慌忙借皇帝询问之机辩解。乾隆二十一年十二月二十五日，尹继善称之所以迟奏，是因为没来得及和巡抚爱必达一起彻查，案情尚不明，所以“未敢草率具奏”[1]。

这种欲待案情确定才上报的理由，是臣下应对“失察”问责的最常用伎俩，一方面案件的确还没有查清，一方面是变相告诉皇帝：我这是因为“谨慎”而迟奏。而“谨”是官场奉行的官箴之一。

然而乾隆帝并不买账，“此事又用汝故智矣，可谓下愚不易”，他最想知道的是尹继善为何对庄有恭违背程序、准予交钱赎罪的情形无动于衷，对于这一最重要的问题，尹继善却绕过去了，皇帝再次追问：

> (庄有恭违例)汝以为当乎？不当乎？若以为不当，即此一节，已可严参，孰谓生杀之权可操之臣下之手乎？[2]

过了19天，尹继善专上一折陈述为何迟奏，他承认对庄有恭的举动知情，“臣彼时以庄有恭所罚银两已归煮赈公用，伊必即行奏明，亦遂漫不留意”[3]。“初不料其迟之日久，竟未具奏也”，也就是说，他本以为庄有恭会自己上奏，所以才不奏，万万没想到庄有恭会迟奏。

不是自己不报，而是以为他人会报，这一“心理活动”是真是假，外人没办法验证。何况，承认知情，更晚在庄有恭被革职之后，更叫人怀疑是纸包不住火了才被迫作出决定。乾隆帝当时亦未做声，等案

---

[1] 尹继善:《为因朱呐案尚未确查不敢草率上闻事奏折》，乾隆二十一年十二月二十五日，中国第一历史档案馆编:《庄有恭准朱呐捐银赎罪案》，载《历史档案》1990年第37期。

[2] 同上。

[3] 尹继善:《为报审庄有恭罚赎案迟延缘由事奏折》，乾隆二十二年正月十四日，中国第一历史档案馆编:《庄有恭准朱呐捐银赎罪案》，载《历史档案》1990年第37期。

结之时，庄有恭再指尹继善知情时，皇帝没再理睬辩解，坐实其失察乃至纵容的行为：

> 尹继善既经庄有恭告知，在存心公正者，即应据实参奏，请旨察议，否则正言阻止，庄有恭自不敢视为泛常、纵意手滑，致干重辟。及奉到朕旨，尹继善亦当备述前情，一面速为办理，乃迟回观望，希图模棱了事，经朕屡行饬催，并降旨将庄有恭革职拏问，始称原曾与闻，是庄有恭之情罪，尹继善实有以纵之，且酿成其事，始终皆由于尹继善。[1]

皇帝列举了尹继善失察的表现，一是明知却不阻止，二是调查该案时拖延观望，认为庄有恭之失职，如果能预加提醒并加以阻挠，完全可以避免。相反，尹继善在监督臣下这一环节无所作为，导致一错再错，负有“领导责任”。

## “孰谓生杀之权可操之臣下之手”

令皇帝恼火的是，庄有恭擅权不止一起。乾隆二十一年八月，庄有恭把一件行贿案中的三名生监全部放了，因为他们答应交四万两赎金，钱没交齐，所以没上奏。

与朱呐案一样，这些人都不是自愿主动申请交钱，庄有恭派人去问“你们都是发遣（流放）重罪，还是愿捐赎问罪”[2]？犯人自然选择交

[1] 《清高宗实录》，卷五百三十六，乾隆二十二年四月辛未日条。

[2] 尹继善：《为报庄有恭罚赎张谷孙等联号舞弊案奏折》，乾隆二十二年正月十四日，中国第一历史档案馆编：《庄有恭准朱呐捐银赎罪案》，载《历史档案》1990年第37期。

钱了事。当然，钱没有流入私人腰包。

庄有恭一犯再犯，但并未罪加一等，由于该案与朱呐案性质相同，故寻找相对应的法条并未太伤脑筋。大学士傅恒建议，庄有恭理应依照“应请旨而不请旨律”，即“凡应议之人有犯应请旨而不请旨，当该官吏照杂犯律处绞”[1]处理，也就是死罪。那两个明示朱呐交钱赎罪的官员，亦与庄有恭同罪。

刑部拟定的重罪，乃是依律行之。但这并非终点，“律”仅是皇帝的“参考意见”，其意旨才是“法律”之上的“法律”。庄有恭之罪，最终没有“依律”惩治，而是免死，只因“无赃私入已”——赎金充公，没落入个人腰包，皇帝才动用皇权破坏既定法律，网开一面，仅将其革职、发配军台效力[2]，后又重新起用。从这个意义上来说，庄有恭既“伤害”了皇权，又是皇权的“受益”者。

事实上，交钱赎罪是朝廷法度，具体多少钱，则因不同身份、不同罪行而有不同的价格。庄有恭与许松佶、幕僚王者辅一起商量朱呐案时曾说，照朱呐的州同职衔来看，按例只需四千两就可以了，但要花钱的地方很多，不如多罚他一些银子充公。仅就罚赎言之，庄有恭等人并无错，而多罚银子，与贪腐无异。

然而，在皇帝看来，庄有恭把赎银充公的可贵之处，却被另一项“可恨”之处给毁了。恰如上所述，无论是死刑核定，还是处罚金赎罪，均绕开了皇权，这是皇帝万万不能容忍的，即便是三万两赎银的小事，亦足够酿成重罪。尹继善的问题在于，作为深受器重的满洲心腹，作为皇帝耳目在各地的延伸，竟然对违规之举无动于衷，颇有碍皇权对

[1] 傅恒：《为审拟庄有恭等情罪事奏折》，乾隆二十二年四月初十，中国第一历史档案馆编：《庄有恭准朱呐捐银赎罪案》，载《历史档案》1990年第37期。

[2] 《办理庄有恭等诸臣之罪上谕》，乾隆二十二年四月初十，中国第一历史档案馆编：《庄有恭准朱呐捐银赎罪案》，载《历史档案》1990年第37期。

官僚的控制，若非庄有恭的自行陈奏，该案或许会捂得更久，不及时刹止，类似行为将被视为侥幸乃至鼓励，一旦成为日常，游离于皇权之外的吏治，将侵蚀帝国体制的肌体。乾隆帝之所以喋喋不休质问尹继善："孰谓生杀之权可操之臣下之手乎"，硬要将纵容的帽子戴在他头上、追究其"领导责任"，原因亦不过如是。

# 高官私藏禁书案

乾隆二十二年（1757年），乾隆帝二下江南，发现了一桩“高官私藏禁书案”。

高官是原江苏布政使彭家屏，案子由一件“匿灾不报”案抖出，而瞒报事件，恰恰又是彭家屏揭发。

看起来，彭家屏搬起石头砸了自己的脚。然而事实上，这个由“匿灾不报”朝“查办禁书”的剧情转向，乃是乾隆帝一手导演策划的。

彭家屏不幸撞到了枪口上，而此前，他是皇帝跟前的红人，潦倒至此，不是他做得不够好，而是皇帝“变了心”。

## 匿灾不报

匿灾的“剧情”很简单。

乾隆二十二年二月，乾隆帝第二次南巡，在徐州，原江苏布政使彭家屏当面禀告皇帝，他的老家河南夏邑，大水淹没农田，而地方官不报灾，暗指河南巡抚图尔炳阿隐匿灾情。

图尔炳阿全盘否认了指控，他说，夏邑上年七月大雨太多，虽有积水，但很快就疏通，收成损失不大。由于邻县的灾民蜂拥而至买粮，当地大米“市价稍增”，“无力之户，未免拮据”[1]，这才让人觉得遭了灾。

皇帝斥责图氏“终不免有文过之意”，他质疑，夏邑与遭灾的邻县“犬牙相入，岂独无灾”？但并未觉得他瞒报，之所以“无灾”，他推测是“中州民风淳朴，并未有呼吁告灾之事耳”[2]。皇帝勒令他改过，决定加大赈济力度，同时派步军统领衙门员外郎观音保暗中调查。

可是在收到调查结果之前，乾隆二十二年四月初七，夏邑百姓张钦就已经告到御前了：“地方官所办不实，有以多报少之弊”[3]，支持了彭家屏的控告。

观音保的调查更为彭家屏送去助攻。据查，包括夏邑在内的四个县已经连年未有丰收，很多耕地的水并未排干，庄稼未种。更糟糕的是，灾民穷得卖儿鬻女，两名童男的价格不过几百文。[4]

这样，彭家屏所奏坐实了图尔炳阿瞒报灾情，他本应记上一功。但皇帝将图尔炳阿革职的同时，仅承认曾对彭家屏有过误解——怀疑奏报灾是他“有心邀誉乡里，言之过甚”——并未给予任何奖赏。

此刻，皇帝心里或许惦记着另一件事。

观音保奏报之前，彭家屏老家夏邑百姓刘元德来告状，要求撤换不称职的县令，“易贤而爱民者”[5]。

这一直达天听要求换人的举动令皇帝生疑：“必有指使之人矣”，当场问出了幕后人物生员段昌绪、刘震东，于是派人前去调查，有了惊人

[1] 《清高宗实录》，卷五百三十二，乾隆二十二年二月辛未日条。

[2] 《图尔炳阿等速勘夏邑灾情给赈谕》，乾隆二十二年二月初九，《乾隆帝上谕档》。

[3] 《清高宗实录》，卷五百三十六，乾隆二十二年四月戊辰日条。

[4] 《将玩视民瘼之图尔炳阿等革职谕》，乾隆二十二年四月十八日，上海书店出版社编：《清代文字狱（补辑）》，第 1011 页。

[5] 《图尔炳阿等留原任并严查伪檄谕》，乾隆二十二年四月二十日，上海书店出版社编：《清代文字狱（补辑）》，第 1013 页。

发现。兵丁在段昌绪家中搜出了吴三桂当年发兵的檄文，“皆毁谤本朝之言”，如此“极其悖逆之文”，段昌绪还在其上圈点，“加评赞赏”。在皇帝看来，段昌绪等人就是本朝叛逆。

这件事给皇帝的印象是，彭家屏的老家长出了叛逆的萌芽，这是比避讳灾情更严重的行为，而高官彭家屏竟毫无反应。

于是画风突变，“缉邪之功大，讳灾之罪小”，皇帝便将原已决定发配边疆的图尔炳阿拦了下来，会同此前被处理的知县一同留任查办。

图尔炳阿因祸得福，仕途获得转机，看上去与檄文“毫无干系”的彭家屏，因与事发区域的紧密关系，成为绕不开的怀疑对象。

## 查错了方向

乾隆帝将彭家屏定为嫌疑人的理由是：“段昌绪家既有此书，传钞（抄）何自，此外必尚有收存，即彭家屏家恐亦不能保其必无。”[1]

在未有确切证据，也没法确认段、彭二者关系的前提下，皇帝怀疑彭家屏家“可能有”吴三桂檄文，十分牵强，又让被彭家屏举报的图尔炳阿留任，让仇人去查仇人，更引人遐想。或许是不使外界有过多联想，皇帝又命直隶总督方观承一同查办，以为制约。

尽管皇帝强调段昌绪案“关于人心风俗者甚大”，但方观承等人面临的并非段昌绪一案，刘元德拦圣驾告状是一案，彭家屏疑案也是一案。督抚嗅到了要求拿办彭家屏的圣心，于是尽量在三案中寻找某种联系。然而，皇帝却比他们先一步挖出了“料”。

乾隆二十二年四月二十七日，皇帝称，已召唤至京的彭家屏当面告诉他，“吴三桂伪檄实未寓目”，没看过檄文，但家里有“明末野史等类

[1] 《清高宗实录》，卷五百三十七，乾隆二十二年四月辛巳日条。

存留未烧，实不曾看”[1]。由于明末野史关涉抗清事迹，是禁书，彭家屏此举无异不打自招家中藏了禁书，他辩解自己没有看，但理由站不住脚。皇帝说，“既云未看，何以即知其不当存留，天下岂有只见一书之名目而遂晓然其何等书者乎？”如果不看，何以知道它是禁书？“既知为不当存留之书，而又故为藏匿，是诚何心”？既然知道是禁书，为何又藏着掖着？

一个多星期之后的五月初四，方观承等人终将详细的调查结果呈上，调查的主要内容是刘元德御前告状案。

据查，生员刘元德与粮食铺商人刘震东起意上访，乃因彭家屏而起。据称，彭家屏的仆人、佃户四处宣扬，夏邑能获赈济，是其主子奏明灾情的功劳。二人想通过拦截皇帝车队，当面再请，亦想博一番美名，同时捞一些赈粮。[2]

刘元德便找到包揽词讼的生员段昌绪、武生刘纪共同制作呈词，又找到监生彭型商量对策，彭型告诉刘元德，“不可告官，只告地方灾欠，则大小各官俱在其内，此乃不告之告”。只要说明灾情，朝廷自然会查办地方官。

刘元德遂又改了一道，托彭型转交其叔彭家屏阅看，彭型看了后说“以我看即是一般”，似不太认可改后作品。后来，刘元德面见皇帝，开口要求罢免县令，可见并未听从彭型建议。

地方官对上访行为自是深恶痛绝，定性为“刁生滋事”，方观承等人请求将刘元德等人发配黑龙江当差，奏折末尾，点出了彭家屏与该案的联系。

他指责彭家屏“每见查赈官员指说灾伤，意存挟制”，又对“各棍

[1] 《将彭家屏革职拿问谕》，乾隆二十二年四月二十七日，《乾隆帝上谕档》。

[2] 《方观承等奏审拟叩阍告赈之刘元德等折》，乾隆二十二年五月初四，上海书店出版社编：《清代文字狱（补辑）》，第 1017 页。

之串谋告赈，据彭型供词，彭家屏已属知情”“暗中主持”[1]，但这无法证明彭家屏违规，由于供词并未见到，彭家屏具体知情到何种地步以及主持的具体表现，尚不知晓。

可以说，调查并没有为皇帝判断彭家屏“主持教唆”提供更多细节，直接证据亦仅是彭型的一嘴供词。方观承等人试图以此治罪，却遭到皇帝的反对。

皇帝反对，并非因为证据有瑕疵，相反，他认可了调查，只是认为因“暗中主持”上访而定罪太牵强，毕竟“邀誉乡里，亦人情所必有”，这会给那些“阴怀诽谤本朝”之徒落下口实，“反得借口民隐无由上达”[2]。

皇帝的顾虑在于，他最关心的东西，没有查出来：

> 明末野史等书，乃彭家屏亲笔开出书名，俱有来历，何以并未查出？该督等不详究收藏逆书实迹，专以刘元德控告一节定彭家屏罪案，殊失轻重之宜，至搜出往来书札内有请托干求，尤其末节，更不必问矣。[3]

乾隆帝需要彭家屏自己招供的禁书名目以为实证，地方官把禁书查出来，才是查办重点，其余他并不关注。这意味着，忙活了十多天的地方官，查错了方向。

[1] 《方观承等奏审拟叩阍告赈之刘元德等折》，乾隆二十二年五月初四，上海书店出版社编：《清代文字狱（补辑）》，第 1018 页。

[2] 《方观承等奏审拟叩阍告赈之刘元德等折》，乾隆二十二年五月初四，上海书店出版社编：《清代文字狱（补辑）》，第 1019 页。

[3] 同上。

## 消失的禁书

经皇帝挑明，方观承等人很快转向查抄禁书，据布政使刘慥报告，他会同邻近知县等10名官员在彭家屏家里鼓捣了三天，查出往来书信、笔札、字帖约65件，衣物40余箱，可禁书就是没影儿。[1]

这就很尴尬了，彭家屏明明告诉乾隆帝，家有明末野史《潞河纪闻》《日本乞师》《豫变纪略》《酌中志》《南迁录》，以及部分抄本小字书，涉及天启、崇祯年间政事，而地方官竟然没查到。

皇帝自然不会怀疑彭家屏口供的真实性，转而申斥方观承等人办事“甚属草率”，还对刘慥查办过程吹毛求疵，“不知刘慥前往时系出己意，抑方观承、图尔炳阿令伊前往，是否搜出悖逆书籍？”疑其擅自行事，又责其未先查书籍，而查别的，“若未经搜出，而遽先查什物、衣装，则全不知轻重，办理殊谬”[2]，程序可疑，便再派步军统领副都统三泰前往会同调查，将彭家屏家人“严行审讯”。

乾隆二十二年五月十四日，接到谕旨后的第七天，方观承等人终于解开了禁书消失的谜团：彭家屏之子彭传笏说，书在调查之前就烧了[3]。

烧书的念头起自两年前，彼时内阁大学士胡中藻深陷文字狱，官场人心惶惶，彭家屏离任江苏布政使时，“恐有关系”，嘱咐其子将任内所有往来书信烧掉。

两年后的三月三十日，乾隆帝南巡经过徐州，彭家屏前去迎驾，报告了夏邑的灾情，“四月初十头”，皇帝传唤彭家屏，据彭传笏回忆，当

---

[1] 《刘慥奏遵旨详查彭家屏家情形折》，乾隆二十二年五月初四，上海书店出版社编：《清代文字狱（补辑）》，第1021页。

[2] 《清高宗实录》，卷五百三十八，乾隆二十二年五月戊戌日条。

[3] 《方观承等奏审讯彭家屏之子及管书家人情形折》，乾隆二十二年五月十四日，上海书店出版社编：《清代文字狱（补辑）》，第1025页。

时“不知道为什么事，正在恐惧”，恰好此时朝廷正搜查段昌绪，发现了吴三桂檄文以及明代抄本，“拿人审问”，彭传笏“一时害怕，又慌了”：

> 我因这书是抄本，又有明末的书，恐有关碍，那上头又有什么故事，我也未暇看得，同家人李湘即于夹板内寻出那《日本乞师》《永历私立》《潞河纪闻》，还有《酌中志》《南迁录》《甲乙事案》外，还有几本书未看名……见俱是抄的，都于四月十六日晚上，连我的一部《水浒传》，因为是禁过的，一并都在煤火炉子里烧了。[1]

可以说，胡中藻文字狱案与朝廷对段昌绪的搜书行动合力促成了烧书事件。值得一提的是，烧书均发生在彭家屏被传唤之后，乃彭传笏主动烧毁，彭家屏并不知情，否则就不会主动告诉乾隆帝家藏禁书，其之所以在并未问及禁书的情况下不打自招，用皇帝的话说，是“以朕已查获家中书籍，难以狡饰，是以俱实供认，尚冀稍减万一”[2]，想以自首请皇帝开恩。

至此，虽未见到实物，但家藏禁书一事已经坐实。皇帝若照追查彭家屏家中是否存有吴三桂檄文的套路去查，定会一筹莫展。正因彭家屏父子未能及时通信、配合得不默契，乾隆帝才有了意外收获。

## 不见文字的文字狱

基于彭家屏案的禁书因素，世人多将该案视作文字狱案，如早期清史学者孟森撰文《彭家屏收藏明季野史案》，排比《清史稿》《东华录》

[1] 《图尔炳阿奏遵旨复查彭家屏所藏明末野史折》，乾隆二十二年六月初八，上海书店出版社编：《清代文字狱（补辑）》，第 1031 页。

[2] 《清高宗实录》，卷五百四十，乾隆二十二年六月丁卯日条。

等史料，认定彭家屏陷入文字狱。值得注意的是，尽管皇帝因私藏禁书定罪彭氏，但该案始终没见到书本，即便家中查得《大彭统记》，亦只能从书名的角度骂其“甚为狂妄”[1]，然而它并非禁书。

更蹊跷的是，段昌绪家中查出吴三桂檄文，皇帝无端告诫地方官，彭家屏家中可能有檄文，加之勒令被其举报的图尔炳阿官复原职查办，更显皇帝“别有用心”，试图置其于绝境。

无禁书实物、无端牵连、让仇人去查仇人，皇帝这番不寻常的处理，让人联想起“胡中藻案”。官方口径中，胡案亦同样是文字狱，然而结果出人意料，当事人之外，按例应惩罚最重的胡中藻家人，反倒平安无事，牵连最广者是满洲权贵、前朝重臣鄂尔泰朋党，后人多认为胡案是披着文字狱外衣的朋党肃整。具体到彭家屏案，亦让人不由得对皇帝制造该案的真实用意生疑。

据清史学者刘文鹏的研究，乾隆帝炮制这起文字狱，同样是为了打击朋党，只不过这次针对的幕后“党魁”是雍正朝重臣、已故直隶总督李卫[2]。

彭家屏是康熙六十年进士，仕途起点是山西道御史，后来长期在李卫主宰下的直隶担任清河道御史，很受器重。乾隆元年，皇帝暗示李卫保举彭家屏为按察使，三年后，皇帝派遣彭家屏前去湖南担任湖南按察使，审理衡永郴道员、行贿官员许登瀛。

皇帝将彭家屏升官，审理许案，意在敲打湖广总督、鄂尔泰党人史贻直。鄂尔泰与李卫素来不睦，互相倾轧，作为李卫亲信的彭家屏亦有打击政敌的自觉（乾隆帝后来称他“乃李卫门下一走狗耳，其性情阴鸷，恩怨最为分明，从前每当奏对时，于鄂尔泰、鄂容安无不极力诋毁”，

[1] 《图尔炳阿奏遵旨复查彭家屏所藏明末野史折》，乾隆二十二年六月初八，上海书店出版社编：《清代文字狱（补辑）》，第 1031 页。

[2] 刘文鹏：《彭家屏案与雍乾党争》，载《清史研究》2016 年第 1 期。

逆推可知彭家屏的动力），审理十分卖力，皇帝很满意。乾隆六年，彭家屏湖南按察使任职期满，又调任江西按察使，一任就是九年，任职期间政绩斐然，屡受表彰，屡被宠信。

然而，彭家屏在皇帝的授意下敲打了史贻直，鄂党不可能迁怒于皇帝，自然会视彭氏为敌人，他逐步卷进了鄂、李党争的漩涡。李卫去世之后，彭家屏根本无力与根深叶茂的鄂党抗衡。这种险境，却是皇帝乐意看到的，为总揽皇权，乾隆帝必须平衡朋党势力，不幸得罪了鄂党的彭家屏，承担了一颗“棋子”的制约角色。

## 皇帝“变心”了

但棋子终究是棋子，目的一旦达成，棋子难免不会成为“弃子”。

恰在彭家屏三个任期已满的江西布政使任上，乾隆十五年，按例应该提为巡抚,彭家屏却意外地被调至云南任布政使。此间,河南巡抚、鄂尔泰之子鄂容安告了他家人一状，称其家人抗粮不交，还霸凌乡里，皇帝严令其交粮。乾隆十九年，彭家屏再次调任江苏布政使，他的上司是与鄂尔泰有亲戚关系的两江总督尹继善，他摸准皇帝很不待见彭家屏，遂多次找茬，向皇帝报告其种种不称职，逼得彭家屏辞官告休，退出政坛。

前后不过四年时间，彭家屏何以遭弃？

表面上，是鄂党排挤、打压以及后来的疑似“藏书案”导致彭家屏失宠，然而据刘文鹏的研究，彭家屏从高处跌落的根本原因在于皇帝的政治路线发生了变化，即由上位初的崇儒重汉，转向首崇满洲，主要表现在，提拔满洲精英填补各地要缺，刻意打压汉官，维持满汉督抚数量基本持平甚至满略优于汉的态势。彭家屏仕途之终结，当然也不排除皇帝为安抚遭受严重打击的鄂党的可能，但更多是路线转换的牺牲品。相比之下，被他举报的图尔炳阿曾匿灾不报，又在乾隆十五年庇护属下亏空，如此昏庸无能之人，竟被皇帝优容、轻轻放过，可见皇帝用人之偏袒[1]。

彭家屏最终被赐自尽，皇帝在两份上谕里找出了必杀他的理由：彭家屏“性情阴骘，恩怨分明”，“服官已久，小有干具”又“乖张自用”[2]，对皇恩“毫不知感”“灭绝天良”，在乡下，“拥有厚资，田连阡陌，而为富不仁，凌虐细民，乡里侧目”，对待皇帝的名字，竟然一点不避讳，“目无君上，为人类中所不容”，加之藏有逆书，彭家屏不得不杀，“以为人臣之负恩狂悖者戒”。

值得一提的是，与彭家屏自负为民请命的形象不同，皇帝视他为“凌虐细民”的土豪劣绅，并借打倒他而广施皇恩。

彭家屏死后，皇帝一方面对河南夏邑、永城等地灾区免征赋税、兴修水利，将匿灾不报的官员革职，另一方面，抄没彭家屏家产入官，或卖掉，或租佃生息，所得银两充公，有的田产更是直接分给无田百姓，一时颂声大作，皇恩浩荡。“为民请命”的彭家屏，至此身败名裂，直到大清覆灭方得平反。1915 年，当地县志承认，他是一个“赡族恤邻”“善行缕缕”的乡贤[3]，而不是劣绅。

[1] 转引自刘文鹏《彭家屏案与雍乾党争》，载《清史研究》2016 年第 1 期。

[2] 《彭家屏赐令自尽谕》，乾隆二十二年七月十三日，上海书店出版社编：《清代文字狱（补辑）》，第 1035 页。

[3] 《夏邑县志》，黎德芬等纂：《中国方志丛书》，第九十九册，成文出版社，1966 年。

# 附　录

# 澳门“炮决”

有文严肃考证，18 世纪的葡萄牙殖民者常用“炮决”处置犯人。翻阅澳门史料，亦可见“炮决”字样，事见于乾隆年间的一起命案。

乾隆八年（1743 年），澳门是“民夷”杂居之地（夷者，指葡萄牙人），“民夷”交往日繁，争讼渐起。某日，清人陈辉千醉酒，途遇葡萄牙人晏些嚧，二人发生口角，晏氏以刀捅之，陈辉千伤毙，家属报官。按大清律例，杀人者应一命抵一命，晏氏当处死。

但此法在当地竟无先例，从未执行过。

明中叶至清乾隆初，葡萄牙人在澳门居住 186 年，人口增加到“三四千人”，西人往来贸易者亦多，葡萄牙国王因而派人管束。若“番人有罪，夷目俱照夷人法处治”，“重则悬于高竿之上，用大炮打入海中，轻则提入三巴寺内罚跪神前忏悔完结”，葡萄牙人犯法按葡国律法处置，犯重罪的悬于高竿之上，用大炮打死，就是今日所谓的“炮决”。

陈辉千被杀后，葡方自行收监晏氏，拒不交人，意欲遵循成例。但清廷欲革除此弊，官员叹“夷法”“炮火轰死，未免失之过惨”，忧晏氏潜匿逃亡，“致夷人益生玩视法纪之心”，遂通告葡方头目，必须交出晏氏，按大清法律处置，一命抵一命，执行绞刑，葡萄牙人依之，“炮决”未遂。后乾隆帝命著为例，“嗣后在澳民蕃有交涉谋故斗殴者”，均依大清法律办理。

“民夷”杂处百年，遇争讼事，何以竟无按本国律法行使先例？两广总督策楞解释称：

> 唯民夷交涉事件罪在番人者，地方官每因其系属教斗，不肯交人出澳，事难题达，类皆不禀不详，即或通报上司，亦必移易情节，改重作轻，如斗杀作为过失，冀幸外结省事，以致历查案卷，从无澳夷杀死民人抵偿之案。

争讼之事，常常耗时繁多，却始终无法断明。地方官为省事，往往以“教斗”之由推于葡萄牙人，拒不受理，自然就无必要禀告上级。即便通告上司，也会改换情节，重罪轻判，所以从来没有按大清法律严格处置的先例。

乾隆帝成例虽定，地方官仍可玩法不遵。后凡遇葡清命案，类皆交葡萄牙人处置，司法权拱手让人。近代西方人士眼见此种现象，遂提出享有“治外法权”的特权——此种怪象，似亦是由地方官“懒政”促成。

## 让妇女出头

在多数人的印象里，古代已婚妇女通常是大门不出二门不迈的，除非遇到节庆或是赴庙中求福才会外出，一般情况下待在家里教子相夫，伺候公婆。

但这并非绝对，若遇到突发情况，比如夫君、儿子或其他家人摊上命案官司，妇女就必须出面了。当然，多数情况下也仍是请讼师撰写状纸，让其他亲人出面对簿公堂。

妇女如此为之，其实是遵守法律。据《大清律例》，妇女不可以当“告诉”人，如要控告，必须另遣代告。“除非遇到谋反、叛逆、子孙不孝，或己身及同居之内为人盗诈、侵夺财产及杀伤之类听告，余并不得告”。这样立法，本意是“保护”和“约束”妇女。朝廷担心妇女抛头露面，容易招致诱骗、拐卖、性侵之类的麻烦，妇女能少出门就少出门，哪怕是诉讼。看似“保护”的条款，实际上更多地发挥了“约束”的作用。

当然，“保护”的作用并非完全没有。比如，考虑到妇女的生理条件，法律在量刑上规定刑罚可减轻。《大清律例》规定，“妇人有犯奸、盗、不孝者，各依律决罚，其余有犯笞、杖并徒、流、充军、杂犯死罪，该决杖一百者，命妇、官员正妻俱准纳赎”，即犯死罪者，可以交钱赎罪、免死。这实际上降低了妇女的违法成本。

“好处”被男人盯上了。由于违法成本低，男人想做而不敢做的事，可以驱使女人来做，哪怕超出法律规定的不准露面起诉的案件范围。

乾隆七年，江苏发大水，灾后赈济混乱不堪，民众不满，出头的就是妇女。两江总督德沛向乾隆帝奏报：

查八月初二，有（淮安府）山阳县管辖之羊须港等处，妇女一百余人，赴府求赈，经该府李暲面谕，随即散出，甫至仪门，讵有城市无赖棍徒聚集，多人拦阻。各妇女复拥至府堂口，称米粮柴薪价贵，勒要定价，出示令行铺遵依，又当铺令其整日开张，不得止开半日等语。然以上俱必不能行之事，该府同营员再三劝谕不遵，竟将公座宅门俱行打毁，当经该府饬令拿获杨三、童大纲二名，众始奔逸，又经拿获认识之罗小五、徐小二等十三名，一并收禁，查淮属一有事故，大率耸令妇女出头，以恃刑所不可即加。此向来刁风恶习也。

大意是说，灾后粮食与柴火价格太贵，一百多名妇女请求淮安府知府强制米铺等涉及民生的机构降价，当铺必须整天营业，不准只开半天，这种要求遭到地方官严拒。

于是，妇女们打毁知府衙门闹事，很多人被抓。从被抓者“杨三、童大纲、罗小五、徐小二”等的名字判断，他们不像是妇女。

德沛称，妇女极有可能被男子利用了，淮安府各地一旦有事，就怂恿妇女出头，“以恃刑所不可即加”，倚靠妇女违法而享有的宽松刑罚铤而走险。这一钻法律空子的行为已经是“民俗”。

苏州巡抚陈大受早在乾隆七年五月，就提供了一个例子：

又访闻阜宁县有外八庄饥民妇女多人胁官求赈之事，臣查该处饥口，未必尽系妇女，或有奸徒唆使妇女，出头冒领。

他认为，淮安府阜宁县妇女胁迫官员求取赈济一事，背后就是奸徒“唆使”所为。

可见，由于妇女交钱即可赎罪，男子驱使妇女为己谋利已是习惯。而平时，妇女遇到本人的官司，常常屡告屡诉，地方官不胜其烦。有鉴于此，优待妇女惯例在乾隆朝中后期开始收紧。

乾隆三十年，刑部奏准，原有的涉女性案件可适用交钱赎罪的情形，改为发配边疆为奴。但到嘉庆朝之后，法令有所松懈，各地方官多针对具体的人和事，自行拿捏不同于男性的刑罚尺度，同罪而不同罚者常有。

女性所谓的“性别优势”，被部分落实到了清代的司法实践中。当然，这并非时代的进步，优待的目的是“约束”妇女。养在深闺，不抛头露面，仍是妇道。

## 乾隆版难民解决方案

乾隆四年（1739年），自打败明朝占领军后建立起的安南黎氏王朝逐渐式微，王朝权臣郑氏（称安南）与阮氏（称广南）分别割据南北，郑氏在北方挟天子以令阮氏，垄断向清廷朝贡的权力。郑氏家族统治逐渐衰败，出现“暴君”郑杠，北方大乱。大批“难夷”往北涌向中国的云南、广西边境。

难民如潮水。乾隆六年六月，云南总督庆复奏报“都龙（今云南都龙口岸）厂民及各处被兵处所难民、男妇纷纷奔避，窜入沿边界口”。乾隆七年五月，乾隆帝自广西巡抚杨锡绂处得知，“安南谅山一带夷民……失业荐饥，窜入宁明、龙州、土江、土思等州内地乞食”。一年后，乾隆八年，署云贵总督张允随称，“但都龙一厂，聚集民、夷不下十余万”。

面对这么多陌生的难民，地方官第一反应不是驱赶，而是优待。庆复在给乾隆帝的奏疏中说，“安南世守外藩，恪昭恭顺，其所辖各境与滇地毗连，彼国人民避乱逃生，即同天朝赤子”，把越南难民当作自己人。他又说“臣敬体圣主柔怀万方，中外一体之德意”，按照皇帝“柔怀万方，中外一体”的指导思想，在“沿边地方搭盖棚厂、收赈难民”，又“分别夷、汉，稽查安插，不致流离失所”，让难民有地方住，有东西吃。乾隆帝“从之”。

广西巡抚杨锡绂也奏报，那些来到广西觅食的难民，官府“分别存恤”，老弱病饿的给口粮，等恢复了再押送他们回籍。身体强壮、能够行走的，就给口粮和路费，交给越南谅山的官员自行处理。乾隆称赞“办理颇妥”。

云南与广西的地方官做法十分寻常。在清廷主导的东亚地区，安南与清廷是“宗藩关系”，安南有向清廷朝贡的义务，清廷给予藩属国数倍于贡献的赏赐，并掌控册封、承认政权合法性的权力。属国内乱，若有请求，还要派兵干涉。外敌入侵，必须保护属国。难民入边，安抚、送回原籍是常规动作，不以难民性质不同而不同。

清廷将战争难民送回原籍的做法，并没有解决边境的难民问题。

首先，这一做法对小规模难民成效显著，遇到人数较多且长时期聚集的难民就不行了。涌入都龙厂的十余万难民，地方官如果一一柔远、“请走”，成本巨大。难民若不听从，难免不会引发群体性事件。庆复就十分担心难民“乘机从贼”，他的办法是暂维治安：从各地调兵计 750 名以备不虞，发布安民告示，告诫民众“毋得惊窜失业”，以待难民自行散去。此处置方式获得乾隆首肯。

其次，优待难民的做法让更多难民涌入边境，为“怀柔远人”，又会使镇守边疆的大员放松关隘管制，导致更多并非难民的人士在边境滋扰。这些人是寻求庇护的叛乱分子、中国人贩子以及前往越南的政治投机分子。

各类非难民人士自由出入边境，杨锡绂难以把守关隘。乾隆帝终下定决心，不再提“怀柔远人”，而是十分现实地要求杨锡绂想办法“务使各关隘盘查禁止，实在严密，以靖边疆”。

无论采取的措施是宽松还是严格，本质上仍然是拒难民于边境之外。只要安南国内的战争不止，难民就会流向相对安宁的中国边境，很难堵住。

乾隆帝得知，云南地区增派隘口防守力量的广南府难以区分内地人和难夷，他批评张允随稽查“疏懈”。但防守严厉的广西情况又如何呢？署两广总督策楞向乾隆帝报告说，广西地方在各隘口添兵防守，又竖以木栅、塞以砖石加以阻遏。杨锡绂“封禁已久”，按理说“宜无一人私自出入矣”。但事实上，两个月内发生二十多起私自出行案件，平均每三天发生一起。在这些偷渡案件中，少则十多人，多则三四百人，成群结队地流向安南或广西境内。他们不仅仅是安南难民，更多是前往越南挖黄金的中国人，还有去那边探亲的中国女婿。

乾隆十年一月，边境难民的问题仍然没有得到解决。安南内战仍在继续，田地日渐荒芜，粮食匮乏，米价高涨，盐业萧索，安南国内难民涌至边境抢粮抢盐。对此，乾隆帝同意两广总督那苏图区别良善与奸匪夷民，分别对待的建议：匪类者查拿，良善者就发挥柔远精神，给粮送回。

尚不知边境士兵如何区别良善与匪类夷民乃至从安南返回的中国内地民众。除非边民能够识字，否则士兵凭口音以及服装的差异来判断，闯关者很容易弄虚作假。所以即便到了乾隆十一年，我们仍然能看到广西、云南的地方官为阻遏边境人口流动潮而疲于奔命。他们不断上奏乾隆帝，报告他们严守关隘、拒绝奸民、柔远善夷的行动。乾隆帝的回复也多是为他们点赞：“知道”“好”“如此认真”“嘉悦览之”。

持久的防边行动，地方官不得不考虑到行政成本。乾隆八年，云南开化镇总兵塞都上疏建议，“防边与出师，所费相等。请调集官兵，用彰天讨”，反正防守边疆与出兵安南花的钱差不多，不如派兵打进去，一鼓作气，从源头解决边境滋扰。乾隆帝对此予以驳斥：“此万不可行者”，因为“交夷小丑，仰视天威，莫不震迭，若敢于侵边，自应加以翦灭。乃该国素无逆命之端，又无仰吁救援之请，忽焉越境挞伐，师出无名，即使传檄可定，亦非国家柔远之意”，意思是说安南国如果攻打我国边疆，我肯定会灭了它。但现在它听我的话，又没有请求我出兵，我就不好去干涉，突然派兵干涉，不符合柔远的国策——说到底，乾隆是不愿意打破普天之下的宗藩体系。

## “通奸罪”怎么判

由出轨引发的离婚案，如果放在大清，怎么判？

“离婚”与“出轨”在大清律例中分属两个不同类别的系统。

“离婚”被归于户律之下的“婚姻”律，叫作“出妻”。男子提请离婚的条件，就是我们所熟知的“七出”，即女方“无子、淫逸、不事舅姑、多言、盗窃、妒忌、恶疾”。但如果妻子符合“即与更三年丧”（曾为公婆服丧三年）、“前贫贱后富贵”（娶时贫贱，后来富贵）、“有所娶而无所归”（妻族消失，被休后无家可归）中的任何一条，男子就不能离婚，这三个条件就是常说的“三不去”。

如果丈夫的出轨指控属实，那么妻子就犯了“七出”中的“淫逸”，但如果双方结婚后，丈夫因为妻子的加入而变得富贵，即“三不去”中的“前贫贱后富贵”的情况，那么二者就居于可离与不可离之间。

在这种情况下，丈夫若擅自休妻，怎么判？

《大清律例》规定，若“虽犯七出，有三不去而出之者，减二等，追还完娶”，这减少的“二等”，是比照擅自休妻者打八十下屁股例而定的，“三不去”的作用是发挥道德的力量平衡刑罚。

如果妻子伤害了丈夫的家人，就犯了“义绝”（对亲属有殴、骂、杀、伤、奸等行为），官府必须介入，强制双方离婚，“应离而不离者，亦杖八十”。若属命案，就视不同情节，或绞或斩或徒。

看到这里，或许有人会问，如果丈夫一方出轨，女子可否提请离婚呢？《大清律例》没有考虑到这点，所有事关婚姻的条文，俱是惩罚女性的视角。

双方协议能否离婚呢？这一点，《大清律例》倒是很宽容，“夫妻不相和谐而两愿离者，不坐”，妻子或可以男方出轨、没有情义、“不相和谐”为由，与丈夫商量好之后离婚，官府对此不能惩罚。然而，离婚必须是“两愿离”，没有夫家的同意，哪怕打官司也是离不成的。

可以说，离婚这事儿，《大清律例》处处为男人着想。

若涉及“出轨”（彼时叫“和奸”，即男性在女性的同意之下发生性关系），法律就更是秉承男权意志了。《大清律例》将“和奸”之罪放在“刑律・犯奸”条下，女方出轨，意味着触犯了刑律。“凡和奸，有夫者，杖九十”“男女同罪”，各打九十大板，因出轨生下的儿女，“责付奸夫收养”。丈夫还有权“嫁卖”女方，但不得嫁卖于“奸夫”，违者各打八十大板，妇人须强制离婚、回娘家，“财物入官”。

女方没有自由选择的权利。

双方私下解决行不行呢？也不行，一旦发现，官府仍然要打板子，只是刑罚稍轻，比“和奸罪”的板子少一点。

出轨的女方受到的最大伤害，更可能发生在报官之前。

古代礼法甚严，重视男女之大防，对妻子“出轨”零容忍，网上流传的“浸猪笼”一说，就是长老、族长惩罚女方的私刑。

法律上，若丈夫当场捉奸，无论何时杀死妻子，都不会一命抵一命。《大清律例》规定：“如本夫奸所获奸，登时将奸妇杀死……审明奸情是实，奸夫绞监候，本夫杖八十”，当场杀死妻子，奸夫判死缓，丈夫打八十大板。若当场发现，但事后杀死，“奸夫拟杖一百，流三千里，本夫杖一百”，丈夫打一百下屁股，奸夫流放。

可见，在抓奸现场杀死妻子，受八十下杖刑，在抓奸事后杀死妻子，受一百下杖刑，对丈夫来说，捉奸并“登时杀死”奸妇，显然更有利。

更要命的是，法律还规定，“其非奸所获奸，或闻奸数日，将奸妇杀死”，且“奸情”属实者，“将本夫照已就拘执而擅杀律拟徒”，意思是说，如果不当场捉奸，而是听说奸情几天后杀死“奸妇”的，丈夫要坐三年牢。

刑罚孰重孰轻，一望便知。

很明显，立法者是鼓励丈夫捉奸的，更鼓励当场杀死“奸妇”。

法律这么严，奸情也不少。尽管“犯奸”被单独设律，尽管社会舆论零容忍，然而学者郭松义的一项研究表明，乾隆年间各省区每年上报的涉奸命案平均有800件，其中通奸引发的有250—530件。这些只是报官的重大命案，实际数字应远大于披露的。这说明，严刑峻法、道德说教、婚姻制度均难以规制“男女之大防”。

现代中国的法律索性放弃干涉，将“出轨”逐出刑律，把男女置于同一天平上，在利益分割上做文章，让道德的归道德，法律的归法律，利益的归利益，虽然复杂，但人终于有了作为人的权利。

## 娶妻以“二婚”为良

中国第一历史档案馆有一则关于乾隆初年山西婚俗的材料：

> 晋省浇风，凡民间婚娶不以处女为重，反以再适为良。以为处女不能亲操井臼，再醮者已知治理家务，是以民间贫苦之家，

公然嫁卖其妻者有之。或妻不安其室，忍弃前夫，而再适者有之。彼温饱之家，不思礼聘闺女，反不惜多金购买有夫之妇，以为得计。

用大白话翻译过来就是：山西省的风气太差了，民间男子娶妻不重视处女，反而把二婚女子当宝。好处在于，处女不会操持家务，而二婚的能立即上手，所以穷人家常常公开把自己的妻子卖掉。有的妻子与丈夫不和，就弃丈夫而去，自行改嫁。有钱人家不明媒正娶黄花闺女，反而不惜花大价钱购买有夫之妇，自以为得了好处。

这段材料告诉我们，山西省的男人爱娶二婚女子，理由竟然是，做家务容易上手。

是不是毁了你对古代男性娶妻的固有认知？在一般人眼里，古代男权社会，男子一般将处女视作贞洁的象征，而不是把二婚女性当作珍宝。但山西男子却不这么看，能做家务的女性就是好女性，管她是不是处女呢！

材料来自山西省按察使萨哈谅在乾隆六年给皇帝上的一道折子。他当年从广东布政使任上调入山西省，向皇帝例行报告当地的风俗、民情，山西男子的婚姻观就是报告内容之一。萨哈谅告诉乾隆帝，他已告诫当地群众，再有犯者，照律治罪。

按律，男子“出妻”必须满足“七出”的条件。除非妻子与他人通奸，丈夫才可以嫁卖。山西男子看准当地婚嫁市场而擅自“出妻”，显然不合法。

但有的人会说，这只是萨哈谅的一家之言，他刚刚上任，有可能会夸大当地恶习，突出日后整顿效果之不易。

不排除有这种可能，因为就在萨哈谅就任的六年前，当地编了一部《山西通志》，在讨论婚俗的部分，没有一个字与男子的娶妻口味有关：

太原府：妇人白髻而妖服，不蚕不织。迩来竞尚奢靡……婚娶重财。

平阳府：喜祭赛婚论财礼。

潞安府：娶妻必亲迎亲丧少佛事。婚姻丧葬，交相为助。

汾州府：男不经商，女不纺织，唯农是务。

大同府：婚丧如礼。

泽州府：妇女不街行。朴直民耻淫盗，少争讼。

蒲州府：婚姻论财。

辽州：婚丧不事靡丽。

平定州：男子不远游，妇女不交易。

忻州：仕宦骑马不入闾里，婚嫁耻于论财。

保德州：婚娶论财。男不纳赘，女不招婿，妇不闲游，宅肆不相通，男女不贸易。

这段文字透露出来的最重要的讯息是，山西婚俗特别讲究彩礼，而不是男子喜欢什么样的女子。

地方志代表官方意见，《山西通志》编纂距萨哈谅写下那封奏折的时间并不是太远，风俗之变不至于如此急剧，故可能是二者的关注点不同。对新来的萨哈谅来说，男子热衷娶二婚女子是新鲜的、不合理的、不合法的，而对山西人来说，婚嫁追逐高额彩礼就是本地特色，至于喜欢什么样的女子，早已习以为常，不值得记诸史册。当然也不排除编者故意为家乡避讳的可能，而萨哈谅撒谎的可能性很小，毕竟，上报风俗并不会危及官位与性命，他又何必犯那欺君之罪呢？

# 大受欢迎的舞弊利器

只要有考试,就会有作弊。只要有作弊,就会有反作弊。古往今来,莫不如此。大清哪怕在后人称作盛世的年代，都不可能做到弊绝风清，哪怕在离天子最近的地方，仍然有人目无王法。

乾隆九年（1744 年）八月，顺天（即京师）乡试考场发生了严重的舞弊事件。彼时，雍正帝驭吏之严尚有余温，乾隆帝的命令尚能走出紫禁城。然而用处不大,在两场考试中,身为主考官的兵部左侍郎(正二品高官)舒赫德抓获了 42 名作弊者,第一场 21 人,第二场也是 21 人。

这些都是什么人？他们怎么作弊？

根据舒赫德以及副考官哈达哈的奏折可知，舞弊者最小的 22 岁，最大的 52 岁，其中旗人 13 名，大臣子弟 4 名。最受考生欢迎的作弊工具是帽子，多达 11 例，其次是嘴巴（9 例），袜子（5 例）、裤子（4 例）分列三、四名。

帽子空间大，小抄可以多放。嘴巴含着小抄，虽有纸张浸湿、墨迹模糊的危险，但一旦被怀疑作弊，可立即“咽入腹中”。特别值得注意的是裤子，它并非最受欢迎的作弊工具，却最受主考官注意。副考官哈达哈对此大为震惊，怒斥舞弊者“丧心无耻”。

但他还是反对“搜及下体”，认为此举是让千万士子为一二十个败类背锅,小抄藏于裤裆只是极少数人所为,不能把“搜及下体”普遍化。试想,几万个读书人当众“露体”,亵慢至极,还谈什么廉耻与士气呢？而主考官还悬赏搜查行为，“每搜得一人，即赏银三两”，搜检员为获利会把小抄嫁祸给读书人，“致二场士子人人自危，纷纷各散不愿终试者甚多”。

乾隆帝接报后折中处理，先骂了一通士子不知廉耻，后为搜查作辩护，最终要求考试主管部门礼部制定一套既能照顾读书人的面子，又能防止作弊的搜检办法。

礼部给出的意见是，在入场通道设两个关卡，每个关卡设两人搜查。如果第一道关卡没搜出小抄，而第二道搜出来了，那么第一道的搜检员就要受罚。同时规定，考生穿的衣服必须简洁，考篮必须“制用玲珑”，带一点孔，以便搜查。

这种办法的确能够钳制一些夹带行为。然而，作弊比反作弊高明多了，比如考生寻找枪手代考，在试卷内留下暗号以便事后贿赂阅卷官等，规定出台三个月后，这些手段就被湖北、湖南、浙江等地的考生用上了。

## 官员上访之后

大清地方官不好当，尤其是基层官员，不仅要承受征税、断案、维稳的巨大压力，还要随时提防上级的欺压与敲诈。

官大一级压死人，对于上级的压榨，下级官员有苦说不出。《大清律例》规定，“所属官被本管上司非礼凌虐，亦听开具凌虐实迹，实封径自奏陈”，一旦受欺负，允许举报上级。雍正帝将上奏权从督抚一级，开放到了知府一级，可能就有这个用意。

但这个举措带来了新的麻烦：官员举报成风，他们多在上级参奏他之后，再反过来举报上级，挟私报复。乾隆帝因而规定，上司欺负下属，而督抚不管，下属有权向朝廷申诉，朝廷再打回地方，令督抚严审。如果下属知道上司举报他，在上司的奏本到达前再反过来举报，经调查后确属诬告的，就判诬告罪。

乾隆二十六年，皇帝又根据被举报对象，规定了不同级别的审案官。如果同知、游击以下的官被参，就让知府审理。如果道、知府等级别的官被参，就让道员审理。

也就是说，如果一个知县，举报知府欺负他，就让道员来审——等于绕了一圈回到原地，知县依然有可能要面对直接上级，审理现场，必然有所顾忌，这样很难获得“实情”，再往上的督抚、皇帝更有可能被蒙蔽。

显然，这一规定对举报者很不利。嘉庆帝更加重了不利，他规定如果被审后被判诬告者罪加一等，道光帝规定诬告者杖一百、枷号一个月。

在地方盘根错节的利益共同体面前，一名官员的举报如果被判属实，很有可能牵出窝案。为求自保，上级审案官最容易做出的判决便是诬告。

可以说，《大清律例》也好，皇帝的谕旨也好，似乎就是用来惩罚原告的。

既然正规渠道被堵死，官员维权就只有一条路：京控，绕开层叠的官僚机器，直接赴京递送御状喊冤。恰似今天的“上访”。

然而，“京控”的程序与之前正常渠道的举报相比，差别不大，诉状虽然递交给都察院，后者仍多发回地方审理。

需要特别指出的是，所有“京控”的官员，都不是在职官员，他们均是退休或被革职之后。没有仕途的后顾之忧，才敢举报前任乃至上级官员，也正是由于没有官位，官员所受待遇亦与一介布衣无异。

比如道光十三年，湖南已革试用县丞王庆元派儿子进京，举报武冈州知州王景元以亏空仓库将自己撤职不公，在状文末尾还特意加上“并无疯迷”字样，用来规避上级审理时会将自己视为“疯病”患者的风险。一旦被判为“疯病”，就再无翻案可能，就像百姓提请诉讼之后，地方官多以疯病定义原告，作出有利于被告判决的情形一样。

又比如嘉庆二十二年，山西阳曲县原知县刘经京控陕西省违背承诺不发给垫办军需银两，后者派去审理的官员竟“不为公断”。刘经没有占到前官员身份的半点便宜。

“京控”之所以难以成功“诉冤”，症结在于由上而下的问责制度。

当案件最终发回地方重审，当审案官就是“京控”的牵连对象，“上告”显得毫无意义。审案官亦完全可以运用诬告或不实、疯病来打击“上告”者。这一手段在对付诸多百姓的“京控”案时屡试不爽。在法律打击原告、“压讼”宁官的权力逻辑面前，官、民之间获得了真正的平等。

# 乾隆帝赚了多少钱

执政六十年，乾隆帝个人总共赚了白银8000万两以上，相当于清廷两年的田税。

清代社会经济史专家、学者赖惠敏，翻查关于乾隆帝私人金库的各种档案，发现了这个秘密。这说明乾隆帝可以轻轻松松地完成每年“挣它个一百万两白银”的小目标。

然而，皇帝的钱从哪里来？答案是官庄、盐业和关税。

官庄管理官田，收入之一就是地租，这是乾隆帝的爷爷以及曾爷爷在圈地运动中为他挣来的遗产。

按照交租形式，官庄分纳粮庄与纳银庄。皇帝自将上三旗的粮庄，每年能收到粮食9万多石，每亩征粮约0.07石（一石约80公斤）。银庄每年能收到银子3万余两，每亩征银约0.06两。

这部分钱并不多，特别是地租，比多数地区尤其是南方的要低。乾隆九年湖南湘乡某地4亩地每年纳粮10石，乾隆十八年广东东莞某地75亩地的租银更是高达80两。显然，租种官田的老百姓日子好过点。

官庄还经营房地产。入关后清廷赶走内城汉人并接管了成千上万间房屋，然后租出去，躺着赚钱。乾隆四十四年，依靠5300余间房子，每年收入2万余两白银一点问题都没有。

看起来是不是很多?

当你知道皇帝每年平均进账133万余两，就会明白，银庄交上来的每年3万两白银真的只够塞牙缝。

不过，皇帝也不指着官庄能给他挣到钱。

关税和盐业，这两部分钱，就是8000万两以上的大多数。

清廷在各地设有税关，像山海关、张家口、杀虎口、天津关、淮安关、龙江关、左翼、右翼税务衙门等，都是钱眼。关税原本都要进入户部，但在税收定额制下，户部只要拿走规定的数就行，多出来的部分就交给皇帝。

别以为剩下的钱就真的只是“剩下的”，有时它比交给户部的钱还要多。乾隆十二年，张家口交给皇帝的银子21396.1两，给户部的呢?2万余两。又如左翼税务衙门，每年交完1万多两白银后，至少还剩下1.4万多两。透过历年的统计，每年关税剩下的约25万—30万两银子，都要拥入皇帝怀抱。

聪明的你会问，税务官会老老实实地把剩下的银子全交给皇帝，自己不揩一点油吗?

这个还真不敢，但总会有法子，比如私自增加附加税，乾隆帝对此知情而放纵，毕竟他本人也是要拿走一点的。

比关税油水更足的是盐业。皇帝从这儿拿走的钱又可以分为四部分：盐商的孝敬钱、盐政衙门陋规、盐引（食盐贩卖经营许可证）附加费、放款的利息。

孝敬钱自不必说，属于盐商自愿付出的政治交易。比如乾隆九年，两淮盐商程可正情愿捐 16 万两；乾隆二十二年，盐商黄德源孝敬皇帝 100 万两。乾隆九年到乾隆五十七年之间，盐商共有 15 次“孝敬”，总额高达 526 余万两白银，每次捐款均额为 35 万余两。

这些钱还不是盐商的沉重负担。

清代盐业官督商办。商人要交钱才能拿到官府发给的“盐引”，凭引赴盐场领取食盐，再运往指定区域贩卖。18 世纪以来，随着人口增加，食盐市场旺盛。乾隆十一年，朝廷规定盐商可以预提盐引，但要拿到盐引，还得在每笔 1.5 两的盐引费之外再多交 2.1 两，多出来的附加费叫作余利银。

朝廷这招很妙，赚得盆满钵满，乾隆三十四年到乾隆四十九年的 15 年间，两淮盐商共缴纳了 650 多万两，年均收入达 43 万余两。这些钱少部分给了地方，大部分用于支付皇帝的南巡账单。

你一定觉得这个数很多，其实也不然。著名的乾隆三十三年两淮盐引贪污案中，官员侵吞银两不可计数，皇帝处死几名受贿官员之后，愣是要盐商赔补自乾隆十一年到乾隆三十三年 22 年间的余利银损失，数额高达千万两，皇帝都拿走了。

皇帝有钱了，也会向盐商放贷，生息发财，利率 6.66%（一说是 12%）。比如，乾隆五十一年，商人王德宜借款 60 万两，分 15 年还清，利息高达 99 万两。

不过，相比民间高达 30% 的年利率，皇室放贷利息不算高，所以借的商人特别多。乾隆五十七年，长芦盐政尚有千万两白银的债务游荡在外。不过没关系，皇帝会想办法要回来的。

其余的赚钱渠道还有：开当铺、卖人参、卖玉石、放贷、收议罪银、抄家、属国进贡……

这么多钱，谁在收？往哪放？答案不是户部衙门，也不是皇帝亲自出面收钱，而是由专门的机构——内务府经营。

内务府的前身是清兵入关之前的“内府”，主管皇家宫廷事务，入关之后，皇帝自将的上三旗“包衣”充斥其中。作为皇家财政代理人、皇帝的亲信，他们分散至税关、盐政、官庄等财源重地，小心翼翼地呵护着皇帝的钱袋子。

内务府下设七个司，其中广储司掌管出纳与收入，虽然这里有很多金银财宝，但也只是乾隆帝的私人金库之一，它的另外两个弟兄是圆明园银库、养心殿造办处银库。

作为乾隆帝钱袋子的象征，内务府不只扮演财富输送、储存的角色，还有自我开拓财源的功能。比如在各地开设当铺，征召商人经营皮毛、玉石、食盐等生意并抽取利润，参与放贷生意，坐收利息，变卖人参等。其中卖人参赚得的钱特别多，乾隆十五年到乾隆六十年的45年间，收入高达1100余万两。这些业务足以体现内务府的商业头脑。

8000万两以上的白银收入，也有贪官的一份贡献。像皇帝发明的“议罪银”、交钱赎罪等名目就是一大财源，官员若缴纳罚款、赃款，可减罪，但交多少钱，自己看着办。还有罚俸以及抄家所得等，这笔数目总共有多少，没有人知道。而属国进贡、蒙古王公、西藏的达赖和班禅等送给乾隆帝的礼物，都堆在他的金库里，这些宝贝的估值，以乾隆帝的品位来看，只会高不会低。

皇帝贵为天子，坐拥天下，缺这点钱吗？还真缺。以广储司银库为例，乾隆十年到乾隆六十年，总收入6800余万两，而皇帝花掉了6700余万两。

# 乾隆帝怎么花钱

好歹也是康熙帝与雍正帝都看重的人，乾隆帝的治理能力不会太差。

据清史学者赖惠敏的研究，乾隆帝挣下的8000多万身家，没有为了满足个人私欲而乱花，大多数都拿来修建藏传寺庙、供养喇嘛了。

为何要把钱往这方面投？因为有实实在在的好处。在花钱这方面，乾隆帝比明朝的许多皇帝要高明多了。

首先说说这8000多万两银子是怎么花的。

需要说明的是，8000万两银子躺在内务府的银库里头，并非户部的“国库”。前者是皇室财政，由皇帝私人支配，供给皇室开销。后者是国家财政，遇到赈灾以及军国大事，户部必须拿出钱（二者也并非泾渭分明，有时也会互通，但据乾隆帝自己说，乾隆朝中后期内务府已经拿钱匀给户部了）。

内务府的钱，首先当然得解决皇室的吃穿用度，比如买瓜果蔬菜、五谷杂粮等。这项皇室支出，多有固定数目。乾隆三十年以前，每年的开支得有100万—150万两银子，乾隆三十年以后支出增长，每年要花掉近200万两。为什么会增多呢？因为物价越来越贵了。

皇室买衣服花费不多，并非因为帝、后节俭不爱换衣服，而是买衣服的钱由户部提前拨给江南织造了。何况，还有人时不时地进贡龙袍制作布料。

所以这部分钱，或由国家财政代劳，或由别人赠送，乾隆帝不需要额外操心。不过，钱也不多，像户部也仅每年拨款14万余两而已。

另一项支出是赏赐。遇到节庆，比如遇到皇室成员的生日、千叟宴、元旦等，内务府得花钱置办并赏赐。接见蒙古王公、喇嘛时，乾隆帝也要大方“回礼”。这些钱每年为 6 万—10 万两。

但上述都不是大头，最大的开支是修缮费。

修宫殿、修园子、修寺庙、修陵墓，像圆明园、万寿山、长河工程，永安寺营建、雍和宫修缮、改造工程等，都是大手笔，都要花大钱，不动则已，一动就是几百万两——皇室几年的伙食费全砸进去了。

所有修缮费中，尤以修建藏传寺庙为最贵。

乾隆十六年，万寿山大报恩延寿寺兴建就花了 400 多万两。乾隆三十三年以后，乾隆帝又在北京、热河地区大建寺庙。在热河建了普宁寺、普佑寺、安远庙、普乐寺、须弥福寿庙、普陀宗乘庙等，又在北京将雍和宫改建为喇嘛庙，在西苑附近建万佛楼、弘仁寺，香山附近建宝谛寺，内城又有护国寺、化成寺、隆福寺等寺庙，加上清初以来的建设，北京城内已有 32 座寺庙。

寺庙繁盛，造价不菲。终乾隆朝六十年，仅乾隆帝花在北京寺庙修建费上的钱，就超过 1000 万两，热河的寺庙支出在 500 万两左右，这还不包括供养佛事人员的长期费用，比如请喇嘛赴京诵经费、寺庙举行礼仪的各种物件置办费，如香油、蜡烛、铜料等，还有喇嘛本身的吃穿用度，这些多是乾隆帝自掏腰包。

内务府的一项用项清单显示，乾隆八年到六十年的 52 年内，总共有 4.5 万余笔资料，与宗教有关的项目竟占一半，有 2 万余笔，真是花钱如流水啊。

精明的乾隆帝为何要在寺庙上出手如此阔绰？

答案是为了稳定蒙古与西藏。

清代，喇嘛教已一统藏人与蒙古人的信仰世界。对清廷来说，稳固边疆，必先稳定蒙、藏地区，而笼络两族最好的方式便是尊崇二者的信仰，即喇嘛教。

所以，清廷刻意在明代防卫蒙古的九边沿线，如热河、北京、归化、五台山、甘肃、青海等地，修建大量喇嘛庙，筑起一道“宗教长城”，用意就在于满足藏传佛教徒的礼佛需求，以免蒙古人潜入西藏进行一些不必要的“勾当”。

在这条宗教长城中，清廷刻意将北京与热河打造成喇嘛教的信仰中心。

高中历史教材里讲到清廷维护多民族国家统一时，会提到“金瓶掣签制度”。这一决定达赖与班禅人选的仪式，乾隆帝将其设在雍和宫。乾隆五十八年，又仿金瓶掣签制度，在雍和宫设金奔巴瓶，抽出蒙古宗教领袖“呼毕勒罕”。皇帝还成功说服蒙古人，转世灵童必须来自藏地。

清廷又为喇嘛设置等级，授予喇嘛“名号”、印信，不同级别的喇嘛享受不等的津贴，喇嘛若想晋升，必须往北京跑。乾隆帝还请喇嘛“上师”来京作法、祈福，大建佛寺尊崇、供养、培训一大批驻京喇嘛，不惜斥巨资将雍和宫改造成喇嘛庙，当作“上师”乃至“活佛”的驻地。又在热河修建一座山寨版“布达拉宫”——普陀宗乘之庙，让来热河朝觐、礼佛的蒙古人有身在拉萨的即视感。

依靠金瓶掣签制度、喇嘛名号的授予，清廷牢牢掌握了宗教权，通过广修藏传佛寺，又在蒙、藏两地赢得了权威，利用宗教消弭了长期困扰在游牧民族与农耕民族之间的战争。

何况，乾隆帝本身也信仰藏传佛教。当皇子时，乾隆帝就接受了章嘉国师的灌顶，即位后学习佛法，又常常跪着顶礼三世章嘉呼图克图（活佛之意）的脚，时不时地去雍和宫听戏、讲经。在位 60 年间，49 次巡幸热河举办或参加宗教活动。他又请画师创作佛装像，画中，皇帝位居中央，蒙、藏两地的宗教领袖环绕周围，以此暗示自己是“人间佛祖”。

乾隆帝尊宠藏传佛教如此，一言以蔽之，“兴黄教，安众蒙古也”。

花这么多钱，首先是政治目的，其次是个人信仰。

最后，以赖惠敏在《乾隆皇帝的荷包》里的一段话，来表扬一下乾隆帝：

> 就统治宗教策略的历史脉络来说，元代宣政院所辖官寺占用民田数十万亩，消耗天下之财；明代皇帝在京师供养大量藏僧，频繁举办佛教法事、兴建寺庙、造塔，造成国家财政危机。
>
> 相较之下，清朝修建寺庙由内务府负担，未造成国家财政问题……比明代和蒙古战争每年动辄耗费七八百万两白银来说，更能呈现清代成功的统治策略……清代的蒙古人已经不是骁勇善战的游牧民族，而变成了虔诚平和的民族。
>
> 19世纪中国面对外强压境，士人都联想到乾隆帝接见马戛尔尼时态度傲慢无礼，错失西化的机会。但乾隆帝在位期间征服新疆、蒙古等地，为了和他们建立良好关系，将大量心力花在宗教政策、财政挹注、建立驿站之上，或许他没有前瞻性地看到19世纪中国的没落，但中国至今能保有广阔国土，乾隆帝对边疆民族的策略还是值得探索的。

## 三藩叛乱，让康熙帝焦虑的两件事

三藩之乱虽然发生在康熙朝的初期，但绝对算是玄烨六十一年统治期间最重大的事。

康熙十二年（1673年），吴三桂起兵反清，唤醒了沉寂已久的反清力量。叛乱最严重时蔓延至十五个省,年仅二十岁的康熙帝面临“祖宗基业”可能被毁掉的巨大压力。

那一年，清廷定鼎中原不过三十年，却有亡国之危。幸运的是，满汉官兵合力平定了叛乱，康熙帝躲过一劫。可一些汉官的表现，却让敏感的玄烨记恨了一辈子。

他们到底做了什么?

即便“千古一帝”如玄烨,也不能预知下一秒、第二天会发生什么。三藩并撤一举，事后被清廷吹嘘为康熙帝的英明，然而在当时，支持者少，反对者多，朝臣纠结于“反还是不反”的后果。康熙帝忐忑不安地当了少数派，作出撤藩的决定。

三藩并撤，最终招来三藩并叛。

学者吴伯娅认为，这是个决策失误，时人提出的合理方案（如等吴三桂年老，再徐图削之）被弃置一旁。那句流传甚广的“撤亦反，不撤亦反”，是康熙帝在战事结束之后的自我辩护，并非预判。

可以料想，再经战乱，已是明末以来南方数省的不可承受之重，但对玄烨来说，前明叛将吴三桂一叛再叛照出的一些面相，则始料未及。

朝廷惊讶地发现，吴三桂的反叛激活了各地的反清势力。各地民众如陕西、江西已有不少人“割辫去缨”。观望者“民心摇摇,未知所归”。自康熙十二年吴三桂起兵起，一年不到，叛军就占领 8 省，最严重时，叛乱蔓延至 15 省，进军神速，胜果累累，若无民众配合，很难实现。

助长叛军的还有地方官。三藩兵及之地,一些地方官趁机反清“变节”，起兵三年，“陷贼之员，偷生者多，尽节者少”。平定三藩后，清廷统计发现,各省被处置的布政使以下级别的官员,近七成随了“叛军”。这一数据还不包括那些叛军未经之省，地方官“反清”的实际情况可能更加严重。

声势浩大的反清力量，也因而让清廷初期用兵十分不顺。

康熙帝震惊了，这些情况明摆着告诉他，清廷入关三十多年，一些汉官、汉民仍在怀恋前明，清廷统治的合法性远比想象中要薄弱。

为防止“入关以来，二世而亡”的危险，玄烨的因应措施之一便是笼络占多数的汉人，特别是朝中汉官。皇帝强调满汉一体，汉大臣婚丧喜事，玄烨以礼待之，破例赐汉臣乾清宫宴，又依从汉人对明君的想象，坚持经筵日讲，讨论儒学，还不惜破满洲体制，仿汉制立皇太子，延请汉臣硕儒为师，拉近与汉官的距离。在地方，对于那些“变节”的官员，清廷也抓大放小，并赦免一些剪辫民众。

不过，这些仅仅是玄烨做给汉人看的，并非出自真心。

清史学者姚念慈在其近著《康熙盛世与帝王心术》中说，康熙帝特有的敏感，让他念念不忘汉官群体在三藩之乱中“背主”与“叛国”的两大罪。

罪名提醒玄烨，汉官“非我族类”，因而对于汉官，猜疑有之，防范有之，监视有之，其裹挟着战争之初可能亡国的惊惶，在玄烨内心留下巨大的创伤和阴影。一旦外界有凸显满汉差异的事件（比如做学问）发生，这道阴影迅速转换为歧视汉官的具体行为。

一切肇因于三藩之乱——那国势危如累卵的八年，那庞大的“变节”群体，给玄烨造成了极大的心理冲击。一些汉官的反叛，还不算是最让皇帝害怕的，战争中令满洲引以为傲的八旗铁骑，其糟糕的表现，更让年轻的玄烨担忧帝国的未来。

在一般人的印象中，八旗士兵与太平军的战斗才暴露出其彻底的腐朽。姚念慈的研究指出，早在康熙初期，“八旗武力的虚弱（就已）暴露无遗”。

这块试金石就是三藩之乱。

吴三桂、尚可喜、耿精忠三大叛首兵力庞大，仅吴三桂一方，就有 20 万大军离开昆明。这些士兵久经沙场，曾为清廷剿灭南明残余立下汗马功劳，康熙帝面对的是这样一支战斗经验丰富的军队。

更大的麻烦是，虽然玄烨为孤立吴三桂，策略性地停撤靖南王耿精忠、平南王尚可喜两藩，但仍不足以阻挡其他反清力量的干扰。台湾的郑经军队联合耿精忠扑向东南，甘肃平凉提督王辅臣曾为吴三桂手下，也起兵响应，攻占陕西。此外，安徽、河南等地也出现零星反抗。

看起来，清廷的统治四面楚歌。年轻的康熙帝遂四处调兵，大胆起用汉人将领，驱策绿营士兵努力向前。康熙十七年，吴三桂病死，危局逐渐好转。抵抗了三年后，吴军倒台，“三藩”彻底覆灭。

这一常见的叙事，正面评价了康熙帝信任汉将、汉军的政治策略，赞其乃“满汉”团结合作的典范。然而，这未必是玄烨主动为之，而是迫于满兵军事上的弱势，不得不如此。

面对训练精良的叛军，康熙帝只有依赖多尔衮等人留下的满八旗与绿营（汉八旗）士兵。但清廷最可倚赖的亲军——满洲八旗，虽然素称骁勇，却在承平十年之后（1662 年杀死明永历帝后，十年内满兵基本无仗可打）提不起精神。

比如叛乱初期，清廷将领勒尔锦所率满兵抵达荆州，因畏缩、迟疑不进，致使湘北迅速失陷。在康熙十七年后大势向好的情形下，兵力占优的清军却在湖南永兴一役中“坐令三面被围”，“未尝一战”；福建海澄一役，数千满兵不出城应敌，坐困城中，满洲援兵竟也不能解围，最终被俘。满洲“领兵诸将咸以恢复为难”，其支吾、推诿、怯懦，屡遭康熙帝训斥。8 年中，经常可以见到满兵装病、投降、被俘等人生选择。

满兵既然不靠谱，玄烨只好采用“汉人叛乱汉人平”的方针，起用赵良栋、蔡毓荣等汉将，让他们率领汉八旗冲在阵前，而使满兵在后，战力遂得以提升。这一组织形式一直坚持到战争结束。

战争末期，玄烨打起了小算盘，他将满八旗提前调回京师，有意保存满洲实力。这一考虑，固然有胜券在握之故，实则更担心京师地震造成满兵“各怀内顾之忧”、军心不稳，从而战力更低，伤亡更重。

满八旗战力为何在10年内迅速虚弱？确有将士特权加身，养尊处优、怠惰腐化的因素，但从军事角度而言，清军士兵多驻防各地，难以迅速集中，无法发挥兵力优势。满洲士兵多是北人，在多山、崎岖的南方很难发挥其骑射优势。

汉官叛变与八旗虚弱，这两件事，玄烨看在眼里急在心里，但不能外露，特别是不能在汉官面前表现。于是，康熙帝装作很淡定的样子，不断阅兵，与汉官品兵法箭术，夸耀祖宗军事制度历代最佳，吹嘘满洲士兵千锤百炼非汉人武举所能及，又在满洲内部屡次告诫不忘赖以立足的骑射，并将平叛之功归于满洲士兵鼓舞士气，震慑汉人，将满八旗微露的衰微苗头，扼杀在官员公开谈论之前。

## 高官悔过学

若论古代贪官，和珅当得起“知名”二字，若论悔过，后人必会举他五言绝命诗的例子，所谓“百年原是梦，仨载枉劳神”，所谓“对景伤前事，怀才误此身”。

悔恨有多深，示警意义就有多强，然而作为乾隆朝后期的权臣，这不是和珅留给后人的唯一信息，我们还看到了不甘与思念。诗云“暗室难换算”，他仍在计算生机，“缧绁泣孤臣”，他暗讽新朝弃旧人，“余生料无几，辜负九重仁”，他似乎在思念陪伴了几十年的乾隆帝。

但这都是套路。

乾隆朝多数高官落马后，都会说点与皇帝相关的东西，或恳求或感恩或示忠，只求轻判。和珅的同事身上，套路重现了一遍又一遍。

乾隆六年，二品官山西布政使萨哈谅受贿事发。在钦差面前，他不问自答：

> 犯官是镶蓝旗满洲都统明圆佐领下人，今年四十八岁了，犯官身任藩臬不能报称，奉职无状，以致被参，罪实无可宽假。蒙皇上天恩，不立加重罪，犹命秉公详审，使毫无枉纵。犯官虽不肖，具有人心，唯有感激愧悔，将各款情节一一据实供吐以求恩施格外，断不敢一字粉饰，自蹈欺蒙，罪上加罪。

即便身居二品，萨哈谅仍首先要认领在“满洲都统明圆”佐领管辖之下的旗人身份。他“感激”皇帝“不立加重罪”,“秉公详审”,他“愧悔”，因而不敢“欺蒙”。态度简直可以说好极了。

表态之前，萨哈谅也许会想起同事——兵部尚书鄂善。这一年，鄂善受贿案发，乾隆帝说，可以轻判，只要你承认受贿，鄂善天真地答应了。不料，乾隆帝突然反悔，赐令鄂善自尽。鄂善反击，全盘翻供，理由竟然是：“恐皇上办理为难，故一时应承”。

性命危在旦夕，却还说着替他人着想的鬼话，自然骗不过心计更胜一筹的乾隆帝。皇帝立马扔给他一堆“无耻丧心”的怒骂，还说“原本欲待其诚心悔过，恳切哀求，而免其死，监候待决”。言外之意是，“悔过”“哀求”，“原本”该是违法者在皇权面前上演的必备戏码。而鄂善偏要自作聪明地奋力一搏，意欲突破这个套路。

简直是自作孽不可活。

乾隆帝很生气也很认真，“鄂善之重罪，在于欺罔、大不敬”，顺势转移罪名，“欺罔”即不“忠”，撇开大部分贪贿行为来谈“欺罔”，意在告诫官员，忠诚很重要。不忠甚至比贪贿还要不可原谅，若只行贪污而无不忠，罪轻，反之，罪重。

乾隆三十四年，贵州巡抚良卿与前任巡抚方世俊贪赃受贿。良卿被就地正法，方世俊则判斩监候，秋后处决，赢得极大转圜余地。皇帝认为，良卿“尽丧天良，公行欺罔，不止婪赃”，方世俊则“专在得赃”，比不得良卿“欺君长奸”的罪行。所以良卿被判死刑立即执行。乾隆四十八年，闽浙总督陈辉祖也受到同样待遇，他没有遭重刑，只因皇帝说他“不过无耻贪利”而已。

重贪却“忠诚”的判罚案例表明，乾隆帝更警惕“欺君”背后的“不忠”幽灵。这种偏执的后果是，“忠诚”有时被贪官拿来投机。

乾隆二十年，云贵总督恒文强行以低价向商民购买黄金。事发后，恒文说：

> 蒙皇上天恩，历任封疆，不能随侍阙廷，而滇省去京尤远，区区恋主私情，无时或释，原藉购备一二方物，稍抒忱悃。

“一二方物”，是用来进贡的黄金香炉。恒文说，他购买黄金，只为表“恋主思情”。但这耿耿忠心，被斗争经验日渐丰富的皇帝看破，认为恒文以“进献之名，私饱己橐”，更属欺君，遂赐令自尽。相比之下，萨哈谅的境遇好太多了。贪贿情节不算重，“悔过”态度却极好，他起初论斩，后因如数完赃保住性命，发往军台效力。

并不是每个人都能有这么高的“悔罪”性价比，和珅就很倒霉。

这名伺候乾隆帝下半生的满洲第一美男子倒台后，自然也深知“悔过”的好，他的绝路也敌不过这一套路。目前可见的供词里，和珅认领了嘉庆帝及其同伙的所有指控，屡次表态“奴才糊涂”，“奴才糊涂该死”，意在祈求开恩。虽然嘉庆帝给他定下 20 条罪状，但没有 1 条以贪为名（和珅的贪腐与先帝执政紧密相连，骂和珅等于骂先帝），但当原本的效忠对象变成要拿你开刀的主人，认罪态度再好，“表忠”再多，也没什么用。

他的“悔过”只能留在绝命诗里。

## 平冤之难

冤案自古以来就平反不易，清代更属现象级的胜利。

清代冤案，几乎很难通过正常渠道发现。清制，徒罪以上的案件，需经五道审理、核查，先要州县初审，而后往上递转，经府、道、省、刑部到皇帝处终审。

冤案之冤，当始于州县。往上一级，冤可伸于知府。然而对知府来说，“狱贵初情”，初审口供是判案基础，若无新证据，常常懒得推翻前案。何况，知府也无意与知县过不去，有时还主动提醒其不必太认真。

比如道光末年，贵州安顺府知府接到清镇县某民的冤词，见该案还在审理，遂去信知县必须亲提审讯，后者很认真地做了答复。不料知府回信说，亲提审讯不过是他的“妄言”，如果逐起亲提，那还不累死？他提示道，若“提质子虚，而刁民之反坐不难矣”，期待反坐原告结案，落得轻松。

除非案涉大逆，或者上级严令饬查，否则知府很难下决心再审。如若翻供，就会动用严刑，逼迫原告承认初审结论，而后连同修改过的口供一并移交按察司，后者再审拟意见。

因科层带来的悬隔，按察使没法从文牍中感受命案现场，更闻不到逼供的血腥味，审拟意见看起来更像是在被精心修饰的判词与口供的监视下引律而定。况且，包括督抚在内的高官无意从修辞中突围，有时甚至会对文件再做修改，再往上报。

雍正帝曾批评说，这些“精心锻炼”严重违背“欲必得其情”的本意，根本目的在于免去不必要的行政麻烦特别是三法司的驳回，只求尽早结案。

其实，官员结案心切不难理解，地方官三年一任，若无未完成的命案盗案，考成时则可被督抚定为“卓异”，从而升职；反之，轻则罚俸，重则降级。在这种利益驱动下，刑部以下正常的伸冤渠道往往被堵死，留下一笔又一笔糊涂账。伸冤，小民只有一条路——京控，绕开层层官僚机器，直接赴京递送御状。

清廷也意识到民众的需求，自乾隆朝中后期起，建立京控制度，旨在平反冤狱。清廷规定，民众的诉状可递交给都察院，后者再择状递交给皇帝，而后再发回案件所在地，督抚再交由专审京控案的发审局，审完再往上走程序定案。

发审局直属督抚，其中人员由知府主导，调派当地幕友以及其他知县充当局员，若能及时清理积案，局员会有遇缺即补、升职记功的奖励。比如道光十七年，保定府知府姜梅审完京控、省控大小案件382起，经直隶总督琦善保奏，官升一级。如果表现不佳，拖延怠慢，则有开缺缓补或开除出局的处罚。

审案数成为进身之阶，弊端显而易见。为求案件速结，审案官不约而同地选择了刑讯逼供。

同治年间，御史裘德俊曾指出，发审局员“无论是非曲直，必逼令原告之供，与原案适相符合”。而逼供手段之残毒令人发指，咸丰时任按察使的段光清曾提及一段局员与原告的对话，审案官问：我出一对“君子怀刑”，尔可对之。对曰：禽兽偪人。段光清慨叹原告以禽兽喻官员。又光绪时，陕西多见原告死于狱中事件，足见酷吏之酷。

原告更感绝望的也许还不是严刑逼供，而是在发审局中碰见冤案初审时的老熟人。这些老熟人是横在昭雪之路上跨不过去的一堵墙，道理显而易见，若是翻案，无异打脸，断其仕途，而其他人亦顾及情面，甘愿维护。

曾国藩在任直隶总督期间，曾感叹“告官得实者，承审官回护同僚……告吏得实者，承审官删改情节……奏交之案十审九虚……”所谓正义，很容易陷入万劫不复。

这样，旨在平反冤案的京控，因为重回地方审理的制度漏洞，往往致使案件重蹈覆辙。清人所谓“各省交讯之案，无一平反”，或有夸张，但很可能是多数冤案的下场。若无杨乃武般那样的举人功名以及舆论的持续关注还能平反，那一定是遇上了青天大老爷。

## 清代北京的房价

谈论清代北京的房价，不得不说京城的房屋分布格局。

清廷自明廷手中接管京城后，赶出内城的汉人，实行一城两制，内外有别。内城全是旗人居住，分官房与民房，尽皆国有。外城皆民房，百姓私有。

通过流传下来的房契分析，清代京城房价总体不高。以乾隆朝为例，内城住房均价在 32.84 两 / 间，外城均价是 38.27 两 / 间。如以每间 20

平方米算，内、外城均价分别是 1. 64 两 / 平方米、1.91 两 / 平方米。

在当时，七品知县法定年俸 45 两，花一年收入买下一间房绰绰有余。二品以上的高官（比如各省巡抚）法定年俸约 150 两，攒下一年的年俸，就能买下一处上百平方米的房子。

当然，以上官员的年俸中不包括禄米和数十倍于年俸的养廉银。

这要放到现在，意味着什么？通常我们会把当时的价钱折算成米价，然后再折算回来。据此推算，乾隆朝时期 1 两银子大约等于现在 240 元人民币，那么当时内城住房均价为 400 元 / 平方米，外城住房均价为 450 元 / 平方米。

当然，房子类型不同（草房、瓦房），房价也会不同，上述讨论仅限于普通民房。再者，不同地段的房子，房价也不同。

清代北京，内城最繁华的地方要数东四牌楼、隆福寺街等东边的区域,这些地段房价明显高于其他区域。比如,乾隆二十四年( 1759 年 ),王某买下门廷枢位于鼓楼前斜街东口内的祖屋 4 间，花去 200 两银子。相比之下，两年前，满达宁只花 250 两银子，就能买下地安门外大帽儿胡同的 11 间瓦房，房价低了一倍。

虽然房价常年低迷,但也有涨到发疯的时候。嘉庆二十五年（1820 年）,外城住房价格曾涨到 10 两 / 平方米（合人民币 2400 元 / 平方米），若买下 20 平方米的一间房，要花 200 两银子，高官一年的法定俸银就不够用了。

面对高房价，清廷调控的手段无非就是市场调节和行政干预两种。

采用市场调节，就是增加住房供给。清廷将控制的官房入市，通常会被内务府用来开设当铺、客栈，或转卖给内城旗人和官员，再逐渐流入民间。第一次售卖时,朝廷拥有定价权,且价格多低于市场均价,如乾隆五十三年（1788 年）内阁中书赵秉冲认购正阳门外 35 间住房，均价约 33.29 两 / 间，低于当时的外城市场均价 38.27 两 / 间。

又如嘉庆时外城住房市场价暴涨，朝廷有意将官房价格调低，嘉庆十七年（1812年），官房均价不过25两/间，但外城市场均价高达40多两/间，这让无房的旗人以及长期在外城租房的官员得以较低价格买到房子。

此外，还会动用一些行政手段来调节。比如另辟官地盖官房，低价售卖、出租，又将京城贪官的罚没财产充实官房库存。和珅倒台后，其名下大批房产就大大充实了官房库存。

调控效果显而易见。在已有的记录中，从乾隆八年（1743年）到嘉庆二十二年（1817年）的74年内，绝大多数时间的外城住房房价每间不足40两，100两以上/间的房价仅见两次，内城住房价格亦多在30两上下跳动。

可以说，有清一代，外城住房房价多因应市场变化，而内城则绕不开政府的手。在庞大的内城区域内，面对城外垂涎三尺的富商，朝廷本可在房产上狠赚一笔，但内务府创收志不在此，即便是房产契税，也常年稳定在交易额的3%。广大内城虽离权力中心很近，那儿的房价在朝廷的庇护下，却显得很“平民”。

值得一说的是北京城较为稳定的人口数量。乾隆四十六年（1781年），内外城人口总数70余万，与房产资源（据民国北京城房屋数推算为77万间以上）较为适配，这是房价常年低迷的关键原因之一，大概也是清代前期所有“北漂”之幸。

# “贰臣”洪承畴的长沙印迹

明兵部尚书、蓟辽总督，清太子太保、兵部尚书兼都察院右副都御史、入院佐理秘书院大学士洪承畴，在顺治十一年（1654年），在长沙走上了仕途的巅峰。

这一年，洪承畴开府长沙，建立起剿灭明军的大本营。他是太保兼太子太师、内翰林国史院大学士、兵部尚书兼都察院右副都御史，较他跟随清兵入京之时，官职上升了一级多，但实权却重了不止一级。他以兵部尚书的名义，经略湖广、广东、广西、云南、贵州五省地方总督军务兼理粮饷——即担任五省总督，中国整个大西南都归他管。

但这仅是名义上的权力，大西南仍被明朝骁将孙可望、李定国占据。湖南虽然刚被耿精忠、尚可喜、吴三桂拿下，但清廷也只是控制了长沙、常德、衡州、郴州、永州、宝庆（今邵阳）等重点城市，湘西及湘南大部仍奉明为正统。

对清廷而言，湖南地方只是初定，朝廷授意洪承畴进驻长沙，期待他能够平定湖南、进军大西南。洪承畴也以“平贼安民”自任。

洪承畴在长沙做的第一件事就是重建地方秩序。

首先是任命“父母官”。明末战乱，各州县官员逃的逃死的死，地方“群龙无首”。洪承畴将追随他一路南下的身边人一一封官。

如山西贡生张道澄任长沙府署理知府，河北大兴贡生蒋映泰任宁乡知县，浙江人刘见龙（原四川昭化知县）任湘潭知县，旗人郝宗福（无功名）任常德桃源知县，江苏进士朱瑛任衡州府常宁知县等。这些人多没有做知县的资格（需举人以上），能在湖南谋个一官半职，算是“青云直上”，“跟对了人”。

第二件事就是收买人心，主要是拉拢湖南地方士绅，这大概是朝代更替之际胜者的标准动作，洪承畴也是如此，不过一开始湖南士子并不买他的账。

湘中名士陶汝鼐、郭都贤、周堪赓等人以明遗民自居，时常还与明将李定国联络，以图恢复。研究表明，湖南反清风气浓烈，南明与清廷三度拉锯之后，湖南才稍入清廷版图。

版图虽入，人心难定。即便洪承畴招募地方士子担任地方官、向朝廷举荐人才，湖南本土只有两名士子应征。即便洪承畴亲自登门拜访周堪赓（宁乡人，担任过明吏部尚书），请他出山，二人“相对泣坐”了一会儿后，周堪赓留下一句“请阁下注意湖南的粮荒”就走了。

陶汝鼐案让洪承畴的“收买”大业出现转机。

陶汝鼐，宁乡人，明末贡生，诗文极负盛名。作为湘中名士，他当过一阵广东的教谕，明末大乱后回湘。顺治九年，李定国经过衡州时，陶汝鼐、郭都贤曾与之相见。这段经历一年后被知情者告发，当时的偏沅巡抚金廷献将陶汝鼐等 20 人“逮捕”，后来，明代吉王府的“囚犯”又供出湖南士子 300 人（一说百余人）反清，牵连甚广。

洪承畴将此案当成收买人心的机会，他第一个杀的人不是涉案人员，而是告密者。在清廷没有表示异议之际，洪承畴又将大多数涉案者放走，包括陶汝鼐。

此举影响甚大，给湖南士子留下了至少不坏的印象，这时洪承畴再延揽地方人士就容易多了。于是，邵阳大族车氏、新化大族张氏等随后相继归附清廷。忠于明朝的遗民如陈宏范甚至接受洪承畴所授官职，陶汝鼐后参与了康熙时期《长沙府志》的修纂，郭都贤等人退隐，不再反清。

至此，湖南的反清余波渐渐平静，清廷在湖南站稳了脚跟，洪承畴可腾出手来追杀李定国、孙可望。随着孙可望降清，湖南大势渐定。洪承畴离任时，长沙“被其恩者，俱望舟泣拜”。

尽管如此，洪承畴毕竟属明朝叛将，他的降清之举曾被包括湖南人在内的时人痛骂，骂他的和被他骂的以及他本人，在当时是“敏感人物”。湖南地方志又该如何描述这些敏感人物的敏感事迹？

洪承畴在明朝生活了51年，在清朝生活了11年。他的大半生活在明朝。然而，在乾隆时期修成的《明史》中，洪承畴没有传记。

清廷官方并没有将他视作明朝人。

乾隆帝不将洪承畴入《明史》传，似乎别有深意。乾隆四十一年，乾隆帝下令编纂《贰臣传》《逆臣传》，洪承畴入“贰臣传”，被贴上“贰臣”标签。同样降于清廷的吴三桂等人，因三藩之乱，又入《逆臣传》。

尽管洪承畴在明朝最危急的关头归顺清廷，尽管皇太极以中原向导盛赞洪承畴的归顺，尽管洪承畴在清代名重一时，皇太极的玄孙乾隆帝，仍将“贰臣”作为清廷对洪承畴的官方定论。

理由是，洪承畴是大清功臣不假，但臣节有亏。在那个理学流行的时代，君臣以礼相待，君恩若似海，臣节理应如山。君死，臣当守节，乃至殉节，这是当时士大夫的道德风尚。洪承畴不仅没有做到，还吃了崇祯皇帝的饭，砸明廷的锅，乾隆帝贬低洪承畴，意在警告有贰心者，同时提倡守臣节。

洪承畴随清兵到江南后，被当地士子谩骂，也杀了不少曾经的同事，成全了不少“烈士”之名。可到长沙后，在当地官方文献中，他也做了不少好事。

这在《长沙府志》（乾隆十二年修）中可以看出。《长沙府志》称，洪承畴“解罗织”，消除告密之风；“礼遗逸”，请在野的贤人出山；“散薮泽之奸”，稳妥处理了“陶汝鼐案”中可能引发的“群体性事件”。

不仅如此，《长沙府志》还表彰洪承畴免征当地税粮，疏通湖南米市。长沙城内不少百姓的茅屋多次发生火灾，洪承畴贷款给百姓，请泥瓦工造瓦，毁掉明朝吉王府的城墙，百姓得以从中取砖重新盖房。一年之内，城内残破情形大为改观。而提拔本地士人当官，补齐缺失的地方官，更是赢得地方士绅的拥戴。

在《长沙府志》编纂者的笔下，54 岁的洪承畴更像个“循吏”，他是不是“贰臣”似乎并不重要。即便洪承畴入《贰臣传》35 年后，《长沙县志》编纂者也没有表露出因为“贰臣”标签而产生的偏见。

嘉庆十五年的《长沙县志》执笔者大体照搬了乾隆十二年本的洪承畴传，只是微有差异。在描述洪承畴出入时，乾隆十二年本的《长沙府志》称“时从数骑出入，无所呵禁，父老细民，咸得至马首咨询疾苦”，表明他轻车简从，没有官架子，百姓能十分方便地陈述意见。嘉庆十五年本的《长沙县志》将“时从数骑出入”，改成“时从数万骑出入”，其余同。这是误字（同治六年本《长沙县志》即将“万”字削去），还是有意为之，尚难考证。

由此观之，乾隆四十一年的“贴标签”行为，并未对后来的长沙官方文献中洪承畴的形象造成影响。事实上，《贰臣传》中并没有对洪承畴“贰臣”行为的直接议论，多是陈述洪承畴作为一名文官的领兵之术——他的战绩而已。作为实际对清廷有功之人，或许针对洪承畴生涯中具体事件的褒贬，并不合适。而作为有亏臣节之人，洪承畴在长沙又有着实实在在的治绩，没有像在江浙地区那样遭遇“不守臣节”的谩骂，毕竟贬无所据。

即便等到清廷灭亡 30 年之后的《宁乡县志》，洪承畴仍以正面形象示人。县志写道，“陶汝鼐案”中，承畴“命他官再三讯，卒系为首者，而脱诸人于禁。重慰汝鼐，使出候题，在狱凡一岁半，又明年，部覆至。承畴斩首告者于市，命汝鼐还缙绅籍"，陶氏最终获救。等洪承畴结束驻长 4 年理政北上回京时，长沙士子"被其恩者，俱望舟泣拜"。这一描述，有清一代，从乾隆十二年，一直因袭至同治六年。